JN196234

オーガニゼーショナル・ビヘイヴィア

組織の中の人間行動

中條秀治 著

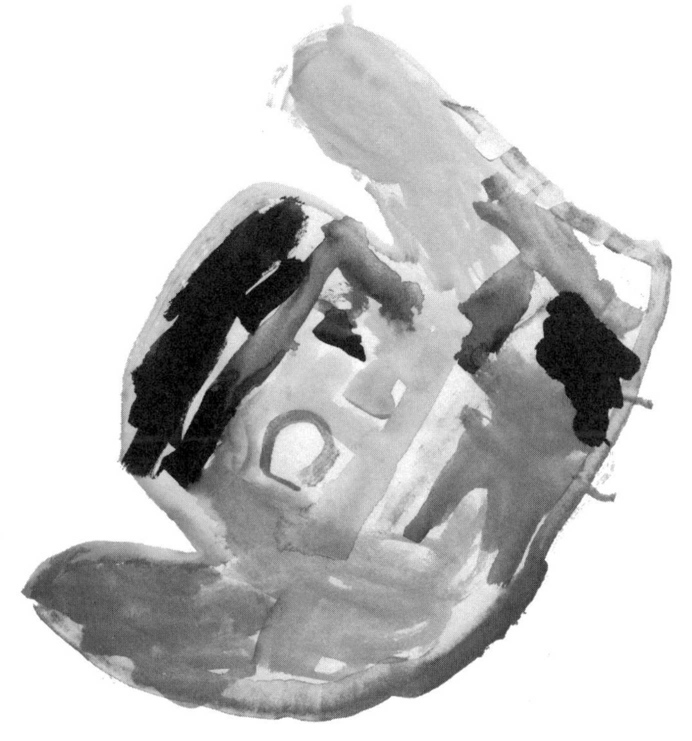

文眞堂

はしがき

近代社会は組織社会となり，われわれは何らかの形で組織に属し，組織の中で他者と関わりをもちながら社会生活をするようになっている。

組織は目的達成のための社会的構築物であるが，それは人々を構成要素とする協働の場でもある。組織の成否は，組織目的の達成に向けて人々がいかに効果的に協働することができるかどうかにかかっている。

組織における協働を維持発展させつつ，組織を健全に運営してゆくためには，組織の中の人間行動の一般的な傾向やその意味を理解し，起こるべき事態を事前に予測する能力が求められる。また，他者の考えや気持ちを推し量る能力は，他者とのコミュニケーションの基礎であり，人間関係を円滑なものとするために必要な能力である。

組織行動論の到達目標は，組織内で効果的な協働行動を他者と作り上げることができるように，1人ひとりの人間が他者をよりよく理解し，組織で起こるさまざまな事態に適切に対処できるようになることである。

1　組織行動論とはどのような学問か

1)　組織行動論の定義

組織行動論（organizational behavior）は組織の中の人間行動に焦点をあてた研究領域である。

組織行動論とは「組織内で人々が示す行動や態度についての体系的学問」（Robbins, 2005, 訳3頁）であると定義される。そして組織行動論の目的は，「人間行動について説明し，予測し，統制するのを助けることである」とされる。すなわち人々が考え，感じ，行動することを理解し，それを組織の管理運営に応用していこうとするのが組織行動論という学問の基本的なスタンスである。

図表　組織行動論の関連分野

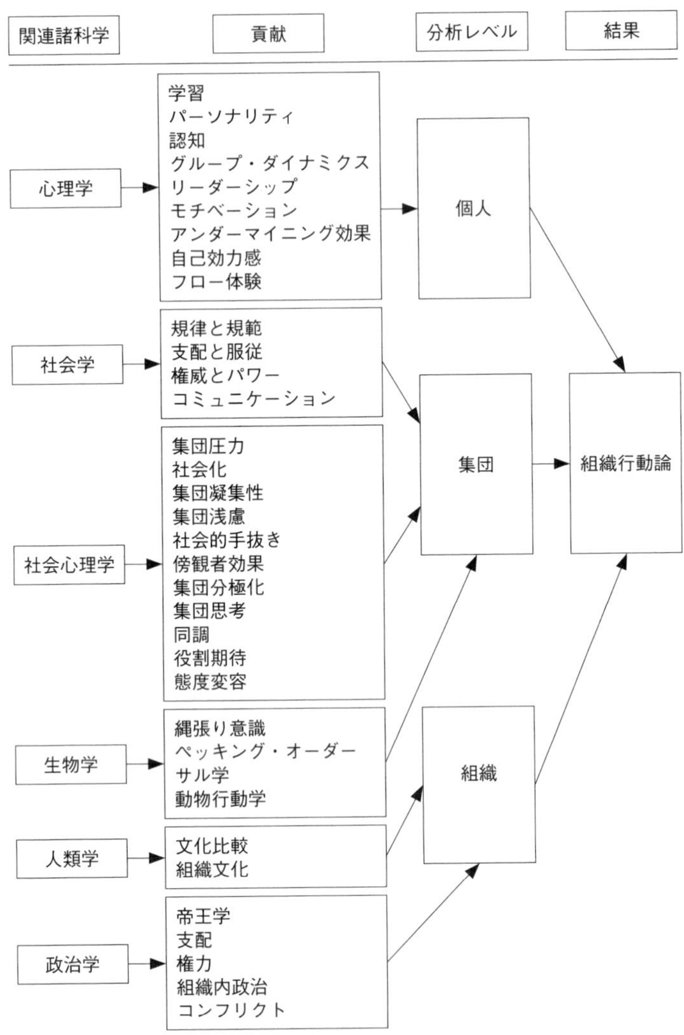

出所：Robins, et al., 2007, p.13 を修正。

2)　学際的アプローチ

組織行動論は，経営学の１つの学問領域でありながら，人間行動の本質に迫るべく，関連諸科学—心理学・社会学・産業心理学・生物学・人類学・政治学など—の研究領域に踏み込み，その研究成果を積極的に吸収しようとする学際的アプローチ（interdisciplinary approach）をとる学問である。そこにこの学問領域の広がりに伴う困難さと同時に，その面白さの源泉もある。

この図表に示されたように，組織行動論の対象は個人・集団・組織の３つの次元における人間行動である。

個人行動の次元は社会的動物である人間に備わっている一般的な行動パターンや個人特性についての理解を対象とする。ここでは，個人のパーソナリティや認知や学習といったテーマが論じられる。

集団次元は，人間が集団を形成した場合に現れる集団特性を対象とする。集団形成と集団思考，他者の存在の影響や集団圧力の影響としての同調行動などが論じられる。

組織次元には，組織人格としての振る舞いに焦点が当てられるが，ここでは支配と服従，権力と権威，認知と組織文化などのテーマが取り上げられる。

最後に，これら個人・集団・組織レベルの人間行動の知識を総合しているのが組織行動論のレベルであり，組織プロセス・リーダーシップ論・モチベーション論が展開されることになる。

2　組織行動論で何を学ぶか

組織行動論を学ぶ目的は２つある。

1）　組織の中の人間行動の理解

組織行動論を学ぶことで，われわれは組織の中の人間行動への理解を深めることができ，組織内の人々の行動を自分なりに観察・分析し，他者の行動の意味を考え，次に起こる可能性のある行動を予測することができるようになる。

2）　組織人としての基礎的教養

組織は「人の集まり」であり，人々の協働なしには何事も成し遂げることはできない。どのような職業を選択しようと，組織の中の人間行動についての最低限の基礎知識を持つことは組織人として生きることを運命づけられた現代人に必須の教養となっている。

経営組織行動論を学ぶことは「組織人としての基礎的教養」を身につけることである。それはより良き「職業人への道」であり，さらにはより良き「社会人への道」でもある。

3　本書の特徴

本書を書くにあたっては，主にアメリカで版を重ねた組織行動論の教科書の内容を吟味し，その主要なトピックスについては網羅するように心がけた。それと同時に，これまで経営学関連の教科書ではあまり取り上げられることのなかった心理学や社会心理学領域の興味深い研究については紹介するようにした。

例えば，「視線」が与える他者への影響，アッシュの「集団形成」の実験，シェリフやアッシュの「同調」の実験，認知心理学の「ルビンの壺」，「支配と服従」とに関わるミルグラムの「アイヒマン実験」，「役割と人格変容」に関するジンバルドの「スタンフォード模擬刑務所実験」などである。これらに加えて，社会学における「秩序」・「社会権力」・「権威」やサル学におけるリーダー論や動物行動学の「ペッキング・オーダー」などを取り上げている。

これら関連諸科学の学説や理論についての理解を背景として，組織行動論の中心的な課題である「規律や規範」，「序列階層と序列意識」「役割期待と人格変容」，「意思決定論」，「コミュニケーション論」，「コンフリクト論」が展開されている。また，組織行動論で特に重要なテーマであるリーダーシップとモチベーションの諸理論については，主要な理論をできるだけ体系的に詳しく解説するように心がけた。

本書は経営学の分野に他の学問領域の成果を積極的に取り入れ，中身があって面白い教科書を目指して作成されたものであるが，その努力や工夫が成功しているかどうかは読者の判断に委ねたいと思う。

2019年1月　　　　中條　秀治

目　　次

はしがき …… i

1　組織行動論とはどのような学問か …… i
1）組織行動論の定義 …… i
2）学際的アプローチ …… ii
2　組織行動論で何を学ぶか …… iii
1）組織の中の人間行動の理解 …… iii
2）組織人としての基礎的教養 …… iii
3　本書の特徴 …… iv

第Ⅰ部　組織における集団圧力と社会化

第1章　集団形成と集団特性 …… 3

1　シェリフの「集団形成」実験 …… 3
1）集団の形成 …… 3
2）集団間の葛藤 …… 4
3）集団葛藤の解消 …… 5
4）実験の総括 …… 5
2　集団アイデンティティー …… 6
1）自己アイデンティティー …… 6
2）社会的アイデンティティー …… 7
3）集団アイデンティティー …… 7
(1)　所属集団 …… 7
(2)　準拠集団 …… 7

3　「社会カテゴリー化」された集団特性 …… 8
1）集団間差別行動…… 8
2）集団凝集性…… 8
3）集団斉一性…… 8
4）内集団偏好・外集団拒否…… 8
4　注意すべき集団行動…… 9
1）集団浅慮…… 9
2）社会的手抜き…… 9
3）傍観者効果…… 10
4）集団分極化（極性化）現象…… 11
＊〈コラム〉カウラ事件―日本人捕虜の自決目的の集団脱走― …… 12
5　「集団思考」の落とし穴 …… 13
1）「集団思考」の典型的症状 …… 13
(1)　無謬性の錯覚と不敗神話…… 13
(2)　道徳心の妄信…… 13
(3)　集合的合理化…… 13
(4)　ステレオタイプ化…… 14
(5)　自己検閲…… 14
(6)　満場一致の幻想…… 14
(7)　直接的圧力…… 14
(8)　心理的防衛…… 14
2）集団思考を防ぐリーダーの心得…… 14

第2章　組織における集団圧力と同調 …… 16

1　他者の存在の重み…… 16
1）他者の視線…… 16
2）視線の効果…… 17
2　観客効果…… 19
1）他者の存在の影響度…… 19

2）観客効果……20
3　他者の存在の影響度……21
1）ベイヤーの鶏の食餌実験……21
2）他者への同調……22
＊〈コラム〉社会とは何か……23
4　シェリフの同調実験……24
1）シェリフの「光源実験」……24
2）アッシュの「長さ判定」……25
3）同調行動の３タイプ……27
(1)　追従……28
(2)　同一視……28
(3)　内面化……28
＊〈コラム〉「はい」と言わせる方法……29

第３章　組織における「支配と服従」の心理……31

1　人はなぜ服従するのか—アイヒマン実験—……31
1）実験概要……31
(1)　実験手順……32
(2)　実験装置……33
(3)　被害者の音声……35
(4)　勧告の言葉……36
2）事前予測……36
3）実験結果……37
4）発見事実……39
(1)「心理的抵抗感」の中での服従行為……39
(2)「疑問」の中での服従行為……39
(3)「責任」の所在……40
＊〈コラム〉アイヒマンとは何者か……40
2　なぜ人は服従するか—支配の正当性—……41

1）支配の3類型……41
(1) カリスマ支配……41
(2) 伝統支配……41
(3) 合法支配……42
2）支配の正当性……42
*〈コラム〉「正義」……43
3 社会的権力……43
(1) 報酬力……44
(2) 強制力……44
(3) 正当性……44
(4) 専門力……44
(5) 準拠力……44
(6) 情報力……44
*〈コラム〉人はなぜ操作されるか？……44
4 キプニスの権力堕落実験……46
1）実験の概要……46
2）結論……47
5 オーソリティー —権威と権限—……47
1）権威……47
2）権威のシンボル……48
(1) 肩書き……48
(2) 服装……48
(3) 装飾品……49
3）権限……49
(1) 法定説……49
(2) 職能説……50
(3) 受容説……50
*〈コラム〉将軍の職務遂行の権限……50

第４章　認知と組織文化……52

1　「コンテクスト」が規定する物の見方……52
2　認識主体の思考の枠組み……53
1）ゲシュタルト心理学……53
2）認知心理学の実験……55
(1)　ルビンの壺……55
(2)　若い女と老婆……55
3　認知主体の解釈……56
1）「パラダイム」という見方……56
2）コップの中の半分の水……57
3）ポジティブ・スィンキングとネガティブ・スィンキング……59
4　組織文化……61
1）組織文化とは何か……61
2）シャインの組織文化のレベル……61
(1)　観察可能な人工物……62
(2)　支持されている諸価値……62
(3)　共有されている基本仮説……62
3）組織文化の次元……63
4）ホフステッドの国別の文化比較……63
5　組織の慣性と組織学習……66
1）組織の慣性……67
2）アンラーニング……68
(1)　アンラーニングのプロセス……68
(2)　組織的廃棄……68
3）組織学習……68
(1)　ベンチマーキング……68
(2)　SECI モデル……69
(3)　ダブル・ループ学習……69

⑷　学習する組織……69

第Ⅱ部　組織プロセス

第5章　組織における秩序―集団規範と役割期待―……73

1　秩序とは何か……73
2　組織における規律と規範……75
1）規律……76
⑴　定律による統制……76
⑵　諒解による統制……77
2）規範……77
3　非公式集団と集団規範―「ホーソン実験」―……78
1）「ホーソン実験」の概要……78
⑴　照明実験……78
⑵　継電器組立作業実験……79
⑶　雲母剥ぎ作業実験……80
⑷　面接実験……80
⑸　バンク巻取作業観察実験……81
2）「人間関係論」の登場……82
⑴　「人間関係論」の主要命題……82
⑵　社会人仮説……82
4　序列階層と序列意識……83
1）ペッキング・オーダー……83
2）ペッキングのパターン……84
＊〈コラム〉ペッキングの儀式……84
3）序列意識……85
5　役割期待と人格変容―スタンフォード模擬刑務所実験―……86
1）実験の概要……87
2）実験経過……87

3）実験の結論……89
＊〈コラム〉「ピグマリオン効果」……90

第6章　組織における意思決定……91

1　完全合理性の意思決定モデル……91
2　情報の確実性と意思決定のバリエーション……92
1）確実性の下での意思決定……92
2）リスクの下での意思決定……92
3）不確実性の下での意思決定……92
(1)　マクシミン原理……92
(2)　マクシマクス原理……92
(3)　ミニマックス・リグレット原理……92
3　囚人のジレンマ……92
1）非協力モデル……92
2）協調戦略……94
4　限定された合理性の意思決定モデル……95
1）限定された合理性……96
2）満足基準……96
3）経営人……96
5　「行動経済学」の意思決定論……97
1）保有効果……97
2）心理勘定……97
3）一押し……97
6　「ゴミ箱モデル」の意思決定論……98
1）ゴミ箱モデル……98
2）「ポスト・イット」の誕生秘話……99
7　「あいまいな状況」での意思決定論……100
1）「あいまいな状況」での意思決定……100
＊〈コラム〉一枚の地図……100

2）後付けによる「結果の合理化」…… 101
8　意思決定における合理と非合理…… 101
1）神々の戦いとしての合理性…… 101
2）「合理」と「非合理」の戦い …… 103

第7章　組織におけるコミュニケーションと組織コンフリクト　106

1　コミュニケーション能力の重要性…… 107
2　コミュニケーションとは何か…… 108
1）言語的側面…… 108
2）非言語的局面…… 109
3）感情的側面…… 109
4）関係的側面…… 109
＊〈コラム〉弥子瑕のエピソード …… 110
3　古典的組織論におけるコミュニケーション…… 110
4　近代組織論におけるコミュニケーション…… 111
1）組織の3要素の1つとしてのコミュニケーション…… 111
2）オーソリティーの受容説…… 111
5　現代組織論のコミュニケーション…… 112
1）現代コミュニケーションの基本原則…… 112
(1)「コミュニケーションは受け手に知覚されてはじめて成立する」…… 113
(2)「コミュニケーションは受け手に期待されてはじめて成立する」…… 113
(3)「コミュニケーションは受け手に対する要求を伴っている」…… 114
(4)「コミュニケーションと情報は異質であるが，相互依存関係にある」…… 114
6　日本型組織のコミュニケーション…… 115
1）信頼関係の構築…… 115
2）非公式なコミュニケーション・チャネル…… 116

7　組織コンフリクト……………………………………………………… 117
1）「建設的コンフリクト」と「人間関係コンフリクト」……………… 117
2）「意見の不一致」の効用 ………………………………………………… 118
3）フォレットの組織コンフリクトの「統合モデル」………………… 120
(1)　抑圧………………………………………………………………………… 120
(2)　妥協………………………………………………………………………… 120
(3)　統合………………………………………………………………………… 120
4）フォレットの「状況の法則」…………………………………………… 121

第Ⅲ部　リーダーシップ

第8章　リーダーの役割とリーダーの条件……………………………… 125

1　リーダーとは何か………………………………………………………… 125
1）ニホンザルに見るボスの役割…………………………………………… 125
(1)　防衛………………………………………………………………………… 126
(2)　群れの秩序維持…………………………………………………………… 126
(3)　指揮………………………………………………………………………… 126
＊〈コラム〉狼の群れの中でリーダーになった男 ……………………… 126
2）ボス猿の条件……………………………………………………………… 127
(1)　強さ………………………………………………………………………… 127
(2)　やさしさ…………………………………………………………………… 127
(3)　メス猿からの支持………………………………………………………… 127
2　組織社会のリーダーの役割……………………………………………… 127
1）団体目的の達成…………………………………………………………… 128
2）組織の維持………………………………………………………………… 128
＊〈コラム〉日本史に名を留めるリーダー像 …………………………… 129
3　リーダーに必要な能力…………………………………………………… 129
1）ソフト・パワー…………………………………………………………… 130
(1)　社会的知性………………………………………………………………… 130

(2) コミュニケーション能力…… 130
(3) ビジョン…… 130
2）ハード・パワー…… 130
(1) 組織運営能力…… 130
(2) 策略家としての能力…… 130
3）スマート・パワー…… 130
4　経営者に必要とされる基本的能力…… 131
(1) 大局観…… 131
(2) 胆力…… 131
(3) 成熟度…… 131
(4) 倫理観…… 131
＊〈コラム〉帝王学のトップの条件 …… 131
5　リーダーの条件…… 132
1）ドラッカーが指摘するリーダーの条件…… 132
(1)「結果をだす」という発想 …… 132
(2) 真摯さ…… 132
＊〈コラム〉経営者の毀誉褒貶 …… 132
2）松下幸之助が指摘するリーダーの条件…… 133
(1) 愛嬌…… 133
(2) 運の強さ…… 133
(3) 後ろ姿…… 133
3）ビジョナリー・カンパニーのリーダーの条件…… 133
(1) 使命感…… 133
(2) 構想力…… 134
(3) 情熱…… 134
(4) 行動力…… 134
6　リーダーの信念と宗教心…… 134
1）リーダーの信念…… 134
2）信じる力…… 135

(1) why（なぜ） …… 136
(2) how（どのように） …… 136
(3) what（何を） …… 136
3）リーダーと宗教心 …… 136

第9章　リーダーシップの資質理論 …… 138

1　資質理論 …… 138
1）リーダーに共通する資質の探求 …… 138
2）「効果的」なリーダーに共通の特性 …… 139
2　リーダーの性格特性 …… 140
1）MBTI 性格判断指標 …… 140
2）ビッグ5性格要因モデル …… 141
(1) 経験への開放性 …… 141
(2) 几帳面さ …… 141
(3) 外向性 …… 142
(4) 快応性 …… 142
(5) 情緒安定性 …… 142
3　リーダーの EI（情感指数） …… 143
(1) 自己認識力 …… 144
(2) 感情統制力 …… 144
(3) 動機づけ …… 144
(4) 共感能力 …… 144
(5) 社会的スキル …… 144
4　カリスマ・リーダー …… 145
1）カリスマとは何か …… 145
2）カリスマ・リーダーの特性 …… 145
(1) ビジョン …… 146
(2) パッション …… 146
(3) エンパシー …… 146

⑷　新しい規範……146
5　資質論への批判……146

第10章　リーダーシップの行動理論……148

1　レヴィンのリーダーシップ研究……148
1）場の理論……148
2）リーダーシップ・スタイルの3類型……149
⑴　専制型……149
⑵　民主型……149
⑶　放任型……149
2　オハイオ州立大学研究……150
1）構造作り……150
2）他者への配慮……150
3　ミシガン大学研究……151
1）研究の概要……151
2）リカートのリーダーシップ・スタイルの類型……152
⑴　搾取的権威型（システム1）……152
⑵　温情的権威型（システム2）……152
⑶　相談型（システム3）……152
⑷　集団参加型（システム4）……152
＊〈コラム〉参画型リーダーシップ……153
3）効果的なリーダーの行動特性……153
4）好業績組織の組織原則……154
⑴　支援的関係の原則……154
⑵　集団的管理……154
⑶　高い業績目標の設定……154
⑷「連結ピン」機能……155
4　自然発生的に生じるリーダーの類型……155
1）課題志向リーダー……156

2）関係志向リーダー …… 156
5　マネジェリアル・グリッド …… 156
6　三隅二不二の PM 理論 …… 158

第 11 章　リーダーシップの状況理論および最新の理論 …… 160

1　フィードラーの「状況理論」 …… 161
1）LPC スケール …… 161
(1)　関係志向型リーダー …… 162
(2)　仕事志向型リーダー …… 162
2）環境状況 …… 162
(1)　上司と部下との関係 …… 162
(2)　タスク構造 …… 162
(3)　地位に関わる権力 …… 163
3）「状況の違い」とリーダーシップ・スタイル …… 163
2　上司・部下の交換理論 …… 164
1）上司と部下との関係 …… 164
2）内部グループ …… 165
3）リーダーシップを発揮する前提 …… 166
3　パス・ゴール理論 …… 167
1）目標に至る道筋 …… 167
2）状況で異なるリーダーシップ・スタイル …… 168
(1)　指示型リーダー …… 168
(2)　支援型リーダー …… 168
(3)　参加型リーダー …… 168
(4)　達成志向型リーダー …… 168
4　状況対応理論 /SL 理論 …… 169
1）部下の学習準備度 …… 170
2）優秀なリーダーの特性 …… 171
(1)　探究心 …… 171

(2) 感受性と診断能力…… 171
(3) 柔軟性と幅広い技能…… 171
5 取引型リーダーシップと変革型リーダーシップ…… 171
1) 取引型リーダーシップ…… 172
(1) 成果報酬による管理…… 172
(2) 積極的な例外管理…… 172
(3) 受身的な例外管理…… 172
2) 変革型リーダーシップ…… 173
(1) 理想に基づく影響力…… 173
(2) 直感に基づく影響力…… 173
(3) 知的刺激…… 173
(4) 個別的配慮…… 173
6 サーバント・リーダーシップ論…… 174
1) 顧客・部下に仕えるリーダー像…… 174
(1) 部下の期待値を上げる…… 174
(2) コーチングとファシリテーション…… 174
(3) ビジョンによる組織改革…… 175
2) 奉仕するリーダー…… 175
3) サーバント・リーダーの属性…… 175
4) 資生堂の事例…… 176

第Ⅳ部 モチベーション理論
―やる気みなぎる組織はいかにして可能か―

第12章 モチベーションの内容理論 …… 181
1 人間の欲求に関するモチベーション理論…… 181
1) マズローの欲求階層理論…… 181
(1) 生理的欲求…… 182
(2) 安全欲求…… 182

(3) 社会的欲求…… 182
(4) 尊敬欲求…… 182
(5) 自己実現欲求…… 182
2）アルダーファのERG理論…… 184
(1) 生存欲求…… 184
(2) 関係欲求…… 184
(3) 成長欲求…… 185
3）マクレランドの達成欲求理論…… 185
(1) 達成欲求…… 185
(2) 親和欲求…… 186
(3) 権力欲求…… 186
2　人間観に関するモチベーション理論…… 188
1）マグレガーのX理論・Y理論…… 188
(1) X理論…… 188
(2) Y理論…… 189
2）アージリスの成熟・未成熟理論…… 190
(1) 人間の成長段階…… 190
(2) 成熟度に見合った管理スタイル…… 190
3　仕事の性質に関わるモチベーション理論…… 191
1）ハーズバーグの動機づけ—衛生理論…… 191
(1) 人間のモチベーションの源泉…… 191
(2) 衛生要因と動機づけ要因…… 192
(3) 仮説の検証…… 193
＊〈コラム〉やればできる！…… 195

第13章　モチベーションの過程理論…… 196

1　動因理論…… 196
1）動因低減理論…… 196
2）4動因理論…… 197

(1) 獲得欲求……197
(2) 結束欲求……197
(3) 学習欲求……197
(4) 防御欲求……197
2 強化理論……198
1）学習に関する理論的基礎……198
(1) 反射……198
(2) 古典的条件付け……198
(3) オペラント条件付け……198
2）強化理論の基本仮設……199
3）強化理論の手法……199
(1) 正の強化……199
(2) 負の強化……200
(3) 消去……200
(4) 罰……200
4）強化スケジュール……201
(1) 連続強化……201
(2) 部分強化……201
5）賞罰理論……201
3 衡平理論……202
1）分配原理……202
(1) 衡平原理……202
(2) 平等原理……202
(3) 必要原理……202
(4) 独占原理……202
2）衡平理論の前提……203
(1) 相対的剥奪理論……203
(2) 認知的不協和理論……203
＊〈コラム〉認知的不協和と「合理化」……204

3）衡平理論の基本仮説…… 204
4）衡平理論の構成要素…… 205
(1) インプットとアウトプットの比率…… 205
(2) 準拠者…… 205
(3) 衡平性…… 205
5）不衡平への人の対応…… 205
4　組織における公正…… 206
1）公正の次元…… 206
(1) 分配的公正…… 206
(2) 手続的公正…… 206
(3) 対人関係的公正…… 206
(4) 情報的公正…… 206
2）心理的契約…… 207
5　期待理論…… 208
1）ブルームの期待理論…… 208
(1) 期待…… 208
(2) 手段性…… 209
(3) 誘意性…… 209
2）ローラーとポーターの期待理論…… 211
(1) (E → P) 期待 …… 211
(2) (P → O) 期待 …… 211
(3) 誘意性…… 211
(4) 新たな4つの要素…… 212
6　目標設定理論…… 213
1）基本仮説…… 213
(1) 注意の方向づけ…… 214
(2) 努力の誘導…… 214
(3) 努力の持続性…… 214
2）目標設定の要点…… 214

3）実務界における SMART 理論……214

第14章　モチベーションの内発的動機づけ理論……216

1　職務特性モデル……216
1）職務特性モデルの問題意識……216
2）職務特性の5つの次元……217
2　内発的動機づけ理論……219
1）内発的動機づけとは何か……219
2）内発的動機づけに関わる3つの欲求……220
(1)　自律性……220
(2)　熟達……220
(3)　目的……220
3　アンダーマイニング効果……221
1）「報酬とやる気」の関係……221
2）金銭的報酬による「アンダーマイニング効果」……222
(1)　ソーマキューブの実験……223
(2)　なぜアンダーマイニング効果が起こるか……224
3）「報酬と創造性」の関係……225
4）金銭以外の動機づけの活用……227
4　自己効力理論……229
1）自己効力感……229
2）結果予期と効力予期……229
3）自己効力感の源泉……230
＊〈コラム〉学習性無力感……230
5　自己決定理論……230
1）自己決定理論の仮説……230
2）3つの欲求……231
(1)　有能さへの欲求……231
(2)　自律性への欲求……231

(3) 関係への欲求……………………………………………………………… 231
6　フロー理論……………………………………………………………………… 232
1）フロー体験……………………………………………………………………… 232
2）フロー体験の条件…………………………………………………………… 233
3）フロー体験の状態…………………………………………………………… 233

あとがき　―終わりなき「学びの時代」―……………………………………… 235

参考文献……………………………………………………………………………… 237
索　引……………………………………………………………………………… 244

第 I 部

組織における集団圧力と社会化

人は社会的動物であり，群れを作り，群れの中で生きる動物である。人が群れを形成すると，個人としての行動には還元されない群れの一員としての行動特性が現れてくる。

人は，集団や組織に属すると同時に，われわれが意識するとしないに関わらず，組織における社会化プロセスに身を晒し，知らず知らずのうちに物の見方や考え方が集団の他のメンバーと似たものとなる。

社会化とは，「個人が集団や社会の成員として適合的な行動様式を習得する過程」（広辞苑）のことであり，我々は，集団内の人々との相互作用を通して，その集団に特有の行動様式や価値体系を教えられ，それらを身に着けてゆく。

以下では，集団圧力によって生じる社会化の側面を見ていくことにしよう。まずは，「集団形成および集団特性」の話から始め，「同調行動」，「支配と服従」，「組織における認知と組織文化」について学習することにする。

第1章

集団形成と集団特性

1 シェリフの「集団形成」実験

集団（group）とはなにか。集団はどのように成立し，集団の一員としての意識はどのように芽生え，集団としてのまとまりはどのように強化されるのか。

このような問題意識でなされた有名な実験としてシェリフ（Muzafer Sherif, 1961）の研究がある。

シェリフは，1954年に，11歳から12歳の小学生22名を2つのグループに分けて，人里離れたサマーキャンプ場（Robbers Cave state park）で3週間にわたり3つの実験を行なった。2つのグループに分けられた子供たちは，他のグループの存在を知らされることなくキャンプ地での生活を始めた。

実験の第1ステージでは「集団の形成」，第2ステージでは「集団間の葛藤（摩擦局面）」，第3ステージでは「集団葛藤の解消（統合局面）」が研究目的として設定されていた。

1） 集団の形成

第1ステージには最初の1週間をあて，集団の形成を促進する活動が企画された。

集団形成のためのプログラムとしては，ハイキングや水泳などの課外活動を行い，キャンプ場での共同作業を通じて集団としての結束力が高まることが確認された。

子供達には，自分たちが属するグループにふさわしい名前を選ぶという課題が与えられ，1つのグループは「ガラガラ蛇」(Rattlers) を，もう一方のグループは「鷲」(Eagles) という名を選んだ。

各グループは，グループ名をTシャツにプリントし，自分たちでデザインした団旗を制作した。そうした活動を通して，集団としてのまとまり（集団凝集性）が強まった。さらに集団内に個々人の力関係による序列や役割の分化が発生し，自然発生的な集団規範も醸成された。

2) 集団間の葛藤

第2ステージでは集団間の摩擦や葛藤を生み出すために1週間があてられた。まず，自分たち以外に同じような年頃の他グループ（外集団）がキャンプ地にいることが告げられ，その見知らぬグループと接触させるところから実験が始まった。

他グループとの接触後，数日のうちに他グループに対する不信感や敵愾心が観察された。集団間の葛藤を作り出すために，賞品つきの競争的ゲーム（野球・綱引き・宝探しなど）が企画された。だが，事態は実験予想を上回るものとなった。

野球の試合では他のグループに対する罵倒や敵対感情をあらわにする攻撃的態度がみられ，試合に負けた「鷲」グループが勝者の「ガラガラ蛇」グループの団旗を盗んで破り捨てるという事件が起こった。やられた「ガラガラ蛇」グループはその仕返しに「鷲」グループのテントを荒らし，備品を盗み，さらに集めた蚊をテント内にばら撒くという報復行為にまでエスカレートした。

双方の敵愾心があまりにも強くなり，これ以上に敵対させるのは危険であると判断されたため，冷却期間が設けられることになり，第2ステージの集団間の葛藤実験は中止せざるおえなくなった。

この時点で，相手チームの評価と友人調査が行われた。相手チームの評価は否定的なものであり，友人の範囲は内集団のメンバーに限られたものであった。

3)　集団葛藤の解消

第３ステージは集団間葛藤の解消局面である。エスカレートした敵対感情をいかに解消させるかの実験が行われた。

まずは，集団形成で効果的であった「楽しい活動を共にする」という機会が設けられ，映画・花火・食事などの場が設定された。しかし，それぞれのグループは敵とみなす相手と同席することを喜ばず，一緒になるや否やグループ間での罵り合いが始まり，食事会では残飯を投げ合う始末であった。

そこで新たなアプローチが企画された。すなわち，双方のグループの死活問題となる危機的状況を演出し，２つのグループが協力して問題解決にあたらざるをえない状況に追い込んだのである。

まずはキャンプ場の給水が停止され，両グループが水不足に直面するという緊急事態を発生させた。これは両グループにとって無視しえない危機的状況であり，両グループは協力して給水設備の故障箇所を見つけ出すという活動を行なった。また，キャンプ場の食料供給車をぬかるみでスタックさせ，両グループで力を合わせロープで車を引っ張り上げるという救出作戦を行わせた。さらに，２つのグループで見たい映画を相談して決め，映画上映のための資金集めをするという共同作業が行われた。

これらの活動を通じて，グループ間の罵り合いや小競り合いが減少することが確認された。３週間後のキャンプ終了時点では，敵対グループの者と一緒のバスで帰りたいと言い出す者が現われ，競争的ゲームの勝者グループが試合で獲得した賞金で飲み物を買い，それをもう一方のグループと分け合うという行為も観察されるほどに関係が改善された。

4)　実験の総括

シェリフの実験を総括して言えることは，以下の３点である。

①　集団形成については，相手に対して敵意を抱いていない状況であれば，集団活動や寝食を共にする共同生活を行うことで「集団としてのまとまり」が形成される。

集団内部には親密な人間関係が成立し，仲間意識が醸成されるとともに，諸個人の力関係や役割の違いにより集団内に序列意識も生み出される。さらに集団維持のための自然発生的な規律や規範が共有され，それにより集団内の秩序が維持される。

② 集団間の葛藤は，見知らぬ集団との接触で容易に誘発され，自分の属する集団（内集団）を他の集団（外集団）よりも優れたものとして評価する内集団贔屓という現象が見られる。しかも，集団間で希少資源獲得の競争を行うような場合には，集団間の敵愾心や葛藤はエスカレートする傾向をもつ。

③ 集団間に敵愾心や葛藤が存在している場合には，単なる親睦的な集団接触は有効ではない。集団間の葛藤を低減させるためには，双方のグループにとって利害が一致する死活問題を解決するための相互協力が不可欠となる。

たとえば両グループが共通して直面している危機的状況を脱出するために両者が是非とも協力しなければならないといった状況である。要するに，敵対するグループがともに相互協力しなければ達成できないような上位目標が必要となる。

2　集団アイデンティティー

1)　自己アイデンティティー

人間は自らの変わらざる個性，つまり他と区別される独自性をもった確固たる自分があるという確信をもつことで個人としてのアイデンティティーを確認している。

これは自己アイデンティティー（ego-identity）と呼ばれ，自己同一性と訳される。自己アイデンティティーは自分の性格や特徴などによる自己存在の核心としての自己定義であり，自分がほかならぬ自分自身であるという自己認識である。

2）社会的アイデンティティー

自分がどのような社会集団に属しているのか，またどのような社会的カテゴリーに属するのかという意識から形成される自己認識が社会的アイデンティティー（social identity）である。

ちなみに，「社会的カテゴリー化」（social categorization）というのは，人種，年齢，出身地，出身学校，収入などの様々な社会的な特徴に基づいて，人や集団などを分類，区分けする考え方である。

3）集団アイデンティティー

集団アイデンティティー（group identity）は特定の集団に対する社会的アイデンティティーであり，集団の影響により獲得される自己認識である。すなわち，集団の一部として自己を自覚し，集団の評価と自己を同一化することで獲得される自己認識である。

集団的アイデンティティーには以下の2つの類型がある。

⑴　所属集団（membership group）

自分が現実に所属し，構成メンバーとして認められている集団が所属集団である。

⑵　準拠集団（reference group）

現実にその集団に所属しているかどうかにかかわらず，価値・信条・規範・ライフスタイル・服装・言葉遣いなどに関する判断のよりどころとなる集団である。

集団的アイデンティティーにおいては，所属集団が影響力をもつことは否定できないが，準拠集団は所属集団以上の影響力をもつ場合がある。

例えば，音楽好きの高校生がパンク系のバンドグループを準拠集団とすれば，その生徒の言動や服装は黒い革ジャンや鎖のアクセサリーとなるだろうし，バイク好きの高校生が暴走族グループを準拠集団とすれば，その生徒の言動や服装はその暴走族グループと似たものに容易に変化してゆくといった具合である。

3 「社会カテゴリー化」された集団特性

集団が形成されると，集団には以下のような特性が現れるようになる。

1) 集団間差別行動

自分が属する集団と他集団との差異を殊更に強調し，他集団との違いを際立たせようとする行動である。

差別化を図る活動内容は多岐にわたるが，たとえば，集団の独自性を表現した団旗デザインや団体色の選定，特徴的な服装や行動様式などとして表現される。

2) 集団凝集性

集団としてまとまろうとする力である。

連帯感・一体感，あるいは「われわれ感情（we-feeling）」と結びつく。集団メンバーを惹きつける力であり，集団に留まり続けるよう働きかける力としても働く。

3) 集団斉一性

集団メンバーの物の見方や考え方，行動の志向性や好みなどを似通ったもの，あるいは同一のものとするよう働きかける力である。

4) 内集団偏好・外集団拒否

内集団（in-group）および外集団（out-group）は集団の持つ閉鎖性と排他性に注目した対概念である。

内集団における偏向は自分の所属する集団を無条件に良いものと考える傾向であり，外集団拒否は自分の属さない集団を良くないものとして否定する傾向である。

4　注意すべき集団行動

集団となることで人間は1人では為し得ない偉大な業績を上げてきたのであるが，集団には強みとともに，弱みもある。

以下の集団行動は注意深く避けるべきものである。

1）　集団浅慮

「三人寄れば文殊の知恵」などの諺があるように，一般的には集団の判断は個人の判断よりも優れていると考えられている。しかし，ときに集団の判断は個人の判断よりも，深く考えられることなく稚拙な判断となる場合がある。

ジャニスは次のような非合理で逆機能的な意思決定を集団浅慮の兆候であると指摘している（山岸, 142頁）。

①　他の選択肢を十分吟味しない。
②　目標を十分に検討，吟味しない。
③　情報収集が乏しくなる。
④　一度却下された代替案は再考されない。
⑤　選んだ選択肢が抱えるリスクやコストが検討されない。
⑥　非常事態を想定せず，想定したとしても対応策を考えない。

2）　社会的手抜き

人は単独で働く時に比べて複数で働く時に，人数の増加とともに個人の努力を低下させるという「社会的手抜き」（social loafing）現象が存在する。

リンゲルマン（Max Ringelmann, 1913）の綱引きの実験では，1人で引いた時に出した力を100％とした時，2人になると約93％，3人では約85％，6人では約78％，8人では約49％まで手抜きが行われることを実証した。この現象は，「リンゲルマン効果（Ringelmann effect）」と呼ばれている。

またラタネ（Bibb Latane, 1979）の実験でも，人は1人で作業する場合よりも集団作業において努力を低下させる傾向があることが確認されている。

「ノイズの効果」を実験するという名目のもとで，目隠ししたままでヘッドフォンをつけ，実験参加者にはできるだけ大きな拍手と大声を出すことかが求められた。被験者のヘッドフォンからは他者の拍手と大声が耳に入ってくる状況で，参加人数の変化に応じて本人が拍手と声の出し方をどう変化させるかが計測された。

その結果，集団サイズが2人の場合には82%に，6人になると74%まで拍手と声の大きさを低下させることが確認された。ラタネはこれを「社会的手抜き」と呼んだが，この現象の原因としては，以下の3つが考えられる。

多人数の集団作業の場合，① 自分に求められている努力量を過少に評価しやすい，② 個人のみが評価されることはなく，また課題ができなくても，自分のみが責任を問われることはない，③ 自分は努力せず，あるいは努力を最少にとどめることで，集団成果の恩恵のみを受け取ろうとする「フリーライダー効果」(free rider effect) と呼ばれる現象が存在する。

3)　傍観者効果

「キティ・ジェノビーズ (Catherine Genovese) 事件 (1964年，ニューヨーク婦女暴行殺人事件)」を契機として，「傍観者効果 (bystander effect)」と呼ばれる集団心理が注目されることになる。

深夜3時20分頃，ニューヨークの住宅街で，1人の女性が38人のアパート住人が目撃するなかで惨殺された。住人は，彼女の悲鳴で暴漢に襲われていることに気づいていた。しかし，その中の誰1人として警察に連絡しなかったのである。この住人の反応は社会心理学者の注目するところとなり，その後，多くの社会実験が行われた。

ラタネとダーリー (Latane and Darley, 1968) は，多くの人がその場に居た事でかえって人々の自然な援助行動が抑制されたのではないかとの仮説を立て，それを実証する「模擬発作実験」を行なった。

実験は，学生による集団討議という名目で行われ，参加者の人数は ① 2人，② 3人，③ 6人で行われた。実験参加者は各自の個室に入り，インターフォンを通して順番に2分間のスピーチをするというものであるが，参加者の1人

（サクラ）が突然のてんかん発作を起こし，そのまま声が途絶えるというハプニングが演出された。実験の眼目は，被験者が実験者に緊急事態の発生を通告するまでにどれほどの時間が経過するかである。

①自分と発作を起こした人の2人だけの場合，4分以内に100%の報告が行われた。

②自分と発作を起こした人以外にもう1人いる場合，4分以内の報告は85%であった。

③自分と発作を起こした人以外に4人いる場合，4分以内の報告は65%にとどまった。

自分以外の人の人数が増えるに従って，報告までの時間がかかっていることが明確になった。

ラタネとダーリーは，「煙の実験」も行っている。インタビューの名目で学生を集め，アンケートに答えている状況で，通気口から部屋に煙がながれ込んだ場合の対応を観察するというものである。

被験者が1人の場合には，2分以内に55%が実験者に報告した。しかし，被験者以外に1人または2人のサクラが同席していた場合には，2分以内の報告は12%に止まったという。

それぞれの実証研究の結果から「傍観者効果」という現象が明らかになった。

自分1人が居合わせたならば，当事者意識が働きすぐに行動に結びつく。しかし，自分以外にも大勢の人がいてその人たちが動かない場合には，「自分がやらずとも他の誰かがやるだろう」とか，「他の人が動かない以上，状況はそれほど切迫したものではないのかもしれない」とか，「自分の勘違いかもしれず，騒いで恥をかきたくない」など，他者に責任を分散したり，他者の判断に追随したり，他者の反応を気にかけたりすることで行動が抑制される傾向がみられる。

4)　集団分極化（極性化）現象

集団による判断は，単独での判断よりも衆知を集めたものであるがゆえに，リスクの少ない無難な判断に落ち着くと考えられてきた。

しかし，ストーナー（James Stoner, 1961）は集団的討議が単独での判断よりも，極端にリスクの大きな判断に至る傾向のあることを指摘し，この現象をリスキー・シフト（risky shift）と命名した。

これに対して，マイヤー（David Myers, 1975）は集団的討議が安全志向を強め，極端に慎重な判断に至るコーシャス・シフト（cautious shift）と呼ばれる現象となることも指摘している。

集団的討議による決定は，集団内の一部勢力の偏った判断や意見に引きずられる傾向があり，よりリスキーな判断か，あるいは逆に，より慎重な判断かのどちらか一方向に傾くことで極端化することになる。この現象は集団分極化（極性化）（group polarization）と呼ばれている。

〈コラム〉カウラ事件—日本人捕虜の自決目的の集団脱走—

集団分極化の1つの事例として，第二次世界大戦末期（1944年）のオーストラリアのカウラ捕虜収容所（Cowra prison war camp）で起こった日本人捕虜の自決目的の集団脱走事件が挙げられる（中野, 1984）。

捕虜収容所での待遇は比較的良く，大多数の捕虜はのんびりとした雰囲気の中で終戦を迎えようとしていた。

しかし，別の捕虜収容所への兵士の移送計画が持ち上がったことを契機とする混乱の中で，新たに収容所に送られてきた血気盛んで精神論を好む一部の捕虜が「生きて虜囚の辱めを受けず」という戦陣訓を根拠に自決目的の集団脱走を強く主張するようになる。

幹部10名と班長40名の集団討議が行われ，兵士の移送計画を受け入れるか，反対して攻撃をするかの議論を行われた。強硬派の「貴様らそれでも軍人か。非国民は俺が始末してやる」との発言が集団討議の空気を支配する中で，最終的に捕虜全員による多数決による投票が行われることになる。投票結果は集団脱走が賛成多数で，最終決定となった。

900名の日本兵（将校と入院者含め不参加者118人/一説では138人を除く）は各自が自決用のカミソリを持ち，食事用のナイフやフォークあるいは野球バットなどで武装して，収容所警備兵の構える機関銃座に向かって突撃したのである。脱走の結果，235名（オーストラリア人看守4名，日本人捕虜231名。多数が自決）が死亡し，108名の負傷が確認されている。

戦後に生存者に対して，「投票行動と本心はどうであったか」というアンケート調査が行われた。生存者100人のうち36人の回答があった。「投票・本心ともに○であったのは6人」，「投票・本心ともに×が10名」，「本心は×だが投票で○とした者が14人」であった。

アンケートの結果から見れば，約8割が本心では脱走計画に反対であった事になる。しかし，不幸なことに，一部の者の勇ましい発言により醸し出されたその場の「空気」によって，ほとんどが心ならずも自決的脱走に賛成したのである。

5 「集団思考」の落とし穴

1）「集団思考」の典型的症状

避けるべき集団思考の典型的症状について，ジャニス（Irwin L. Janis, 1971, 1981）は以下のようにまとめている。

⑴　無謬性の錯覚と不敗神話（illusions of invulnerability）

内集団の偏向が極端になると，自分たちの集団は外集団より優れており，自分たちが間違いを犯すことはないと信じるようになる。これが無謬性の錯覚である。

さらに，我々こそが「正義」であるがゆえに，たとえ戦ったとしても決して負けることはないとの信念に凝り固まることにもなる。「我々は完全に正しく，無敵であり，常に勝利する」との不敗神話が集団内で共有される。

⑵　道徳心の妄信（unquestioned belief in the morality）

「我々は選ばれた存在である」とか，「我々は絶対に正しい」との信念が叩き込まれるため，自分たちには大義があり，道徳的に崇高な存在であると妄信するようになる。

⑶　集合的合理化（collective rationalization）

集合的合理化とは，都合の良いように自分勝手な理屈づけで集団の正当化を行う一方，自分達にとって不都合な情報を無視することで集団を守ろうとすることである。

⑷　ステレオタイプ化（stereotyping）

内集団の特徴は，その閉鎖的な心理傾向と排他性にある。

外集団をステレオタイプ化して，軽視ないし蔑視する傾向が見られる。

⑸　自己検閲（self-censorship）

集団メンバーは集団の「空気」を忖度することが求められ，集団の決定に対しての個人的懸念や疑問あるいは異なる意見を出しにくい雰囲気となる。

結果的に，個人としての意見は自己検閲され抑圧されることになる。

⑹　満場一致の幻想（illusion of unanimity）

集団内に意見の不一致は許されず，常に意見の満場一致が求められる。

集団内には同調圧力が充満し，「皆が同じ考えである」という集団の斉一性が追求される。この場合，沈黙については同意したものと見做される。

⑺　直接的圧力（direct pressure）

集団には「思考の枠組み」が成立しており，集団の価値観や信念が無批判に共有されることから，集団に対する内部からの批判的思考が抑圧される傾向がある。この抑圧は，集団に同調しない者を「集団への忠誠心のない者」として糾弾する直接的圧力として働く。

⑻　心理的防衛（mind-guard）

集団にとって不都合な情報を見ないようにして，自分たちの価値や信念あるいは決定を守ろうとする。その場合，集団はわかりやすい単純なスローガンを掲げることで，集団をまとめ団結力を発揮しようとする。

スローガンはエネルギーの結集には都合が良いが，単純なスローガンの連呼は独り善がりとなる場合が多く，「ステレオタイプ的な行動」（紋切型行動）にしか繋がらない場合が多い。

2)　集団思考を防ぐリーダーの心得

ジャニス（Janis, 1982）は集団思考の危険性を指摘した上で，集団思考を回避するためにリーダーが心得ておくべき事柄について以下のようにまとめている。

①集団思考の危険性を説く。

②リーダーはグループに仕事を割り当てる時，自分の意見・立場の表明には注意する。

③メンバーに批判的な評価者（critical evaluator）としての役割を与え，自由に反論や疑念の表明ができる雰囲気を作る。

④反論や疑念を表明する役割を担う者（Devil's advocate）を作る。この役割には会議ごとに別の人物を充てる。

⑤ときどき集団を分割し，あらためて全体討議をする。

⑥外集団について情報収集を行い，その動向を分析する。

⑦全ての有効な代替案を調べる。

⑧外部専門家を会議に招き，メンバーに自由な議論や質問を許す。

⑨信頼できる外部関係者の意見を聞く。

⑩別のメンバーでいくつかの独立したグループをつくり，同じテーマで検討させる。

第2章

組織における集団圧力と同調

社会的存在としての人間は，常に他者の影響のもとにある。

組織は協働の場であり，他者の存在を前提とする。組織での他者との協働のための第1歩は，他者の存在の重みを知ることである。

本章ではまず他者の視線や他者の存在がわれわれにどのような影響を与えているかについてのいくつかの研究を概観する。

次に，シェリフの「光源実験」とアッシュの「長さ判定」の実験を検討し，集団圧力のもとで現れる同調行動についての理解を深める。

1　他者の存在の重み

1)　他者の視線

人は視線を気にする動物である。視線を気にするのが，普通の人の当然の反応である。逆に，他者の視線が全く気にならないとか，他者の視線をまったく気にしないというのは社会人としては多少問題があるとも言える。

時折，電車やバスの中で平気で化粧をする女性がいる。電車内にも「化粧はマナー違反です」との注意書きがあるが，それでも本人はいっこう平気で他の乗客の存在をまったく気にかけない様子である。

「傍若無人」という言葉がある。「傍らに人なきが如く」に振る舞うことができるのは，自分の世界のみに関心がある自己中心的な人物か，あるいはよほど鈍感な人である。そのような人は，他者と場を共にすることで，自分がすでに他者と社会的関係を持っているということに気づいていないのである。

これに対して，他者の視線を過剰に意識する人もいる。他者の視線を気にす

図表 2-1　車内ポスター

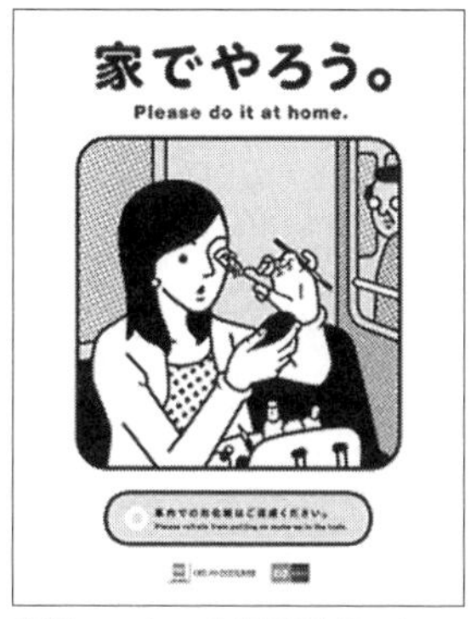

出所：メトロ文化財団ポスター。

るあまり赤面症や対人恐怖症となる人がいる。これは他者の視線に過敏すぎる人で，一種の神経症と診断されることもあり，これはこれで問題がある。

2)　視線の効果

他者の視線の効果については以下のような事例がある。

昨今では，街角のどこにでも監視ビデオが設置されるようになっているが，そのような動きに先鞭をつけたのが「監視ビデオの設置による犯罪抑止」というロンドン市の取り組みであった。同市では街角に設置された監視ビデオが犯罪率の低下をもたらす効果を上げているとしており，また自転車ドロボー対策としても，人間が見つめている「自転車ドロボー対策のポスター」（図表 2-2）を自転車置き場に設置することで，一定の盗難抑止効果を上げているという。

功利主義者のベンサム（Jeremy Bentham）は看守の視線を常に感じる「パノプティコン（Panoptycone）」（監視型監獄）（図 2-3）という刑務所の設計を行なったことで知られている。

これは看守からは常に囚人の姿が見えているが，囚人からは看守の姿は見えず，「常に見られている」という感覚を囚人に植え付けるものであった。

ミシェル・フーコー（Michel Foucault）などの哲学者は，「パノプティコン」を例に挙げて，直接的な監視から他者の視線の内面化という方向での管理の動

図表 2-2　自転車ドロボー対策のポスター

出所：Nettle, et al.（2012）

図表 2-3　「パノプティコン」（監視型監獄）

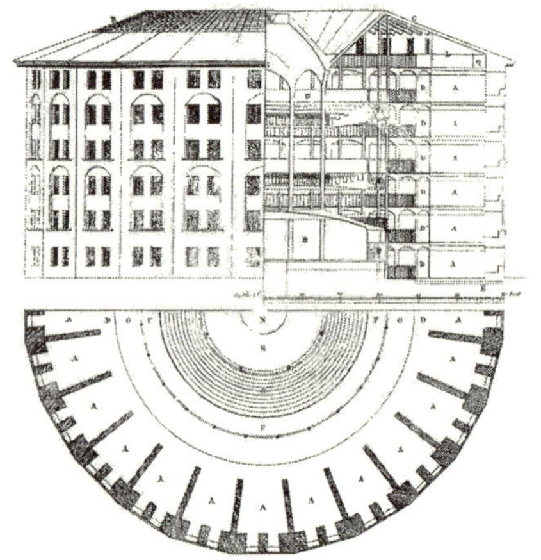

出所：Willey Reveley（1791）

きを「管理システムの高度化」として捉えている。

究極の視線の効果を歴史上から探し出せば，それはキリスト教のプロテスタントの信仰に見られる労働倫理であろう。プロテスタントは，カトリックとは異なり，労働を「苦役」から「天職」へと解釈を変化させたが，自ら「神の道具」として勤労・勤勉・倹約などの生き方を受け入れた。その場合，信者の信仰態度の背景にあった発想は，「神は見ている」という神の視線を内面化した究極の監視感覚であった。

2　観客効果

他者がそばにいるだけで，われわれは何らかの影響を受けている。

人が大勢いる前で喋るとき，「緊張」したり，「あがる」ことを，われわれは日常的に経験している。他者の存在が我々に影響することは，疑いえない事実である。

1)　他者の存在の影響度

他者の存在が作業効率に及ぼす影響を調査した研究がある。

トリプレット（Triplett, 1898）は他者がいることで作業量が変化するという仮説を検証するため，糸巻き装置を2台並べ，一定の長さの糸を1人で巻き取る場合と2人並んで巻き取る場合の作業スピードを測定した。

結果は，2人並んで作業を行なった場合に巻き取りスピードが早くなることが確認された。

オルポート（Allport, 1924）は他者が存在するというだけで，以下のような反応が出ることを明らかにした。

①課題への反応率

②急ぐ・気が散る

③1人の場合とは異なる態度・他者の考えていることへの関心

④空間的に離れていても同じ効果

他者の存在の影響は2つの方向で現れるという。

オルポートは，他者の存在がパーフォーマンスに対して良い効果を及ぼす場合を「社会的促進（social facilitation）」と呼び，逆効果として作用する場合を「社会的抑制（social inhibition）」と呼んだ。

2)　観客効果

トラビス（Travis, 1925）は作業を見ている人がいるかどうかで，作業効率がどう変化するかを調査し，観客がいる場合には80％以上の被験者で作業能率が向上したと報告している。

ワップナーとアルパー（Wapner and Alper, 1952）は人に見られていることが作業能率に影響するかどうかを確認する実験を行なった。

実験内容は，文の1節に対応する単語を二者択一で選ぶというものであり，観客の状況を変えて，作業完了までの所要時間が計測された。

①単独状況での作業，② ガラス越しに数人の学生と教師1人が見る中での作業，③ マジックミラー越しに学生1人がいるという状況での作業，という3つの実験条件で観客効果が測定された。

調査の結果は，観客の存在が作業能率に影響を及ぼすというものであり，目の前に観客がいなくとも，他者の目があるとの想念のみでも影響があることが確認された。

ザイアンス（Zajonc, 1965）は他者の存在には人を行動に駆り立てる力（動因としての生理的喚起）があると考えたが，動因水準が高まると，普段通りには行動できず，その時点で優勢な反応が出やすいと指摘した。すなわち，慣れていることや得意なことはより上手くやれるが，慣れていない課題や苦手なことはより下手にしかできなくなるという。

ビリヤードの実験では，観衆がいない場合といる場合では，上手なペアは成功率が71％から80％に上昇したが，下手なペアは成功率が36％から約25％に下降したという（山岸, 25頁）

社会的促進や社会的抑制が起こる理由については，人がいるだけでアドレナリンなどの分泌があり血圧や脈拍が上がるとする生理的喚起による説明があるが，それ以外に，自分が他者からどう評価されるだろうかという「評価懸念」や単純に人がいると「気が散り，注意力が散漫となる」などの理由が考えられる（山岸, 27頁）。

3　他者の存在の影響度

1)　ベイヤーの鶏の食餌実験

ベイヤー（Bayer, 1929）は鶏の食餌行為を使って，他の鶏の存在が食餌行動にどのように影響を与えるかを調査した。この実験は人以外の社会的動物においても，他者の存在が個の行動に強力な影響を与えていることを実証するものである。

第1実験は，1羽の満腹の鶏のテリトリーに1羽の腹ぺこの鶏を放して，その様子を観察するものである。

観察結果によれば，すでに満腹であるはずの鶏が，腹ペコの鶏の食餌行動に影響されて，捕食活動を66％も増加させたのである。

第2実験では，満腹の3羽の鶏のテリトリーに1羽の腹ぺこの鶏を入れるというものである。

第1実験と同じように，腹ペコの鶏の食餌行動に影響されて，3羽の満腹の鶏も餌を食べ始めたのだろうか。

観察結果は興味深いものであった。3羽は1羽のニワトリの捕食行動にまったく影響されることなく，捕食活動を増加させることはなかった。

ベイヤーの第2実験では3羽は数で圧倒する集団を形成し，集団としての行動基準を持つことが示唆されている。

ラタネの社会的インパクト理論（Latane, 1981）は人間にもこのことが当てはまることを主張している。

人がどの程度他者に影響されるかは，影響源の持つ特性で決まるが，それらは以下であるという。

①影響源の地位や能力などの「強度」

②影響源との距離感である「近接性」

③影響源の「数」

つまり，影響力は地位や能力が高く，自分と近しい者で，それが多人数であるほど強い影響を及ぼす。

2)　他者への同調

他者の行動の影響力を研究した実験の1つにカンニング実験がある（Kiesler, et. al., 1969）。

ひとりでコソコソとカンニングをするという状況を観察したが，この場合には同調者はいなかった。

今度は，1人が教室の前方で堂々とカンニングをするという状況を作り，被験者が同調するかどうかが観察された。この場合には，つぎつぎに同調者が現れ，最終的にクラスの半数がカンニングをしたという（訳28頁）。

1人の行動でも影響力があるが，人数が増えれば，その影響力はさらに強力なものとなる。

街頭で空を見上げる実験では，1人が空を見上げていても，傍らを行く人はその人に関心を示すことなく，そのまま通り過ぎてしまう。しかし，空を見上げる人が3人以上集まると状況は変わる。3人以上は集団パワーを発揮し，傍らを行く人も何事が起ったのかと立ち止まって空を見る。人数が増えると，立ち止まる人は加速度的に増加し，ほとんどの人が空を見上げる。

アメリカの荒れる学校で問題児に対しては，「すぐに退学などの厳しい処罰をする」というゼロ・トレランス（Zero-tolerance）運動が話題になったことがある。これは，問題児が出現し，それが数人集まって集団となると加速度的に同調者が現れることが予想されるため，問題児がグループ化する前に厳しく処罰しようとの発想から始まった運動である。

同調行動を起こさせる条件として一定人数以上の集まりが重要であることが指摘されるが，経験的には「3人以上の集団」になると影響力が強くなる。この3という数字は「三人寄れば文殊の知恵」や「三本の矢」の故事に見られるように，古来より「集団としてのまとまり」や「結束力」を象徴する数として経験的に重視されてきた数字である。

〈コラム〉社会とは何か

「人は社会的存在である」と言われる。「社会に巣立つ」とか「社会人としての自覚」といった言葉もある。しかし，「社会」とはそもそも何であり，どのようなものなのだろうか。

「社会」という言葉は捉えどころのない概念であり，その概念を説明することは難しいのであるが，簡単に要約すると「社会」についての見方は大きく２つに分かれている。

１つの見方は，フランスの社会学者デュルケム（Emile Durkheim）の描き出したところの，個人を超えた実在としての社会イメージである。

われわれは社会の中に産み落とされ，社会の決まり事やしきたりなどの制約のもとで生きる。社会の制約は絵空事ではなく「社会的事実」として実在している。社会は自分を取り巻く既存の確固たる存在であり，個人の力では容易に変えることのできないものである。人は自らが生まれ落ちた社会の規律や規範の中で生きるのであり，その社会の規律や規範を破れば処罰や人々からの批判や非難で嫌な思いをすることことになる。

デュルケイムの社会イメージは，個人を超えたところに存在する何かわけのわからない大きな力をもった「社会なるもの」がわれわれを覆い尽くしているというイメージである。

これに対して他の１つの見方は，ドイツの社会学者ヴェーバー（Max Weber）が描き出したところの，個人の行為により成り立つ人間関係の集積としての社会イメージである。

ヴェーバーは周りに人がいない自分１人の行為と他者がいる場合の行為を厳密に区別する。自分１人の行為は「社会的行為」ではない。他者に対する行為や他者が周りにいる場合の行為のみを「社会的行為」と呼ぶ。そして，「社会的行為」が行われることで，自分と他者の間になんらかの「社会的関係」が生まれると考える。

たとえば，１人の部屋であくびをしてもそれは社会的行為ではない。しかし，大勢がいる教室であくびをすれば，それは社会的行為である。他者がいる中での行為は，なんらかの「社会的意味」を帯びる。学生のあくびは，「単に眠い」というメッセージだけでなく，「やる気のなさ」や「退屈でつまらない」というメッセージとして周りの者に受け取られる。

ヴェーバーでは，デュルケムの個人を超える実在としての社会イメージとは異なり，個人の社会的行為が社会を作っていると考えている。それゆえ，自分の他者への行為を変えることで「社会は変えうるもの」であり，人々の振る舞い方の変化につれて「社会は変わり行くもの」である。

4　シェリフの同調実験

集団の中では，他者の行動への同調行動が見られる。同調（conformity）は他者の意見や判断や行動にあわせることであるが，集団で活動する人間以外の社会的動物においても多数観察される行動パターンである。

シェリフ（Muzafer Sherif, 1936）は，人間というものが集団の多数にいかに容易に同調するかを実験により実証した。

1)　シェリフの「光源実験」

シェリフは1930年代半ばに，「光源実験」として有名な同調に関する実験を行なった。

暗室で光源を見つめると，その光源は揺れたり動いているように見える。この現象はオートキネティク効果（autokinetic effect）と呼ばれる錯覚である。シェリフは個人の脳内のこの錯覚現象を利用して，他者の意見に対する同調行動を検証しようとした。

第1実験では，まず被験者1人だけで自分が動いたと感じる長さを報告してもらう。この実験を何度か繰り返すと，個人としての判断（個人規範）は2–6インチの範囲のどこか一定の値に収斂し，ほぼ一貫したものとなる。

第2実験はグループにおける判断である。

3人を1つのグループとして各人に判断を求め，1人1人が声に出して「順番に」自分の判断した長さを表明する。グループ内でこれを何度か繰り返すと，実験参加者の報告する長さは，次第に一定の距離に収斂し，集団に共有される判断基準が成立する。たとえば6インチと長めに答えていた者は4インチといった小さい数字に，2インチと短めに答えていたものは4インチといった大きな数字に修正することが判明した。

シェリフはこれを「集団規範（group norm）」と呼んだ。そして，集団規範の形成については，① 諸個人の相互作用，② 極端意見の平準化という2つのプロセスで形成されると結論づけた。集団規範の成立は，集団行動のさまざまな領域で起こる現象であり，集団メンバーに共有される思考や行動様式などを説明するものともなっている。

シェリフは被験者に，「あなたは実験中に他者の判断に影響されましたか」という質問をしているが，面白いことにほとんどの人は他者の影響を否定したという。他者の意見や判断に影響されて，自らの初期の判断を変えて集団規範を内面化していたにも関わらず，そのことをまったく本人は自覚していないのである。

第3実験は，1週間後に，1人で同じ実験を再度受けるというものである。

この実験では，1週間前の集団規範に沿った数値を答えることが確認された。すなわち，初期の「個人としての判断（個人規範）」でなく，「集団規範」が保持されていることが確認された。

一連の実験を通して，シェリフは，他者の意見や判断に対する同調行動の存在を証明してみせた。集団規範への同調は，個人が自らの判断を修正し，集団的コンセンサスに同意するという形をとるが，本人は集団圧力の影響を受けているという自覚を持っていない。要するに，集団規範への同調は半ば無意識的に行われているのである。

個人が集団的コンセンサスに反する行動を意識的にとる場合には，心理的な緊張状況を経験することは避けえない。普通，人はできるだけ心理的葛藤を避けようとするものであるため，たとえそれが間違った妥協である場合でも，人は容易に集団に同調する傾向がある。

2）アッシュの「長さ判定」

1950年代には，アッシュ（Solomon Ashe, 1952）が「長さ判定」による同調に関する実験を行っている。

アッシュの最初の実験は，123人の男性被験者で実施された。

被験者は示された図と同じ長さのものをABCの中から選ぶという単純なものである。実験内容は，6人から8人のサクラを用意し，その最後尾の1つ手前で被験者が答える順番になるようにして実験が行われた。最初の2回はお試しで，その時には全員が正しい答えをするように実験が仕組まれていた。本番16回のうち，サクラが正解を答えるのは4回のみで，あとの12回でサクラ全員が誤答することになっていた。

結果を見てみると，1人の判断での通常の誤りは1%以下であったが，集団圧力のもとでの誤答率は36.8%まで上昇した。また，75%の被験者は少なくとも1回は同調し，5%の被験者については常に同調していることがわかった。

大多数の人々については，間違いが明らかな場合には同調は見られないが，判断に迷う状況では，周りの者がそろって間違った答えを出すと，正しく判断することができなかった。

実験条件を変えて，サクラの数と同調率との関係も調査されたが，サクラが3人になるとその影響力が急激に強まり7人でピークとなり，それ以降は逆に低下傾向を示すことが明らかとなった（図表2-5）。サクラの意見が分かれるようにした場合では，同調は見られず，サクラ全員の意見が一致しないと同調圧力が弱まることがわかった。1人でも反対意見を表明する者がいる場合には，同調圧力が弱まり，反対意見の表明がやり易くなるのである。

ジェラード（Harold Gerard, 1965）は，アッシュの実験の追試を行い，同調

図表2-4

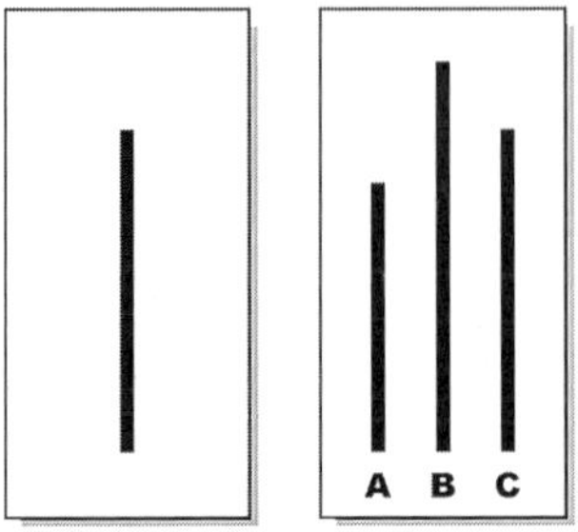

A　B　C

出所：Asch, 1955, p.3.

図表 2-5　サクラの数と同調率

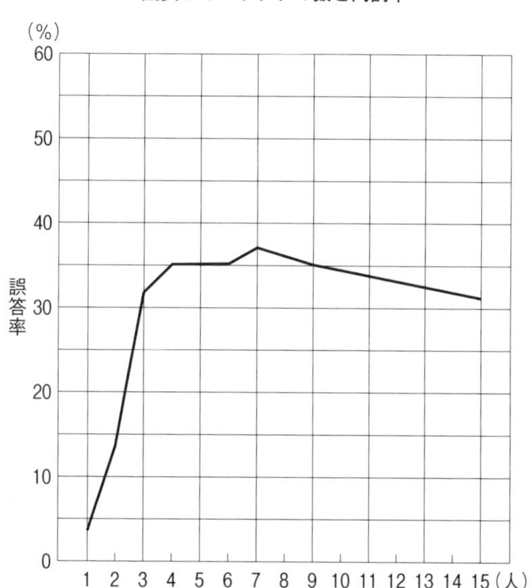

注：被験者に影響をおよぼす多数派の大きさ。サクラ１人の場合，誤答率は3.6％にすぎない。２人の場合，誤答率は13.6％。３人の場合，31.8％。４人の場合，35.1％，６人の場合，35.2％，７人の場合，37.1％，９人の場合，35.1％，15人の場合，31.2％。
出所：Asch, 1955, p.6.

行動における意思決定の特徴を検証している。

同調行動における意思決定の特徴としては，被験者は最初の実験で同調するとその後は一貫して同調し続けたという。逆に，最初に同調しない者は，以後も一貫して同調しなかったのである。

この実験結果からジェラードは，同調するかしないかの意思決定は最初が肝心であり，「意思決定は最初の一度のみ」で，後は自分の意思決定における「一貫性」を保とうとするとの仮説を導き出した。

3)　同調行動の３タイプ

「人に合わせること」，すなわち同調行動は，国や文化の違いを越えて人間には共通してみられる行動である。

他者と協力する能力こそ人類の最大の強みであることを考えると，他者に同調することなく反発ばかりしていたのでは健全な社会的関係が築けないことは明らかである。それゆえ，ある程度の同調行動は，社会生活をスムーズに行う上で必要なことであり，必ずしも否定されるべきものではない。

人は好意や魅力を感じる対象に対しては自然と同調するものであることが知られている。また，自分のしぐさや考え方に似ている人に対して，自然に好意を感じる傾向があることも確認されている。このような心理を応用した社会的スキルが「ミラーリング効果（mirroring effect）」として知られている。

これは，相手の「しぐさ」や「考え」に意図的に同調することで，相手からの好意を引き出すテクニックとして利用されたりもする。いずれにしろ，同調は一種の社会的スキルともなりうるものである。

同調行動にはさまざまなレベルが考えられるが，ケルマン（Herbert kelman, 1958）は同調のレベルを以下の３段階にわけて説明している。

⑴　追従（compliance）

報酬や好意的評価を得るため，あるいは罰や心理的葛藤を避けるために，これまでの自分の考えや信念を変えていないのに，他の人々に同調する場合である。

本心を偽っている状態であり，影響力を持つ人やその集団から離れると，元々の自分の考えに戻るため，表面的に同調している状態であると言える。

⑵　同一視（identification）

尊敬し価値をおく相手と自分がまったく同じものでありたいという願望から生まれる同調である。影響力を持つ者の考えに納得するから同調するというのではなく，相手と全面的に一体化したいがために，自分のこれまでの考えや信念や態度を変える場合である。

この場合，相手の影響力が持続する限りで同調行動は見られるが，相手に対する尊敬や憧れの念が薄れれば，元の自分に戻る。

⑶　内面化（internalization）

相手の主張に対して心から共感・納得して，その考えを自分自身のものとして取り入れ，全面的に自分の考えや信念や態度を変える場合である。

内面化は「正しき行い」とか「為すべきこと」いった規範的な主張を含む場合，一旦，内面化されるとその同調は本人の血肉となるため極めて変化しにくいものとなる。

〈コラム〉「はい」と言わせる方法

人間の心理特性を考え，物事の進め方や提案の仕方で「はい」という同調の確率を引き上げる方法として，次4つのテクニックが知られている（Cialdini, 2013）。

これらは日々のテレビコマーシャルや販売テクニックとして使われているばかりか，組織で物事を進める場合の実践知としても応用可能である。このような人心操作的なテクニックを現実に使うことを潔よしとしない場合にも，このような心理的傾向を人は持つということは知っておく必要がある。

(1)　フット・イン・ザ・ドアー（foot in the door）テクニック：段階的要請法

セールスマンがドアの隙間に片足をこじ入れ，ドアを締めさせないでいるイメージである。はじめから大きな要求をした場合には，断られる可能性が高いが，一旦，小さな要求でイエスを引き出しておくと，相手は断りにくい心理状態となる。これは，「一貫性」を保ちたいとする人間心理を応用した操作テクニックである。

長時間（2時間から3時間）の「日用品・家財道具などの調査」について依頼した場合，yesは22%にすぎなかったが，まず数分程度の「石鹸についての簡単なアンケート」を依頼し，小さなyesを引き出したうえで，長時間の「日用品・家財道具などの調査」を依頼すると，yesが53%に跳ね上がったという研究がある。

フリードマンとフレーザー（Freedman & Fraser, 1966）の立て看板の設置実験でも同様の結果が出ている。安全運転協会を名乗り，庭に「運転に注意しましょう」という大きな立て看板の設置をいきなり依頼した場合には，17%しかyesを引き出すことはできなかった。しかし，事前の家庭訪問で安全運転に関する請願書への署名という小さなお願いにyesを引き出した上で，数週間後に再度訪問し，立て看板の設置依頼をした場合には55%からyesを引き出すことに成功している。

(2)　ドアー・イン・ザ・フェイス（door in the face）テクニック

顔の前で，ドアをバタンと閉めるイメージである。

受け手が確実に断る「大きな依頼」をして，その依頼が断られた後で，受け手にとって負担の軽い「小さな依頼」を改めてすることで yes を引き出す方法である。

受け手は依頼を断ったことで心理的に何か借りがあるような錯覚に陥るのであり，相手が譲歩して軽い依頼に変えてくれたのだから，今度は自分が譲る番だという心理になる。

(3)　ロー・ボール（low-ball）テクニック

キャッチ・ボールのイメージである。最初から相手が受け取れないスピードボールを投げるのではなく，最初は相手が確実に受け取れる良いボール（好条件）を投げて yes を引き出し，後からその好条件を取り下げるというものである。人は「一貫性へのこだわり」があるので，一旦 yes という意思決定をしてしまうと，好条件が取り消されても no を言えなくなる。

これが商品販売のテクニックとして応用されると，まずは受け手が喜んで受け取るさまざまな特典を付けることで契約などの yes を引き出す。その後，事情が変化したと顧客に説明し，その特典を取り消すのだが，顧客は不満を感じつつも，契約をそのまま維持する傾向がある。

(4)　ザッツ・ノット・オール（that'not all）テクニック

「それだけじゃなくて，これもつけます」と最後の一押しの決め手として，お得感を演出するテクニックである。

受け手が迷っているときに，YES を引き出すために，追加的な特典，おまけをつける方法であるが，テレビショッピングなどの常套手段となっている。

第3章

組織における「支配と服従」の心理

『私は貝になりたい』という話題になったテレビドラマ（のちに映画化）は，上官の命令に従って行なった捕虜の処刑という行為の責任を問われる哀れな二等兵の物語である。組織の末端で，命令に従い刑を執行しただけの行為にどこまでの責任があるのかという難しい問題がテーマである。

命令権限のあるものの責任は動かし難い。ではその命令を言われるままに実行した部下にはどの程度の責任が問われるのか。組織に属する以上，命令された行為は組織人格の中で実行される。組織は役割の体系であり，与えられた職務を正しく遂行することこそが，組織人としての責任の大部分をしめる。しかし，個人という存在は組織のために機能する組織人格の側面だけでなく，社会の中で共生する個人人格の側面からも考えられねばならない。組織からの不条理な命令を受けるような状況で，われわれは組織人格と個人人格の葛藤という難しい問題に直面することになる。

本章では，組織における支配と服従の側面に焦点をあて，権威や正当性という観念が人々の行動に強く影響を及ぼすことを理解する。

1　人はなぜ服従するのか—アイヒマン実験—

1)　実験概要

ミルグラム（Stanley Milgram, 1965）は，「記憶に及ぼす罰の効果」という名目で，「服従の心理」についての重要な研究を行なっている。

研究テーマは，人は命令に対して，どの程度まで服従するかであった。

新聞広告で集められた20歳から50歳の40人の被験者に対して実験が行わ

れた。その職業は教師，郵便局員，技術者，労働者，セールスマンなどであり，報酬の4.5ドルは実験室に到着するとすぐにその場で支払われ，「実験中になにが起こっても返還の必要がない」と告げられた。実験目的については「罰が記憶に及ぼす影響」についての研究であると説明された。

基本となる実験は，実験監督者（研究者役）1人と被験者2人（本当の被験者とサクラ）で行われた。「研究者役」は権威づけのためグレーの実験服をまとい，つねに厳格で感情のない立ち居振る舞いをした。

実験は，2人の被験者が「くじ引き」で「教師役」と「生徒役」のどちらかになるというところから始まる。このくじ引きにはあらかじめ仕掛けがしてあり，電気椅子に固定される「生徒役」については，必ず「サクラ」がくじを引くように仕組まれていた。

実験監督者の指示で「教師役」の被験者が送電スイッチを操作するのであるが，実験の眼目は，実験監督者の指示に従って「致死レベルのスイッチ」まで押すかどうかであった。

⑴　実験手順

「罰が記憶に及ぼす影響」と称した実験手順は次のようなものである。

図表3-1　生徒役のサクラ

出所：Milgram, 訳35頁。

図表 3-2　地方紙に掲載した募集広告

急　募

1時間につき 4 ドルお支払いいたします

記憶研究のための人員を求む

記憶と学習の科学的研究を助けていただくために，ニューヘーヴンにお住いの500人の方々に報酬をお支払いいたします。この研究は，エール大学で行なわれています。

参加していただいた方には，ほぼ1時間で4 ドル（および交通費50セント）お支払いいたします。仕事は1時間だけで，それ以上の義務はありません。あなたのご都合のいい時間で結構です（夕刻，週日，週末）。

特別の訓練，教育，経験はいっさい不用です。わたしたちが求めているのは下記の方々です。

工場労働者	ビジネスマン	建設労働者
市役所職員	店員	外交員
肉体労働者	専門職	ホワイトカラー
理髪師	電話労働者	その他

年齢は20歳から50歳までに限ります。高校生および大学生はご遠慮ください。

以上の条件に合致する方は，下の用紙に記入し，それを切り取って，ニューヘーヴン，エール大学心理学科スタンレー・ミルグラム教授宛てにただちにお送りください。研究のくわしい時間と場所は，のちほどお知らせいたします。お申し込みを辞退することがあります。

実験室にご到着の際にただちに 4 ドル（および交通費50セント）をお支払いいたします。

コネティカット州ニューヘーヴン，エール大学心理学科スタンレー・ミルグラム教授殿。記憶と学習の研究に参加したいと思います。私は20歳と50歳のあいだです。参加の際に 4 ドル（および交通費50セント）をお支払いください。

氏名（活字体でお願いします）＿＿＿＿＿＿＿＿

住所＿＿＿＿＿＿＿＿

電話番号＿＿＿＿＿＿　お呼び出しにもっとも都合のよい時間＿＿＿＿＿＿

年齢＿＿＿＿　職業＿＿＿＿＿＿　性別＿＿＿＿

ご来訪いただけるのは

週日＿＿＿＿＿＿　夕刻＿＿＿＿＿＿　週末＿＿＿＿＿＿

出所：Milgram, 訳 33 頁。

教師役が，問題として「青い箱　よい日　野生の鴨」を読み上げる。次に，「青い」に続く単語として「空　インク　箱　ランプ」を読み上げ，正解を生徒役に選択させる。この場合の正解は「箱」である。

ここで，生徒役が誤答すると，罰として「電気ショック」のスイッチを押すように実験監督者が指示し，それを受けて教師役が電流スイッチを操作するのである。

(2)　実験装置

電気ショック送電器が教師役（被験者）の前に置かれており，0V から 450V まで，30 個のスイッチが 15 ボルト刻みで並んでいる。この装置が本物であることを信じ込ませるため，45 ボルトのサンプル・ショックを被験者の手首に

図表 3-3　実験の様子

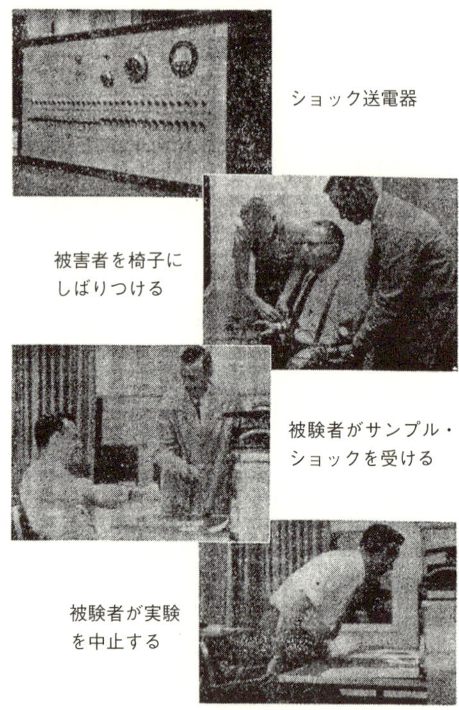

出所：Milgram, 訳 45 頁より転載。

図表 3-4　基本的な配置

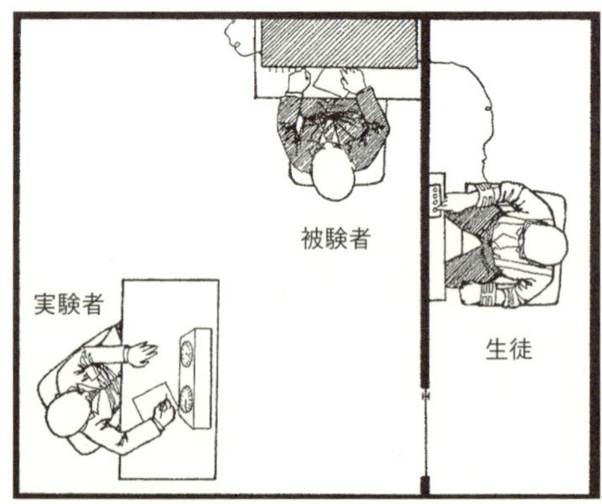

出所：Milgram, 訳 131 頁より転載。

送り，実際の痛み体感させる。

⑶　被害者の音声

本実験に先立って予備的実験が行われた。

予備実験の結果は，実験意図を台無しにするものであった。予想に反して，実験監督者（研究者役）の指示になんら反抗することなく，教師役（被験者）が気軽に致死レベルである最大450ボルトのスイッチを押すということが確認された。

そこで心理的な抵抗感を増す工夫を実験に取り入れることにし，電圧が強まるとともに，生徒役の反応に激しい抗議や叫び声を加え，録音テープで流すことにした。

電圧の変化による被害者の反応は以下のように変化する（Milgram, 1965, 訳42-43頁）。

75V　ちょっとブウブウいう

120V　苦痛になり始めたと大きな声でいう

135V　苦しいうめき声

150V　絶叫「先生，ここから出して！もうこれ以上実験はやりたくない！もういやだ！」

180V　さらに激しく，「先生，ここから出して！もうこれ以上実験はやりたくない！もういやだ！」「痛くてたまらない」

270V　「先生，ここから出して！もうこれ以上実験はやりたくない！もういやだ！」苦悶の金切り声

300V　「記憶テストに答える気がしない」と絶望的に叫ぶ

この時点で普通，被験者は指示をもとめることがわかる

→「無答は誤答とみなし，ショックを送るようにいう」

315V　すさまじい悲鳴

330V　無音

(4)　勧告の言葉

教師役（被験者）が「助言」を求めたり，実験を「もうやりたくない」と言った場合に備えて，実験監督者（研究者役）からの次のような勧告の言葉が発せられるように計画されていた（Milgram, 1965, 訳 40-41 頁）。

勧告 1　おつづけください

勧告 2　実験のために，あなたがつづけることが必要です。

勧告 3　あなたがつづけることが絶対に不可欠です。

勧告 4　迷うことはありません。つづけるべきです。

「傷跡が残ることはないか」と聞いてきた場合にも，次のような勧告が用意されていた。

「ショックは痛いかもしれませんが，皮膚組織に損傷が残ることはありません。ですから，どうぞおつづけください（必要なら勧告 2, 3, 4 のあとで）」。

さらに，「生徒は辞めたがっている」と言った場合には，特別勧告として，次のような言葉が用意されていた。「生徒がどう思っても，彼が単語の対を全部正しく学習するまでは，つづけなければなりません（必要なら勧告 2, 3, 4 のあとで）」。

2)　事前予測

実験の事前予想として，イェール大学で心理学専攻の 4 年生 14 人を対象の事前アンケートが行われた。彼らは，最大 450V の電流スイッチを押す者はごくわずか（平均 1.2%）であろうと予測した。

また，精神科医 39 人，大学生 31 人，中産階級 40 人を対象にした事前予想でも，3 グループともに，300V を超える電気ショックを予想したものはいなかった。精神科医 2 人と中産階級の 3 人については，「電流を一切与えない」とまで回答している。

最高ショック水準の 450V の電気ショックについては，1,000 人に 1 人（0.1%）の「病的な変質者」しか押すことはないだろうというのが精神科医たちの見立てであった。

3)　実験結果

最大電圧の450ボルトまで行なった割合が高いのは，実験⑱「別の人がショックを送る（被験者は質問を読む，または結果を記録するなどの補助的作業をする）」の40人中37人（92.5％）であり，被験者が直接的に操作に関わらない場合である。

被験者が実際に電流スイッチを操作する状況では，実験①「遠隔」の40人中の26人（65％）であり，物理的に距離が離れている場合である。

実験②「電話での実験監督者の指示」の場合では40人中の25人（62.5％）と服従率はあまり変化しなかった。しかし，この場合には，被験者の中に「電流スイッチを押すふり」をして実際にはスイッチを押さなかった者もいたという。いずれにしろ，被害者からの距離がはなれており，自分の行為の結果が見えにくい場合は服従しやすいということがいえる。

また，服従は実験⑤のように実験室を殺風景にしても，実験⑧の女性の被験者を使っても，ともに40人中26人（65.0％）と服従率に差が見られなかった。

また，実験⑨「被害者に条件をつける（心臓が悪いなど）」は，40人中16人（40.0％）となり，被害者に健康上の懸念がある場合や，実験⑩「建物の環境（みすぼらしい建物）」といった条件では40人中19人（47.5％）まで低下した。

では服従行動が低下した状況についてみてみよう。服従率が低かったのは，実験③「近接」のように物理的に距離が近い場合（40人中16人，40.0％）や，実験④「接触」（40人中12人，30.0％）のように被害者の腕を電極に押し付ける動作を必要とするようなものである。

実験⑦「権威の近さ（実験監督者の不在）」では，40人中9人（20.5％）と服従率は低く，権威が眼前にいない場合には服従率が低下することがわかった。

服従度が決定的に低下したのは，実験⑪「被験者がショック水準を自由に選ぶ」（40人中1人，2.5％）といった研究を主導する権限のない者がショック水準を選ぶ場合や，実験⑫「生徒役自らがショックを要求する」（20人中0

人，0.0％）という実験である。実験⑫は芝居がかっており，150 ボルトの時点で生徒役（サクラ）が異常な反応をすることになっており，実験監督者（研究者役）が「彼の心臓のことを考えれば，これ以上のショックは送るべきではない」と発言し，実験を中止しようとする。ここで，生徒役（サクラ）は，「男の沽券にかかわる」，「友達は最後までやった」などと発言し，「実験を続けたい」と大声を出すというものである。

この実験では，権威をもたない生徒役からの提案は通らず，服従率はみごとに 0.0％となった。

同様に服従率 0.0％の実験⑭では，「権威が被害者になり，ただの人が命令

図表 3-5　さまざまな実験上の工夫とその結果

実験条件⇒最大の 450 ボルトまで行なった人数
①遠隔　⇒ 40 人中 26 人（65.0％）
②電話での実験監督者の指示⇒ 40 人中 25 人（62.5％）
③近接⇒ 40 人中 16 人（40.0％）
④接触⇒ 40 人中 12 人（30.0％）
⑤新しい基本条件（実験室が殺風景）
　⇒ 40 人中 26 人（65.0％）
⑥人柄の交替（優しい実験監督者と屈強な被害者役）
　⇒ 40 人中 20 人（50.0％）影響なし
⑦権威の近さ（実験監督者の不在）⇒ 40 人中 9 人（20.5％）
⑧女性の被験者⇒ 40 人中 26 人（65.0％）
⑨被害者に条件をつける（心臓が悪いなど）⇒ 40 人中 16 人（40.0％）
⑩建物の環境（みすぼらしい建物）⇒ 40 人中 19 人（47.5％）
⑪被験者がショック水準を自由に選ぶ⇒ 40 人中 1 人（2.5％）
⑫生徒役がショックを送れと要求する⇒ 20 人中 0 人（0.0％）
⑬ a. ただの人（被験者とは別にくじで選ばれた時間記録役）が命令を出す⇒ 20 人中 4 人（20％）
⑬ b. 時間記録役の命令に従わない被験者に代わり，時間記録係がスイッチを操作する状況での，傍観者としての被験者の行動⇒ 16 人中 11 人（68.75％）
⑭権威（実験監督者）が被害者になり，ただの人が命令する
　⇒ 20 人中 0 人（0.0％）
⑮ 2 人の権威（実験監督者）が矛盾した命令を出す　⇒ 20 人中 0 人（0.0％）
⑯ 2 人の権威（実験監督者），1 人が生徒役となる
　⇒　20 人中 13 人（65.0％）影響なし
⑰追加された 2 人の教師役が指示に反抗する　⇒ 40 人中 4 人（10.0％）
⑱別の人がショックを送る（被験者は質問を読む，または結果を記録するなどの補助的作業をする）⇒ 40 人中 37 人（92.5％）

出所：筆者作成。

する」というものである。

さらに実験⑮の「2人の権威が矛盾した命令を出す」というもの服従率0.0%であるが，これは，実験監督者（研究者役）が複数となり，1人がスイッチを押すように言い，もう1人が押さないように言う場合であり，被験者は「統一的な命令がない場合には，自分は動けない」という態度をとることがわかった。

全ての実験を通して，被験者40人全員が300V以上のスイッチを押した。「遠隔」の実験条件では，40人中の26人（65%）の被験者が最高ショック水準である450Vのスイッチを入れ，事前の実験予測の結果を大きく裏切る結果となった。

4）発見事実

見逃してはならない重要なポイントは，被験者が何のためらいもなく電気ショックを与え続けたのではないという事実である。

彼らの多くは，極度の心理的抵抗感や実験自体に対する強い疑問を終始感じていたのである。しかし，それにも拘らず，実験監督者（研究者役）の指示のままに電気ショックを与え続けたという事実である。

ミルグラムの実験により，人は誰でも権威からの命令に心ならずも服従する可能性があることが明らかになった。

服従行為に際立っていた特徴は以下にようにまとめることができる。

⑴「心理的抵抗感」の中での服従行為

「生徒役」の絶叫が響き渡ると，緊張の余り「引きつった笑い声を漏らす者」や「泣き出す者」もいたことから，極度の心理的な抵抗感の中で実験監督者（研究者役）の指示に従っていたことがわかる。

⑵「疑問」の中での服従行為

全ての被験者は実験途中で疑問を抱き始め，実験の意図自体を疑う者，実験の中止を希望する者，「アルバイト料を返す」という者もいたという。それでも，権威者から指示されると電流スイッチを押し続けたという事実は重要である。

(3)「責任」の所在

実験監督者（研究者役）という権威により実験を続けることを強く言われると，被験者は「自分は一切責任を負わない」ということを確認した上で，その指示に従いスイッチを押したということも重要なポイントである。

〈コラム〉アイヒマンとは何者か

アドルフ・アイヒマン（Adolf Otto Eichmann）は，親衛隊中佐として，1942年1月のヴァンゼー会議において，ユダヤ人を収容所へ移送して絶滅させる「ユダヤ人問題の最終解決（虐殺）」の政策決定に関与したとされる。3月から始まった移送プロジェクトでは，その中枢の実務担当者であった。

総力戦体制下の中，交通省と折衝して輸送列車を確保するなど自己の任務に励み，2年間に約500万人を収容所に移送したという。1944年3月にはハンガリーのユダヤ人の移送計画に携わり，40万人あまりをアウシュヴィッのガス室に送りこんでいる。

ドイツ敗戦の混乱に乗じて，海外逃亡していたアイヒマンは，1960年に，逃亡先のアルゼンチンで隠密作戦のイスラエルの秘密警察に捕えられ，極密裡にイスラエルに護送され，軍事裁判にかけられた。

その裁判を傍聴した思想家ハンナ・アーレント（Hannah Arendt, 1965）は数百万を死に追いやった「悪魔のような人間」と考えられているアイヒマンが，実は「普通の，どこにもいるような人物」であり，どちらかといえば「小役人的な凡人」であったと指摘している。

アイヒマンは死刑の判決を下されてもなお自らを無罪と主張しており，「自分はただ職務をまっとうしただけである」と繰り返した。

公判時にアイヒマンは「1人の死は悲劇だが，集団の死は統計上の数字に過ぎない」と発言したという。

1962年6月1日の未明にラムラ刑務所で絞首刑となったが，処刑前に「最後に何か望みが無いか」と問われ，「ユダヤ教徒になりたい」と答えたという。何故かとたずねると「これでまた1人ユダヤ人を殺せる」と言ったという逸話も残されている。

2　なぜ人は服従するか―支配の正当性―

社会学の巨人であるマックス・ヴェーバー（Max Weber）は「人はなぜ支配を受け入れるのか」という問題を設定し「支配の正当性」という考えに至った。

支配を可能にするのは，その支配に正当性があると人々が考えるからであり，正当性なき支配はいずれ倒される運命にある。支配を維持するためには，その支配が正当性を持つものであると支配される側に信じさせる必要がある。

1）　支配の３類型

ヴェーバーは，支配の正当性として，以下の３つの類型を提示している（Weber, 1956b）。

⑴　カリスマ支配

超人的・非日常的な個人的資質に基づく支配であり，英雄や預言者などにみられる支配である。「支配者の人と，この人の持つ天与の資質（カリスマ），とりわけ呪術的能力・啓示や英雄性・精神や弁舌の力，とに対する情緒的帰依によって成立する」（訳47頁）ものである。

カリスマ支配における正当性は，カリスマが既存の秩序を超えた絶対的存在であると人々が信じるところに正当性の根拠がある。それゆえ，カリスマは常に自らの絶対的な力を誇示する必要性に迫られる。

力の誇示に失敗し，カリスマの能力に対する疑いが生まれれば，カリスマ支配の正当性の根拠も失われることになる。

⑵　伝統支配

伝統支配における正当性は，「昔から存在する秩序と支配権力の神聖性を信ずる信念にもとづいている」（訳39頁）のであり，これまでのしきたりや先例や慣習といった伝統に正当性を認めるものである。

要するに，過去の踏襲が正しいこととして受け入れられているのであり，これまでのやり方や考え方に基づいているということが正義なのである。

(3)　合法支配

合法支配における正当性は，近代の法による支配に正当性を認める考え方である。合法支配の根本にある考え方は，「形式的に正しい手続で定められた制定規則によって，任意の法を創造し・変更しうる」（訳33頁）とするものである。

個人の資質に基づくカリスマ支配や伝統や慣習に基づく伝統支配には避け得ない恣意性や縁故主義がつきまとう。合法支配は，これらの非合理な側面を超克するものとして形式合理性を貫徹した法やルールに正当性を認めるのである。

ヴェーバーは近代官僚制組織の本質を「合法支配」の貫徹として説明している。

2)　支配の正当性

人はなぜそのような支配を受け入れ，服従するのか。

ヴェーバーは支配を支えるものとして，「正当性」（legitimacy）の概念があるとした。つまり，人が支配を受け入れるのは，その支配を正当なものだと認めるからであるというのである。

支配が不当なものならば，人はその支配に抵抗し，その支配を逃れようとする。人々が支配に正当性がないと考えれば，反乱や革命がおこる。それゆえ，支配するためには，その支配が正当なものであると，支配される側に受容させることが不可欠なのである。

ここで，「正当性」という用語と「正統性」という用語の違いを説明する必要がある。

正当性は理屈の上での「正しさ」が意味されており，正統性は「正しき筋（血統）」という意味合いが含まれている。それゆえ，正当性は支配の類型全般に使用できるが，正統性について言えば，伝統支配の文脈で長子相続などのように血筋が問題となる場合に限って用いられるべき用語だと言える。

〈コラム〉「正義」

「正義」という信念を背景にして，人は考えられない残虐な行為を正当化する。

十字軍はバチカンの唱える「正義」の宗教戦争を行なった。イスラム教徒を殺戮する中で，流された血で足首まで染まった十字軍兵士の顔には神の栄光のために働いているという満足感に満ちた恍惚の表情があったと描写されている。ここには神のためという「正義」があり，その正当性を信じる人々により残虐な行為が行われた。

カンボジアのポルポト政権は社会主義を実現するという「崇高な目的」のために，革命前に高い地位にいた者，教師であった者，高い教育を受けた者，外国語をしゃべれる者などを，反革命的という名で逮捕し，みずから墓穴を掘らしてこん棒や斧で容赦なく殺害した。また，反革命的と疑われた人々を収容する刑務所では，大勢の人が立錐の余地のない狭い空間に押し込められ，「思想矯正」と称する拷問の末に殺された。殺害された人々の数は諸説あるが300万人ともいわれる。

「新しい社会建設のために過去の勢力を一掃する」という社会主義革命の思想のもとに，ポルポトは，革命前に社会を動かす原動力となっていた人々を殺しつくす「正義」を実行したのである。ポルポトは教師時代，温厚で思いやりある教師として知られていたという。彼は社会主義というイデオロギーを「正義」として掲げ，それを信じることで，ヒットラーの蛮行に匹敵する大虐殺を断行しえたのである。

毛沢東率いる中国における文化大革命も，政権内の権力闘争を背景としていたにもかかわらず，表向きは「造反有理」の「正義」の思想革命として紅衛兵の暴挙を正当化した。ここでも都市の知識人は「反革命的」と言いがかりをつけられ殺害されたが，文化大革命の騒乱での死者は数千万人とも言われている。

3　社会的権力

権力（power）とは，相手の抵抗にもかかわらず意志をおし通す力である。

フレンチとレイベン（French and Raven, 1959）は，他者に対する権力を社会的権力（social power）と定義し，その源泉として以下の6つの権力があることを指摘している。

(1)　報酬力（reward power）

誘因である報酬を保証したり，実際に与えることにより服従を引き出す力である。

(2)　強制力（coercive power）

処罰権などを背景に部下の意向にかかわらず行為を強いる力である。

(3)　正当性（legitimate power）

合法的な権限に基づいて行使される力である。

(4)　専門力（expert power）

専門的な知識と技能に結び付いた力である。

(5)　準拠力（referent power）

個人特性に基づく影響力であり，信頼・尊敬・忠誠心などから服従を引き出す力である。

(6)　情報力（informational power）

1965年の改訂版で専門力から分離して追加された項目であり，他者との関係の中で入手されるものであり，他者が必要とする情報を発信する力である。

社会的権力の源泉には，大別すると，①地位に基づく権力と②個人の能力に基づく権力がある。

フレンチとレイベンの挙げた権力をこの分類に当てはめると，報酬力，強制力，正当性などは①の「地位に基づく権力」である。

これに対して，専門性や準拠性や情報力は②の「個人に基づく権力」である。

〈コラム〉人はなぜ操作されるか？

チャルデーニ（Cialdini, 2013）は，人間に備わる基本的な心理的反応から，「人はなぜ操作されるか」を分析している。

人間の行動の多くは，ある種の心理的な「引き金」を引くことで，自動的な機械的反応パターンを引き出しうるというのが著者の主張である（訳13頁）。

たとえば，「高いものは良いもの，安物は悪いもの」という思考パターンなどは，その典型的な人間心理だとする。安い値段設定で売れなかった物が，値段を思い切り高くしたら売れたという話を彼は紹介している。

また，2番目に提示されたものが最初に提示されたものと異なっている場合，それが実際以上に最初のものと異なっていると感じる傾向があるともいう。それは，冷水のあとに手を水につけた場合，通常の水が温かく感じられ，熱いお湯に浸した後では通常の水が冷たく感じられるのと同じであると説明している。

航空会社の空港職員の発したジョークにまつわるエピソードがある。オーバーブッキングのために，次の便に変更してくれる人に「1万ドル差し上げます」とアナウンスした後で，今のはジョークで「実は200ドルです」とやった。その提示額には誰も反応しなかったために，500ドルまで額を上げざるを得なかっという。

著者はコントラストの原理から言えば，「変更してくれる人には，5ドル差し上げます」とまずジョークを飛ばし，「実は200ドル」と言えば，展開は違ったと分析している。

チャルデーニは，「人が操作される要因」として，以下の6つのカテゴリーがあると説明しており，これらの心理をうまく利用すれば人を上手に操作できるという。

①返報性（他者からの親切や援助に対しては，「お返し」をしたくなるという人間に備わった心理）
②コミットメントと一貫性（一旦関わったもの，あるいは自分の下した決定に対して，「一貫性」を持ちたいという心理）
③社会的証明（他者の行為・評価・判断に影響されてしまう心理）
④好意（好意に対して好意を返したくなる心）
⑤権威（権威に容易に服従してしまう心理）
⑥希少性（希少性のあるものに価値を見出す心理）

4　キプニスの権力堕落実験

キプニス（Kipnis, 1972）は，大きな権限をもつ管理者（給与の増減・解雇・作業指示の追加など）と小さな権限しか持たない管理者（簡単な作業指示）との態度を比較する実験を行なった。

人は大きな権力を与えられた場合，どのように振る舞うようになるのか。

キプニスは模擬実験により，大きな権力を持つ者がその権力を行使する場合の一般的傾向を「権力の堕落」として表現している。

1）　実験の概要

キプニスは，模擬会社を作り観察実験を行なった。

大学生を管理者とし，作業員として４人の高校生を配置し，そのうちの１人を連絡係とした。

管理者の職務は部下に指示を与え，仕事を監督し，成果を上げることである。管理者は，１セッション３分ごとに，連絡係に製品素材を作業室に運ばせて，一定の時間後に，出来上がった製品を持ってこさせる。１セッションで生産できる平均個数が管理者にはあらかじめ教えられており，それを基準に各セッションごとの生産効率が測定される。

４人の作業員は別の建物の作業室で仕事をするが，その耳にイヤホーンをして，監督者からの直接の指示を受ける。

連絡係は，管理者と作業員間の素材や製品の運搬を行い，もし作業員からのメッセージがあれば，それを管理者に取り次ぐ。

管理者は２つのグループに分けられた。

１つは，大きな権限をもつ管理者であり，作業員の給与の増減・解雇・作業指示の追加などの自由裁量権が与えられていた。これに対して，別のグループの管理者は小さな権限しか持たない管理者で，簡単な作業指示の権限しか与えられていなかった。

それぞれの管理者の部下に対する行動や態度に違いが現れたのであろうか。

2)　結論

大きい権限を与えられた管理者は，① 頻繁に影響力の行使を行い，② 部下の頑張りを評価せず，業績向上は管理者自らの功績であるとし，③ 作業員との距離を保ち，実験後の打ち上げの会には35％しか参加しなかった。

これに対して，小さな権限しか持たない管理者は，① 権威的に振る舞うこともなく，② 作業員の頑張りを評価し，③ 作業員との距離を作ることなく，打ち上げの会には75％が参加した。

実験によって明らかになったのは，人は大きな権力を持てば持つほど，その権力を積極的に行使するということである。また，部下との関係では，上下関係を強調した権威主義的態度をとりがちとなる。さらに，業績評価については部下の貢献を過小評価し，成果を自らの功績とする傾向を強めるということであった。

5　オーソリティー —権威と権限—

オーソリティー（authority）という英語のニュアンスは，権威・権限の両者を含む概念である。しかし，日本語では権威と権限は明確に区別される概念である。

1)　権威

権威は，一般的には，「他人を強制し服従させる威力」であり，「人に承認と服従の義務を要求する精神的・道徳的・社会的または法的威力」（広辞苑）と定義づけられている。

重要な観点は，権力と区別される権威というものの存在である。すなわち，権力が「相手の抵抗にもかかわらず意志をおし通す力」としての外的強制力であるとすれば，権威は一種の影響力であり，権威への服従は，服従する側が権威の正当性を認め，内面的に受容するところに成立する。

2) 権威のシンボル

われわれが無意識に権威を受け入れているということを示す実験がいくつかある。チャルデーニ（Cialdini, 2013）は日常的な形で各種の権威にわれわれがどのように影響されているかを明らかにしている。

⑴　肩書き

肩書きが人の知覚にどう影響するかの実験が行われた。

オーストラリアの大学生の5クラスにそれぞれ学生・助手・講師・助教授・教授と異なる肩書きで1人の男性を紹介したあと，それぞれのクラスの学生に対して先ほどの人物の身長を推測してもらう実験を行なった。

その結果によると，学生・助手・講師・助教授・教授と肩書が上昇するにつれて，身長評価で各1.5cmアップという調査結果が出た。

逆に肩書きがない場合の実験も行われている。

これは，32ヵ月から18ヵ月前にすでに掲載された有名大学の教授の論文12編を選び，無名の研究機関・人名で同じ雑誌に再投稿して掲載されるかどうかを実験したものである。

結果は，12論文中の3論文は審査対象にもならず，残りの9本は審査にまわったが，結局採用されたのは1論文のみであった。

⑵　服装

服装による影響力の違いを調べた実験がある（Bickman, 1974）。

実験内容は，まず警備員の服装をして，「15m先のパーキングメーターの所にいる男は小銭がないので，10セントあげてください」言ってから姿を消すというものである。

次に，普通の服装をして，全く同じことを言う実験が行われた。

実験の結果は，普通の服装による指示では，その指示に従うものが半減するということがわかった。

また，信号無視への追随行動が服装でどう変わるかの実験も行われた。

スーツ姿の人と作業服姿の人がそれぞれ信号無視したときにおこる追随行動を調査した結果，服装の魔術とでも呼ぶべき数字が現れた。社会的にステータスが高いスーツ姿の人に追随する数値が作業服姿の人の3.5倍にまで跳ね上がったのである。

⑶　装飾品

装飾品というものも権威をもつ。

女性は宝石や衣服に権威を感じ，男は車に権威を感じるという。

大衆車と高級車に対するドライバーの対応の違いについての実験がある（Doob & Gross, 1968）。信号が青に変わっても前の車が動かない場合に，ドライバーがクラクションを鳴らすまでの時間に大衆車と高級車でどの程度の差が出るかの実験が行われた。

古い大衆車の場合，信号が変わっても前の車が発車しない場合，後続ドライバーは100％クラクションを鳴らした。ドライバーの中には，バンパーに車をわざとぶつける乱暴なドライバーまでいたという。これに対して，高級車に対するクラクションの実験では，クラクションを鳴らす割合が半減することが確認された。

3)　権限

組織は権限の体系であり，組織階層の上位者は部下に対して命令する職務権限をもつとされている。

われわれは，あまり疑念を感じることもなく，上位者からの指示命令に従うのであるが，その権限の根拠はどこにはあるのかを問うとその説明は一様ではない。

組織における権限の根拠については，以下の３つの理論的説明がある。

⑴　法定説（formal theory）

クーンツとオドンネル（H. Koontz & C. O'Donnel）に代表される経営学の古典的な教科書の標準的な考え方では，権限は公法ないし私法上で法令または契約の規定に基づいてなしうる権能であると説明する。

会社法に規定されているように，会社トップである代表取締役のもつ職務執行権という形式で，制定法により権限の源泉が与えられているからであると説明される。

(2) 職能説（functional theory）

フォレット（Mary Parker Follet, 1949）は職能説として権限の源泉を説明する。これは，権限は組織の個別の職能に属するものであるとする考え方である。

この考え方によれば，たとえ階層トップの社長といえども，職務遂行について現場の職務権限に口を出すような命令を出すことはできないと考える。

(3) 受容説（acceptance theory）

バーナード（Chester I. Barnard, 1936）は，権限についての受容説の立場に立つ。

部下が命令に従っているということ，つまり，部下の受容こそが権限の源泉であり，権限の存在は部下が命令を受け入れるかどうかにあるとするのが受容説の考え方である。

それゆえ，受容説の立場からは，上司は部下が受け入れられる範囲で，指示・命令を出すことが是非とも必要なこととなる。

バーナードは，部下が疑問なく当然のこととして命令を受け取る範囲を「無関心圏」（indifferent zone）と呼んだ。この領域を逸脱した命令は，命令に対する疑念や不服従を起こさせる原因となる。部下が命令を拒否する事態となれば，上司の権威そのものが傷つくことになるのである。上司の権威が揺らげば，それは組織の階層秩序そのものに対する打撃となるのはいうまでもない。

〈コラム〉将軍の職務遂行の権限

これは孫子の兵法において語られているエピソードである。

ある王が孫子に軍の指揮のデモンストレーションをさせた時の話である。

孫子は，王の女官を100人づつの2つのグループに分け，それぞれのリーダーに王の寵愛する女官をたてて，それを指揮した。しかし，女官たちはふざけて笑い転げて孫子の指揮に従わない。孫子は同じ指揮を再度繰り返したが，結果は同じであった。

そこで，孫子は次のように言った。

「一度目は私の指示が的確でなかったのかもしれない。二度目は私の指示は明確であり，責任はグループのリーダーにある。それゆえ，リーダーの女官を処罰する。」

王は孫子を止めようとしたが，孫子は「王から軍隊を動かす権限を委譲されたあとでは，軍の指揮権は将軍にある」として，自分の命令を聞かない女官を切り殺して軍の規律のあり方を示した。

三度目の指揮では，女官たちは一糸乱れることもなく孫子の指揮に従ったという。

このエピソードは，王といえども，将軍の職務遂行の権限に対して異を唱えられないという職能説の発想である。

第４章

認知と組織文化

われわれ人間の認知には限界があり，常に「客観的事実」を捉えているとは言い難い。われわれは，先入観ともいうべき物事を見るための枠組みをあらかじめ持った上で，その枠組みに沿って物事を見ているからである。

本章では，ゲシュタルト心理学などの研究成果を検討し，われわれが現実そのものを直接的に理解することはできず，必ずわれわれの主観というフィルターを介在させて物事を見ていることを明らかにする。

次に，組織における物の見方や考え方の枠組みを与えている組織文化を取り上げ，それがどれほどの広がりのある概念であるかについて検討する。

最後に，一旦出来上がった組織文化は変化への抵抗を見せるが，イノベーションが常態化した時代にあっては，これまで通りのやり方を無批判に踏襲しようとする「組織の慣性」は打ち破らねばならない。この組織変革の局面に関わる組織学習について，いくつかの学説を紹介する。

1 「コンテクスト」が規定する物の見方

われわれが事物を認識する場合，白紙の状態で物事をそのまま受け取るということはない。われわれは，自己が用いる“レンズ”を通して外部世界を見て，物事を解釈している。要するに，われわれは「世界観」や「信念」や「価値観」と言われるさまざまな「先入観」や「認知の枠組み」をもち，その枠組みが規定する文脈（コンテクスト）に沿って事物を解釈しているのである。

文脈（コンテクスト）がある種の論理で一貫していれば，人はその論理をたどることで物事を正しく理解することができる。チェスや将棋や囲碁のプロ棋士が一目で盤面を理解するのは一手一手に合理的なゲームの論理が存在するためであり，自分が打った過去の棋譜を容易に再現できるのもこのためである。要するに，我々の認識は，まず全体像を理解した上で，そのコンテクストに沿って諸部分の関連を整合的に組み立てようとするのである。

人が行動する場合も，そのコンテクストにそった物事の捉え方を行い，状況にふさわしいと考えられる行動をとる。クルト・レヴィン（Kurt Lewin）は「場の理論」（field theory）を提唱し，人間は個人のパーソナリティーや欲求だけでなく，その人が置かれた状況，すなわち「場」に対応した行動をとると主張している。

「ブス・コンテスト」の話を例にするとわかりやすいかもしれない（南伸坊，1985）。現在では，このようなコンテストはセクハラに該当すると考えられ，開催することはできないのではないかと思われるが，当時，「ブス」という不美人を競うコンテストが行われ，「最高のブス」に選ばれた優勝者が「嬉し泣き」したという逸話である。この優勝者の女性の「嬉し泣き」は，コンテストでの優勝というコンテクストをたどるのでなくては，とても素直に喜べないし，彼女の嬉し涙も理解もできない。

2　認識主体の思考の枠組み

1）　ゲシュタルト心理学

人間社会において，“事実”を誰もが同じように客観的に捉えうると期待するのは口で言うほど簡単なことではない。確かに，「事実は1つ」である。しかし，「事実は1つ」であっても，その解釈は人間の数だけある。

人々の行動は，“現実”によって影響されるが，それは「現実そのもの」というよりは，人々の主観というフィルターを通って「解釈された現実」である。われわれが重視する必要があるのは，この主観のフィルターを通って認知され解釈された“現実”である。

人は物事をどのように見ているのか。客観主義の時代には“事実”は客観的なものとして，誰にとっても同じように捉えうるものと考えられていた。すなわち,「事実は1つ」であり，すべての人はその“事実”を同じように受け取ることができると考えていたのである。

しかし，20世紀の認知科学の進歩，特にゲシュタルト心理学として知られる心理学は，このような考え方に異議を唱えた。すなわち,「事実は1つ」であるが，それをどう認知し，解釈するかは人の数だけ存在すると主張し始めたのである。

ゲシュタルト（gestalt）はドイツ語で「全体」とか「形態」を意味する言葉で,「全体」は「部分」の相互関連で成立するものであり，しかも部分の総和以上の意味をもつ機能的統一体であると考えられている。

ゲシュタルト心理学は,「認知の枠組み」の違いにより部分の見え方が異なるという現象を明らかにした。認知主体は，異なる「認知の枠組み」を持っており，これを手掛かりに，ものを見て，解釈するのである。認知主体のもつ「認知の枠組み」は，全体についての理解であり，人はこの先入観ともいえる全体像を使って部分を解釈しているのである。

ゲシュタルト心理学は全体を部分に分解し，その細分化された部分の理解を寄せ集めれば，全体が理解できるとする還元主義的アプローチに反対し，全体像を先に理解することなしには，部分の意味を正しく確定できないと主張した。すなわち全体についての理解が先にあり，部分についてはその全体像にそって意味づけがなされると考えたのである。

ここでの考え方は，部分の集合が全体という考え方ではなく，全体が先にあり，その全体像に整合的にそれぞれの部分が意味付けられてゆくという風に「意味の構造化」のプロセスを捉えているのである。要するに，われわれの認識の順番は，全体像を先に描き，そのコンテクストに部分をはめ込むように理解が進んでゆくというのである。

ゲシュタルト心理学により，物を客観的に見ることのむつかしさが学問的に確認された。われわれは，自分の「認知の枠組み」に沿って物事を見ているのであり，他の人が見ているものを見ることはできない。つまり，他の人が見ている世界を見るためには,「認知の枠組み」そのものを切り替える必要がある。

2)　認知心理学の実験

(1)　ルビンの壺

ゲシュタルト心理学の有名な認知実験として，「ルビンの壷」がある。デンマークの心理学者ルビン（Edgar Rubin, 1915）は，人間の認知について興味深い事実を明らかにした。

図 4-1 の「ルビンの壺」はどのように見えるだろうか。

ルビンは実験により，人間は共通の境界線をもつ図形に対して，図と地（背景）という 2 つのカテゴリーで情報処理するという事実を明らかにした。つまり，壺を図として認識すると，向かい合った顔は背景となり，向かい合った顔を図とすると壺は背景となるのである。

人間は壺と顔を同時には見ることはできない。壺を見ているとき顔は消え，顔に視点を合わせると壺が見えない。

覚えておくべき大切なポイントは，1 つの視点から見えるものと別の視点から見えるものがまったく異なるということである。しかも 2 つの視点に同時に立つことはできないのである。

(2)　若い女と老婆

リーパー（Leeper, 1935）は若い女にも老婆にも見えるあいまいな絵（a）を使う実験を考案した。彼はそのあいまいな絵を書き直し，一方は若い女を強調した絵（b）に，他方は老婆を強調した絵（c）にした。

図表 4-1　ルビンの壺

出所：トリックアート・JUGEM および UA Magazine（2014, Nov.12）より転載。

図表 4-2　若い女と老婆

出所：Hastorf, et al., 1970, 訳 8 頁より転載。

実験では，まず最初に，若い女（b）か老婆（c）かのどちらかを強調した絵を被験者に見せる。次にどちらにも見えるあいまいな絵（a）をみせ，「何に見えますか」と質問した。

実験結果は，最初にどの絵を見せられるかでまったく異なる結果を示した。

すなわち，被験者はあらかじめ見せられた絵に影響されて，本来どちらとも取れるはずの絵を自分の先入観により解釈したのである。若い女を強調した絵では，95%がどちらとも取れるはずの絵を若い女だと判断し，老婆を強調した絵では 100%が老婆だと判断している。

これらの実験を通して，われわれは事物を先入観なしに判断することはできないという知見を得た。要するに，認識主体の「認知の枠組み」が認識に先だって確定されており，その文脈にそって，知覚の構造化が起こるのである。

つまり，ものを見るためには必要不可欠な「認知の枠組み」が先にあって，人はその枠組みに基づいて事象をとらえているのである。

3　認知主体の解釈

1）「パラダイム」（paradigm）という見方

クーン（Thomas Kuhn, 1962）は『科学革命の構造』で科学理論の進歩を「パラダイム」（paradigm）という用語で説明した。

パラダイムとは，もともとは「自然科学において科学者集団の多数が支持している学説」というほどの意味なのだが，この用語は科学哲学の分野を超えて「ものの見方」や「思考の枠組み」という意味で一般にも使われるようになる。

クーンのパラダイム論以前は，科学史は絶対的真理の積み重ねであると捉えられていた。これに対して，パラダイム論の科学観は絶対的真理の集積という科学観を覆した。パラダイム論の考え方では，科学理論は，今のところ正しいとされている1つの学説にすぎず，それが絶対的真理であるかどうかは本当のところわからないと考える。

例えば，中世では太陽が地球の周りを回る天動説が絶対的真理であると考えられた。しかし，今では天動説を信じる者はほとんどいなくなり，地球が太陽の周りを回る地動説に転換している。ここで面白いことは，この対立する見方は数百年にわたって並存したという事実である。ローマ教皇ヨハネ・パウロ2世が地動説を公式に承認し，ガリレオ裁判の誤りを認め異端判決を取り消したのは，ガリレオの死後350年目の1992年のことなのである。

パラダイム論は，いわば相対主義の科学観であり，競合する複数の学説に存在価値を与える。自然科学ですら「これは絶対的真理である」とは宣言しない考え方にすでに変わったのであるから，自らがよって立つ価値基準を明確にすることを求められる社会科学の場合には，対立する考え方や主張の異なる理論が並存するのは当然であり，理論間の論争はより熾烈なものとなる。

2)　コップの中の半分の水

経営学は「科学」か「アート」かという論争があったが，経営学の学問観の流れも客観主義から主観主義に変わりつつある。

初期のテイラー（Frederick W. Taylor）などの科学的管理論においては，客観的な事実の分析により，誰もが認めざるをえない「唯一最善の方法」を見つけることができるとの考え方があった。

その後，経営学をより厳密な社会科学にしようとする動きがあり，実証研究の手法によるコンティンジェンシー理論と呼ばれる研究が登場する。この研究の核となる考え方は，企業の環境，規模，技術などの客観的事実を集積すれば，それぞれの状況の違いに応じて，最善の組織理論や管理手法を特定化できるはずであるというものであった。

しかし，その後，この客観主義的な研究方法の限界が指摘されるようになる。つまり，先にも述べたように，「事実は1つ」であれ，それを認知する人間の視点が異なり，その解釈も違ったものとなるという見方が優勢となってきたのである。

認知科学の知見は，自然科学的な「1つの事実」を確実に積み重ねることにより経営学を科学にできると考えたコンティンジェンシー理論の限界を明らかにした。「事実は1つ」であっても，人はその“事実”を同じようには受け取らず，異なる解釈をする。誰にとっても同一の認知はなく，それにも増して解釈が異なるものとなりうることが理解されるようになったのである。すなわち，「経営は人なり」という観点がより全面に出るようになってきたのである。同じ事実を見ても，異なる経営判断が可能であるということこそ，経営学の面白さである。

認知心理学の知見を借用して，ドラッカー（P. F. Drucker）は「コップの中の半分の水」をどう解釈するかという例を好んで用いている。

コップの半分の水を「半分満たされている」（half full）と捉えるか，「半分空である」（half empty）と捉えるかが重要であると説き，「事実そのものではなく，事実の解釈こそが重要である」と主張したのである。

経営者が「コップの中の半分の水」を見たとして，すべての経営者が同じ経

図表 4-3　コップの中の半分の水

出所：筆者提供。

営判断に至ると単純に考えるわけにはいかない。“事実”を認知し解釈するという局面で，肯定的に「半分もある」と判断するか，否定的に「半分しかない」という解釈をするかの問題が出てくるのである。

このような解釈の違いが経営判断の基礎にはあり，経営学の学問論争における「経営学は科学かアートか」という論争の根本に繋がっているのである。

靴のセールスマンの笑い話がある。

とある開発途上国の空港に降り立った時，１人のセールスマンは現地人が全員裸足なのを見て，「売れる見込みなし。みな裸足」と本国に報告したという。別のセールスマンは同じ状況をみて，「靴をどんどん送れ。潜在重要は莫大。みな裸足」と報告したという。

ここにも同じ状況をみても，どう解釈するかが個人により異なるという事実が表現されている。

今は大成功しているある起業家が子供服事業に乗り出そうとした時，多くの知人が少子化時代に子供服は事業として先細りであると指摘し，無謀な試みをやめるように忠告したという。しかし，本人は少子化時代なればこそ，子供服はビジネスとして成功すると真反対の解釈をしていた。つまり，１人の子供に対して，たくさんのお金をかけて育てる余裕のある社会になったとの解釈である。

「少子化」という事実を一方は「先細り」と捉え，他方は「ビジネス・チャンス」と捉えたのである。

3)　ポジティブ・スィンキングとネガティブ・スィンキング

「事実が問題ではなく，事実に対する解釈が問題である」というこの観点は非常に重要である。事実は１つだが，その事実についての解釈は個人の数だけある。同じ現象を見ても，ポジティブに捉える人がいる一方で，ネガティブに捉える人がいる。前者の思考傾向をポジティブ・スィンキング（positive thinking）と呼び，後者をネガティブ・スィンキング（negative thinking）と呼ぶ。

人生の荒波に立ち向かう上で，経験的にはポジティブ・スィンキングをする人の方が社会生活を上手にこなし，意欲に満ち，幸福感も高いといわれている。すべてを否定的に捉えるネガティブ・スィンキング傾向の人は物事の否定的な面を強調するために，何事によらず自信を持てず，自ら幸福を遠ざける生き方を選ぶことになりがちである。

「ゴルフの実験」がある。夜の暗闇の中に照明に浮かび上がる100ヤード程度のグリーンがあり，そこに向かってアイアン・ショットを打つ。ほとんどの人がうまくボールをグリーンに乗せる。次の瞬間，照明がつき，広範囲が照らし出されると，グリーンの手前には池があることがわかる。

先ほどと同じようにショットするが，多くの人が，池ポチャをしたり，グリーンオーバーしたりして，先ほどのようにはうまくグリーンを捉えられない。グリーン手前に池があるというプレッシャーでうまくショットできないのである。

実験後，うまく打てた人と失敗した人の思考法を比較したところ，ポジティブ・スィンキングとネガティブ・スィンキングのグループに分かれることが明らかとなった。ポジティブ・スィンキングの思考傾向をもつ人は，池の存在を挑戦機会ととらえ，プレッシャーをモチベーションに変えたのである。これに対して，ネガティブ・スィンキングの思考傾向の人は，池を見た瞬間に，「もうだめだ」とか「自分は失敗する」と考え，自分で自分を追い込み，ミスショットをしていたのである。

物事を人に提示する場合にも，物事を肯定的に提示するやり方（positive framing）と否定的に提示するやり方（negative framing）があり，前者のやり方が人々に受け入れられやすいことが分かっている。

「アジアの病気問題」として知られる実験では，伝染病の可能性のある600人の人がいるとして，「200人助かる」処方箋と「400人死ぬ」処方箋のどちらを選ぶかを尋ねた。実質的には死亡者数は同じ処方箋である。しかし，「助かる」という表現で提示された処方箋をより多くの人が選択することがわかっている。

4　組織文化

1)　組織文化とは何か

「文化なしには人類はない」というのが，メアリー・ミッドグレー（Mary Midgley）というイギリスの哲学者の主張であり，文化を持つことは生まれつきで自然なことだという（DK, 2011, p.292）。

蜘蛛が糸を吐き出し巣をつくるように，人間は文化を作り出す生き物として進化してきた。それぞれの国に固有の文化があるように，個々の組織にも社風などと呼ばれる組織文化（organizational culture）がある。

組織文化は組織のDNAに例えられるものである。目には見えないけれども，組織のあり方や行動様式を強力に規定しているものである。

「朱に交われば赤くなる」という諺があるが，人は組織に属すると同時に，組織における社会化プロセスに身を晒すことになり，その組織に特有の価値や信念を教え込まれる。

組織文化の重要性が認識されるようになったのは，企業戦略論が隆盛を極め，企業の多角化戦略との関連でまさに組織再編が行われようとした時であった。

「笛吹けど踊らず」の諺があるごとく，立派な戦略を立て，それを実行すべく組織再編に動き出したまさにその時に，組織内部からの強力な抵抗が表面化し，組織文化という要因が俄然注目されるようになったのである。

「変えようと試みるまでは，システムを理解することはできない」と社会心理学者のK. レヴィンは述べているが，組織を変えようとしたまさにその時に，組織文化というものの存在をわれわれは強く実感するようになったのである。

2)　シャインの組織文化のレベル

組織文化は，非常に広範でとらえどころない概念である。職場イメージを決定するドレスコードや社内での言葉遣いから，組織で特別の意味を持つ儀式や儀礼あるいは組織内での慣例や慣行，さらには会社の創業理念や社是・社訓に現れた価値や信念などに及ぶものである。

シャイン（Schein, 1996）は，組織文化を定義して，「特定のグループが保持している一連の共有され，当然とされている暗黙の仮定であり，その多様な環境を知覚し，考え，反応する仕方を決定するものである」とする。

組織文化という概念について，シャインはこれを海に浮かぶ3層からなる巨大氷山にたとえて説明している。

⑴　観察可能な人工物

一番上の層は，海に出ている部分であり，「目に見える」レベルである。

それらには会社のロゴ，建物や工場などの物的な構造物，大部屋か個室かといったオフィスのレイアウト，椅子や机などのインテリア，そして照明や音や匂いを含む職場環境などが含まれる。また，組織構造や管理規則や各種手続などの明示化されたものもある。さらには職場での言葉遣いや服装，会議のやり方，あるいは恒例の儀礼・式典などである。

これらは観察可能であるので比較的わかりやすいレベルの組織文化である。

⑵　支持されている諸価値

氷山は直接目に見えない水面下にも広がっている。第2番目の層は，共有された価値である。

行動規範として何が正しく何が間違っているかといった物の見方や考え方，すなわち意識化された信念体系のレベルである。社是社訓，会社のビジョンや使命といった経営者により意図的に表明される価値や信念として表明される。

これらは組織に所属した後に，組織内の社会化プロセスの中で次第に身につけてゆくものであるため，組織を外から眺めているだけではなかなか分かりにくいものである。

⑶　共有されている基本仮説

第3の層である氷山の底辺部分はさらに深く下に伸びているが，どれほどの大きさなのかは海の上からは見ることができない。しかし，氷山を支えているのはこの部分である。

「目に見えないもの」としての仮説・価値・信念のレベルであり，組織全体を下支えする無意識の領域にある共有された基本仮説である。

これは意識されることなく「当然とされているもの」であり，暗黙のうちに共有されている信念や行動様式である。

創業者の人生における転機となった天啓的な覚醒体験，創業時の苦難や武勇伝，あるいは会社の経営理念の確立に至るエピソードなど，さまざまの形で組織に語り継がれているものである。

3)　組織文化の次元

組織文化の次元として以下の7つの要素が指摘されている（Chatman and Caldwell, 1991）。

①イノベーションとリスク・テイキング

②安定性

③従業員志向

④結果志向

⑤細部へのこだわり

⑥チーム志向

⑦攻めの姿勢

上記の特徴はどの組織にも多かれ少なかれ見られる特徴であるが，これらの7つの要素を総合した場合に，他の組織と明確に区別される特徴が表れてくる。

すなわち，その組織においての価値の置き所や物事がどう処理され，人々がどう振舞っているかというような組織文化の特徴がこれらの要素の組み合わせから明らかとなる。

4)　ホフステッドの国別の文化比較

経済のグローバル化の中で，国別の文化比較の意義が認識されるようになりつつある。

ホフステッド（Hofstede, 1980）は70ヵ国で事業展開していた多国籍企業であるIBMの1967年から1973年の従業員年次調査データにもとづき，規模の大きい店舗のある40ヵ国，116,000人以上の従業員を調査対象として，国により異なる文化価値が存在することを明らかにしている。

文化価値の差を測る指標として用いられたのは，① 権力格差の受容度（権力と富の社会格差を受け入れる程度）② 不確実性の忌避度（不確実性や曖昧さを嫌う程度）③ 個人主義か集団主義か ④ 男性優位か女性優位か ⑤ 長期志向か短期志向か，という5つの指標である。

ホフステッドは，国別の文化価値の順位づけを示しているが，図表4-4（Robbins, 2010, p.53）からそれぞれの文化価値指標の上位3位までの国を示すと以下のようになる。

①権力格差の大きい国はマレーシア・ガァテマラ・パナマであり，小さい国はオーストリア・イスラエル・デンマークである。

②個人主義の国はアメリカ・オーストリア・イギリスであり，集団主義の国はヘネゼイラ・コロンビア・インドネシアなどである。

③男性優位社会は日本・オーストリア・ベネセイラであり，女性優位の社会はスウェーデン・ノルウェー・デンマークなどである。

④不確実性を避けようとする国はギリシャ・ポルトガル・ガテマラなどであり，不確実性を許容するのはシンガポール・ジャマイカ・ホンコンである。

⑤長期志向はホンコン・台湾・日本などであり，短期志向はパキスタン・西アフリカ・フィリピンなどである。

ちなみに，日本社会の文化価値としての特徴は，① 権力格差については33位と比較的平等であり，② 個人主義か集団主義かでは中位であり，③ 男性優位か女性優位かでは，他国を抑えて男性優位ランキング1位となっており，④ 不確実性の回避性向は比較的強く全体の7位，⑤ 長期志向か短期志向かの指標では長期志向であり全体の4位となっている。

ホフステッドの調査では，日本がどの国よりも男性優位社会であり，一般に言われるほど集団主義ではないと指摘されている点が注目される。

しかし，この調査結果とは逆の主張を展開する研究の方が主流であると思われる。すなわち，日本は一見すると，男性優位社会に見えるが，その実，家庭

図表 4-4　ホフステッドの国別の文化価値

	Power Distance		Individualism Versus Collectivism		Masculinity Versus Femininity		Uncertainty Avoidanse		Long-Versus Short-Term Orientation	
Country	Index	Rank	Index	Rank	Index	Rank	Index	Rank	Index	Rank
Argentina	49	35-36	46	22-23	56	20-21	86	10-15		
Australia	36	41	90	2	61	16	51	37	31	22-24
Austria	11	53	55	18	79	2	70	24-25	31	22-24
Belgium	65	20	75	8	54	22	94	5-6	38	18
Brazil	69	14	38	26-27	49	27	76	21-22	65	6
Canada	39	39	80	4-5	52	24	48	41-42	23	30
Chile	63	24-25	23	38	28	46	86	10-15		
Colombia	67	17	13	49	64	11-12	80	20		
Costa Rica	35	42-44	15	46	21	48-49	86	10-15		
Denmark	18	51	74	9	16	50	23	51	46	10
Ecuador	78	8-9	8	52	63	13-14	67	28		
El Salvador	66	18-19	19	42	40	40	94	5-6		
Finland	33	46	63	17	26	47	59	31-32	41	14
France	68	15-16	71	10-11	43	35-36	86	10-15	39	17
Germany	35	42-44	67	15	66	9-10	65	29	31	22-24
Great Britain	35	42-44	89	3	66	9-10	35	47-48	25	28-29
Greece	60	27-28	35	30	57	18-19	112	1		
Guatemala	95	2-3	6	53	37	43	101	3		
Hong Kong	68	15-16	25	37	57	18-19	29	49-50	96	2
India	77	10-11	48	21	56	20-21	40	45	61	7
Indonesia	78	8-9	14	47-48	46	30-31	48	41-42		
Iran	58	29-30	41	24	43	35-36	59	31-32		
Ireland	28	49	70	12	68	7-8	35	47-48	43	13
Israel	13	52	54	19	47	29	81	19		
Italy	50	34	76	7	70	4-5	75	23	34	19
Jamaica	45	37	39	25	68	7-8	13	52		
Japan	54	33	46	22-23	95	1	92	7	80	4
Korea (South)	60	27-28	18	43	39	41	85	16-17	75	5
Malaysia	104	1	26	36	50	25-26	36	46		
Mexico	81	5-6	30	32	69	6	82	18		
The Netherlands	38	40	80	4-5	14	51	53	35	44	11-12
New Zealand	22	50	79	6	58	17	49	39-40	30	25-26
Norway	31	47-48	69	13	8	52	50	38	44	11-12
Pakistan	55	32	14	47-48	50	25-26	70	24-25	0	34
Panama	95	2-3	11	51	44	34	86	10-15		
Peru	64	21-23	16	45	42	37-38	87	9		
Philippines	94	4	32	31	64	11-12	44	44	19	31-32
Portugal	63	24-25	27	33-35	31	45	104	2	30	25-26
Singapore	74	13	20	39-41	48	28	8	53	48	9
South Africa	49	35-36	65	16	63	13-14	49	39-40		
Spain	57	31	51	20	42	37-38	86	10-15	19	31-32

（つづく）

	Power Distance		Individualism Versus Collectivism		Masculinity Versus Femininity		Uncertainty Avoidanse		Long-Versus Short-Term Orientation	
Country	Index	Rank	Index	Rank	Index	Rank	Index	Rank	Index	Rank
Sweden	31	47-48	71	10-11	5	53	29	49-50	33	20
Switzerland	34	45	68	14	70	4-5	58	33	40	15-16
Taiwan	58	29-30	17	44	45	32-33	69	26	87	3
Thailand	64	21-23	20	39-41	34	44	64	30	56	8
Turkey	66	18-19	37	28	45	32-33	85	16-17		
United States	40	38	91	1	62	15	46	43	29	27
Uruguay	61	26	36	29	38	42	100	4		
Venezuela	81	5-6	12	50	73	3	76	21-22		
Yugoslavia	76	12	27	33-35	21	48-49	88	8		
Regions:										
Arab countries	80	7	38	26-27	53	23	68	27		
East Africa	64	21-23	27	33-35	41	39	52	36	25	28-29
West Africa	77	10-11	20	39-41	46	30-31	54	34	16	33

Scores range from 0 = extremely low on dimension to 100 = extremely high.

Note; 1 = highest rank. LTO ranks: 1 = China; 15-16 = Bangladesh; 21 = Poland; 34 = lowest.

Source: Copyright Geert Hofstede BV, hofstede@abovt.nl. Reprinted with permission.

出所：Robbins, 2010, p.53 より転載。

で財布を握っているのは女性であり，女性の地位は実質より見ればとても高いとする見方がある。さらに，日本人の集団主義的傾向の強いことは日本的経営の主要な特徴としてアベグレンを嚆矢とする日本型経営の研究者が一貫して指摘するところである。

5　組織の慣性と組織学習

『エクセレント・カンパニー』（Peters and Waterman, 1982）では，好業績企業の特徴は企業トップの価値観が従業員に共有されており，その価値観と整合的な組織戦略や管理システムが採用されていることを明らかにした。また，『シンボリック・マネジャー』（1983）は，強い組織文化を持つ企業では，行動規範や判断基準が組織内に共有されているため好業績企業が多いとされた。

しかし，組織の強みであったものが環境状況が変わることで，弱みとなることもあり得る。『エクセレント・カンパニー』で取り上げられた優良企業の多くがその後数年で業績を大きく低下させているのも事実である。

1)　組織の慣性

組織には，過去の慣れ親しんだ行動をやり続けようとする力が働いている。組織の慣性（inertia）は，物理学の「慣性の法則」と同様に，同じ方向に動き続けようとする組織の力学である。

組織の成功体験は，成功したやり方の踏襲に固執するものであり，これまでとは異なる新しいやり方を試してみることに拒否反応を示す。

オーストラリアにはユーカの森があり，コアラはユーカリを主食とすることで種として生き残ることに成功している。コアラは，この成功体験を突き詰めて，ユーカリしか食べない方向で「定向進化」したといえる。ユーカリが豊かにある限り，コアラは楽に暮らせる。しかし，もしユーカリがなくなれば，その時コアラは絶滅するしかない。

組織における成功体験も，コアラの「定向進化」と同様な「組織の慣性」を生み出す。環境がこれまで通りならそれで何の問題もない。しかし，環境が変われば大問題となる。

歴史を辿れば，成功体験による「組織の慣性」がやがて手酷い大失敗に繋がったケースが多々見られる。例えば，日清戦争・日露戦争での勝利に酔った旧日本軍の奢りによる迷走とその後の大敗北があり，またT型モデルの大成功ゆえに最後は倒産の危機に瀕したフォード社の挫折というものもある。

「官僚制の逆機能」ということが言われる。規則通りに物事を機械的に処理する官僚制は，安定的な環境状況においては，優れた効率性を発揮する優秀なシステムである。しかし，環境が激変するような状況では，決められた手続きや規則が現実とは適合せず，官僚制がもはや適切に機能しなくなるのである。

「茹で蛙」症候群という言葉もある。熱湯にカエルを放り込めば，その熱さに驚いて鍋からカエルは飛び出るはずである。しかし，水を満たした鍋にカエルを入れ，ゆっくりと水を温めてゆくと，カエルは外に飛び出るタイミングを逸して茹で上がってしまうという話がある。これはあくまで警句的な比喩話として聞くべきものなのだが，「組織の慣性」の中に安住することは，組織文化の「ぬるま湯」の中で変化に対応できずに本当に「茹で蛙」となることにもなりかねない。

2) アンラーニング

(1) アンラーニングのプロセス

レヴィン（Kurt Lewin）によれば，変化は一気に起こるのではなく，段階を追って起こる。すなわち，変化の各ステージは，溶解（unfreezing）・変化（change）・凍結（freezing）である（DK, 2012, pp.220-223）。

第１段階の溶解は，変化の必要性と過去のものとなった信念や実践の廃棄を認めさせるための準備段階である。

第２段階の変化は，古い考えやシステムが停止することによる混乱や苦痛を経験する段階である。

そして，第３段階の凍結は，新しい考え方が結晶化し，新しい枠組みの中での快適さや安心感が出現する段階である。

学習プロセスにおいては，まず「忘れること」(unlearning)，そして「学び直すこと」(relearning)，さらに思考・感情・態度・知覚の「再構成」(restructuring) というプロセスを経なければならない。

(2) 組織的廃棄

アンラーニングに関連して，マネジメントにおいては，「組織的廃棄(organizational abandonment)」ということが強調される。

これはドラッカー（P. F. Drucker）が指摘した経営の核となる発想である。すなわち，組織において不要・不必要な活動を洗い出すという発想に立つものであり，現時点でもはや成果を産まなくなった活動や事業を定期的に見直し，それらを廃棄することの必要性を説くものである。

3) 組織学習

組織学習（organizational learning）は組織として経営改善のための新知識や新たな技法を学習し，組織内に蓄積し，それらの知識を組織内で共有することで，組織変革につなげようとするものである。

(1) ベンチマーキング（benchmarking）

「ベンチマーキング」は経営手法の１種であり，成功している同業他社のやり方を基準ないしお手本として，それを真似ることで自分の組織改善を図るものである。

(2)　SECIモデル

個人レベルに存在する経験や言葉にならない職人技の中にある「暗黙知」を誰もが理解可能な「形式知」に転換する知識創造のプロセスを説明するのが「SECIモデル」である（野中・竹内, 1996）。

組織内の「暗黙知」を「形式知」に転換できれば，今まで一部の人にしか知られていなかったことが組織に共有された知識になるのであり，組織は新しい知を学習したことになる。

SECIモデルは，「共同化（Socialization）」「表出化（Externalization）」「連結化（Combination）」「内面化（Internalization）」の4つのプロセスから成り，「暗黙知」が組織内での対話と行動の螺旋的循環プロセスをへて「形式知」となることで，組織における知識共有が可能となると説明する。

(3)　ダブル・ループ学習

アージリスは学習に関して，2つのタイプの学習を識別している。

1つは「シングル・ループ学習」（single loop learning）であり，もう1つは，「ダブル・ループ学習」（double loop learning）である。前者のシングル・ループ学習は現行理論を支配している価値の変更を必要としないような間違いの発見や訂正である。

これに対して，後者のダブルループ学習は，実行中の戦略や理論を支配している価値そのものの訂正や転換をも含むものである。要するに，ダブル・ループ学習は組織が当然としてきた仮説や組織に深く根をはる価値観に踏み込んで，それらに挑戦することで生まれる新しい観点あるいは新しい世界観の発見を目指すものである（Argyris, 2004, p.10）。

(4)　学習する組織

センゲ（Peter Senge, 1990）は「学習する組織」（Learning Organization）というコンセプトを提唱し，環境変化に順応する組織を構築することの重要性を説く。

「学習する組織」を構築するためには，以下のような「核となる原則」が不可欠であり，組織メンバーはその原則を実践する必要があると主張する。

①自己マスタリー

個人が現実を客観的に認識し，自己の将来像とのギャップを埋めるべく主体的に学習するようになること。

②メンタルモデル

個人が無意識に抱いている固定観念やイメージを自覚し，それにとらわれない見方ができるようになること。

③ビジョンの共有

将来像を組織全体で共有すること。

④チーム学習

チーム単位で対話を行いアイデアを出しあったり，討論によって最善策を絞りこんだりすること。

⑤システム思考

部分を全体の中に位置づけ，相互に関連しあったものとしてとらえる思考法をとること。

第Ⅱ部

組織プロセス

第Ⅱ部では，組織プロセスとして，組織が果たしている重要な3つの機能的側面を取りあげる。

まずは，組織の秩序維持の側面であり，「規律と規範」を取り上げ，非公式集団の存在やその果たす役割について理解を深める。また，序列階層の形成に関わる「ペッキング・オーダー」や「序列意識」，そして我々が組織において役割を与えられた時に起きる行動の変化について「役割期待と人格変容」として取り上げる。

次に，組織における意思決定の側面を取り上げ，意思決定理についての考え方が完全合理性から限定合理性を経て，人間のもつ非合理性に焦点を当てるものに変化していることを解説する。

最後は，組織におけるコミュニケーションおよび組織コンフクリクトを取り上げ，基本的な考え方が時代とともに変化しており，その変遷の詳細を解説する。

第5章

組織における秩序—集団規範と役割期待—

一時期，教育現場の荒廃が取り上げられ「学級崩壊」が問題視されたことがある。また，室内犬が飼い主に唸り声を上げたり，噛みついたりする「ペットの凶暴化」なども話題となったこともある。

これらは一見相互になんの関係もなさそうな出来事なのだが，両者を読み解くカギとなるのは「秩序」（order）という概念である。

集団を作る社会的動物は本能に組み込まれた秩序維持のメカニズムを持っている。そのメカニズムに狂いが生ずれば，集団の秩序が揺らぎ，さまざまな不都合をわれわれは経験することになる。

1　秩序とは何か

人間が集団として活動する場合には，「秩序」が必要である。

しかし，「秩序とは何であるか」を改めて考えてみるとわかっているようでわからない概念である。

ドイツの社会学の巨人ヴェーバー（Max Weber）は，あらゆる社会現象を「行為」の次元で説明しようとした。では，「秩序」という現象はどのような行為として説明されているであろうか。

まずヴェーバーの基本的な考え方をたどることにしよう。

ヴェーバーは「行為」が「関係」を作ると考える。人に対する行為が「社会的行為」であり，どのような行為がなされるかで特定の「社会的関係」が作られる。「知人」・「友人」・「恋人」などの呼称の違う「社会的関係」は，行為内容の違いとして説明される。

たとえば，挨拶するという行為レベルにとどまるなら「知人」であり，一緒に遊んだりする行為レベルなら「友人」であり，恋愛感情を伴う親密な行為が行われるなら「恋人」である。

ヴェーバーはここで「開放的社会関係」と「閉鎖的社会関係」という用語を追加する。誰にでも開かれた行為か，限られた人々の間でのみの行為かの違いである。

限られた人々の間でのみ行われる行為は「閉鎖的社会関係」を作るが，これが「集団」という概念である。「集団」は，限られた人々の間の行為により「ウチとソト」の境界を持ち，特定の人をそのメンバーとみなす。そして，人々がその「閉鎖的社会関係」の中で，内部の規律や規範を生み出し，また特定の目的を共有する。

では，「組織」とは何か。ウェーバーは集団の維持に関わる役割を果たす者の出現を「組織」という概念で捉えている。すなわち，組織は集団を維持するという目的に特化した行為なのである。具体的に言えば，学校のサークルを考えた場合，サークルを作れば，それを維持し，運営して行くための活動が必要となる。サークルの責任者を決め，補佐役としての会計係や企画係などの役割分担をするのが一般的である。要するに，組織は集団や団体の運営のための行為として説明される。

ここで「集団」と「団体」という概念の違いを指摘しておこう。

一般には，両者の違いは曖昧にされ，ほぼ同義語的に用いられている場合が多い。しかし厳密に言えば，集団は基本的に「人間の集まり」を意味するものであり，これに対して，団体という用語を使う場合は，自然人には還元されないもの，たとえば株式会社などのような擬制的な社会的構築物を指す。

団体は，通常，法人格を持つが，持たない場合もある。現代社会は法人団体中心の社会となっており，各種団体の活動が社会のほぼすべての領域を覆っている。

さて，「秩序」（order）という概念であるが，ヴェーバーはこれを「人々の行為が想定された範囲内に収まっている状態」，すなわち「行為の可能性」が想定内にある状態として概念化している。逆に言うと，想定外の行為がなされたとすると，われわれは「秩序」が揺らいだと感じるのである。

秩序とは，人々の行為がわれわれの想定内で起こり，他者の行動にわれわれが適切に対処できている状態であると考えられる。

「秩序」に揺らぎが起こる状況を考えてみよう。たとえば，日常的に挨拶を交わす友人が，その日に限って挨拶を返さなかった場合，われわれは戸惑いを感じる。「挨拶がない」と言う想定外の行為が，われわれの日常生活の秩序に揺らぎをもたらしたのである。

フランスの社会学の巨人デュルケム（Émile Durkheim）は自殺と社会秩序の関係を研究した『自殺論』の中で，社会秩序の崩壊が「アノミー（anomie）」と呼ばれる病理的な精神状態を作り，そのような社会では自殺率が高まると述べている。

戦争や革命などで，世の中の価値観が一転して，人々が通常では考えられないような想定外の振る舞いを始めるとき，われわれはその想定外の行為をどう理解し，どう対処して良いかわからなくなる。われわれを取り巻く事態が対処不可能なものと感じられるとき，われわれは「秩序が崩壊した」と感じ，パニック状態となり，精神のバランスを喪失する。

基本的に，秩序が崩壊した社会では，われわれは健全な社会生活を営むことができない。われわれが安定的な社会生活を営むためには，秩序が保たれることが不可欠となる。

2　組織における規律と規範

組織には秩序が必要である。

組織の秩序を確保するために，規律（discipline）と規範（norm）が用いられてきた。

秩序維持の方法には，「外からの統制」である規律と「内からの統制」である規範の２つがある。これらは車の両輪であり，両者をバランスよく用いることが必要であるとされている。

1）規律

⑴　定律による統制

定律による統制は，法とルールによる「外からの統制」である。

歴史的に言えば，荀子や韓非子などの法家の思想につながるものであり，「性悪説」による「外からの統制」である。これは近代社会においては法による支配となる。

定律による統制には，文書として明示化された法とルールの設定が必要であり，その定律を厳格に守る法の番人を置き，逸脱者を監視し，違反者を捕まえ，制裁する人間が必要となる。

定律による統制においては，国による文化差が見られる。

例えば，日米の駐車違反の取り締まり方を比較すると，アメリカの速度違反や駐車違反の摘発は，違反者をもらさず摘発し，処罰するという定律的統制の発想が貫徹されている。駐車違反などではほぼ間違いなく違反切符が貼られるが，その罰金額は10ドル程度と少額である。法定速度や駐車スペースの整備なども含めて，法と現実の整合性を確保しようとしている。

これに対して，日本の場合は一部の悪質な違反者のみを「見せしめ」的に捕まえる「一罰百戒」方式での取り締まりが行われている。駐車違反は運が悪ければ違反切符を切られるが，免れる場合も多い。しかし捕まった場合の罰則金はかなり高額である。法定速度の設定なども実際の走行スピードに比べて低く設定されており，法と現実にギャップがある。法定速度の違反を厳格に取り締まると，社会生活がぎくしゃくして機能しなくなる可能性すらある。

定律による統制は「処罰の可能性」と強く結びついている。そのため，その運用においては注意すべき点がある。それは処罰がエスカレートする傾向がみられることである。

「規律違反」を口実にした暴力事件が後を絶たない。子育てにおける「しつけ」という名の暴行事件や大学などの運動部系の部活での上級生による下級生に対する制裁事件なども頻発する。

1970年代初頭に起こった連合赤軍による「浅間山リンチ殺人事件」はその典型である。世界革命を叫ぶ過激派29人のメンバーのうち12人もの人間が，組織の規律維持に名を借りた残虐なリンチの末に殺され，浅間山の森に埋められていたのである。殺人のやり方の壮絶さは，その当時の社会に衝撃を与えた。その後も，日本社会では形を変えてはいるが，家庭や学校や職場において規律維持に関わる暴力事件は繰り返されている。

(2)　諒解による統制

集団には，明示化された規則にはなっていないが，組織における「暗黙の諒解」が存在している。人々はあたかも「ルールがあるかの如く」に振る舞っている。

これは「諒解による統制」と呼ばれるものである。「暗黙の諒解」に対する逸脱行為に対しても社会的制裁が課せられることになる。例えば，陰口や非難，あるいは「いじめ」や「無視」や「村八分」などさまざまなバリエーションの制裁がある。

日本型企業は伝統的に「諒解による統制」を主要な統制手段として用いてきた面がある。

たとえば，日本の会社には明示化された労働時間の規定や有給休暇制度があるにもかかわらず，実際には「定時に帰宅することはできない」とか，「有給休暇を取らないのが普通で，取ろうとすると上司が嫌な顔をする」といった雰囲気があったりする。

日本企業の悪しき労働慣行として知られる「サービス残業」や「過労死」などの問題も「諒解による統制」から生まれていると考えられる。

2)　規範

規範は，道徳や倫理などによる「内からの統制」である。

古来より，道徳や倫理は，規範の内面化による統制方式として知られていた。孟子は「性善説」の立場に立って「内からの統制」を重視した。孟子の師である孔子を祖とする儒家の思想では，生涯を通した人間修養で規範の内面化を実践する。

孔子は，「七十にして，心の欲する所に従へども，矩（のり）を踰（こ）えず」と言い，七十までの人間修養で，自分の心の欲するところに従っても人の道を踏み外すということがない境地にいたったという。

規範による秩序維持は，宗教・道徳・倫理などに基づき，自らの行動を抑制するという方向に進む。

3　非公式集団と集団規範―「ホーソン実験」―

社会に社会規範があるように，職場の中にも規範が存在する。

組織には多数の自然発生的な小集団が生まれるが，そのそれぞれが独自の集団規範を作り上げて，集団メンバーの行動を統制している。組織において非公式集団（informal group）の存在が明らかにされたのは，以下で述べる「ホーソン実験」においてである。

1）「ホーソン実験」（Hawthorne experiments）の概要

シカゴのウェスタン・エレクトリック社のホーソン工場で 1927 年から 32 年にかけて 5 つの実験（照明実験，継電器組み立て作業実験，雲母剥ぎ作業実験，面接実験，バンク巻取作業観察実験）が行われた（倉田, 2011）。

⑴　照明実験（1924 年 11 月～1927 年 4 月）

1924 年，国立科学アカデミーの全国学術調査協会のイニシアチブで照明の質・量が作業能率にいかに影響するかの実験が行われた。この実験の意図は非常に常識的なものであり，生産性が最大になる照明条件を確定しようとするものであった。

作業グループを 2 つのグループに分け，照明を変化させるテスト・グループと通常照明のグループで実験が行われた。照明を明るくするとテスト・グループの作業量は増加したのであるが，不思議なことに，通常照明のグループでも作業量の増加が見られた。また照明を暗くすれば，テスト・グループの作業能率は当然に落ちるものと予想されたが，照明を「月明り」程度に落としても，作業量が引き続き増加した。

これら予想外の調査結果の謎を解明するために，エルトン・メイヨー（Elton Mayo）やフリッツ・レスリスバーガー（Fritz Roethlisberger）らのハーバード・グループが新たに実験に加わり，「ホーソン実験」として知られるようになる実験が本格的に展開されることになる。

⑵　継電器組立作業実験（1927年4月～1929年6月）

照明実験の結果から，職場の技術的および物理的変化に加えて，労働者の行動を合わせて調査する必要性が認識された。そこで，疲労と能率の関係を究明することを目的とした実験が新たに開始された。

実験は，電話機の部品である継電器の組み立てを行う女子工員を対象としたものであった。

実験メンバーとして6人（組立工5人，レイアウト・オペレーター1人）を選抜して，一般作業場とは別室の実験ルームが使用された。約1年半にわたり，作業部屋の温度や湿度，休憩の回数や時間，休憩中のコーヒーや茶菓子の支給，就労日の短縮といった作業環境の改善や作業条件の変更を行い，作業能率との関係が調査された。結果として，生産性の増加が見られた。

そこで，今度は，1年半前の作業環境と作業条件に戻すという実験が行われた。当然，女子工員の不満が高まり，生産性は下がるものと予想された。しかし，不思議なことに，生産性はさらに高まった。

第2次継電器組立作業実験（1928年11月～1929年6月）として，第1次継電器組立実験と並行して，賃金と作業能率の関係を究明することを目的とした実験が行われた。

一般作業場での作業場全体（約100人）を単位とした集団出来高賃金制度から，5人のみを単位とする出来高制に変更し，作業量の変化を記録した。ここでも作業能率は，これらの作業条件とは無関係に上昇した。

メイヨーらは次のような仮説を提示することで，実験結果を説明できるとした。

①従来の強圧的な監督に代わって寛大な民主的な監督が行われ，とくに作業中の自由な会話が許されたことによって心理的な満足が生じた。

②自ら重要な実験に協力しているという参画意識が生まれた。

③親密な自発的グループが発生したことによって，会社に対する協力的な態度が生まれた。

⑶　雲母剥ぎ作業実験（Mica Splitting Test Room）（1928年8月～1930年9月）

継電器組立作業実験と同様に，労働条件の変化が生産量に与える影響を調べるため，5期にわたって「雲母剥ぎ作業実験」が実施された。

ここでは，時間外労働や休日労働と生産量の関係に関する実験が行われたが，それほど確定的な研究結果を得ることはできなかった。

⑷　面接実験（1928年9月～1930年3月）

職場における監督方法の改善を意図して，合計21,126人の従業員の面接が行われた。

面接方法は，当初，定型的質問に答えてもらう面接であったが，この方式では労働者の本音に迫ることができないことが明らかとなり，「非指示的面接」と呼ばれる面接方式に変更された。この面接方式では，仕事・仕事環境・監督者・会社・従業員を悩ましていることなどについて，従業員が自由に語り，面接者は従業員の考えをひたすら聞き取るというものであった。

面接結果から従業員の不平や不満を分析したところ，次のことが明らかになった。

①従業員の態度は感情によって支配されており，この感情は個人的経歴や彼らの属する集団を通じて形成され表現されている。

②従業員の態度を理解するためには，従業員の感情に影響を及ぼしている個人的経歴や社会的な全体状況を把握することが必要となる。

面接実験は会社にとって思わぬ効果も発揮した。面接の場で自分の考えや不平や不満を表明し，会社側に自分の意見を聞いてもらえたと感じた従業員は，この面接を会社が行なったこれまでで最高の施策であると評価した。しかも，会社が従業員からの提案を取り入れ，具体的な職場改善を行うと，従業員は，

図表5-1　バンク巻き取り作業観察室内における公式構造と非公式グループ

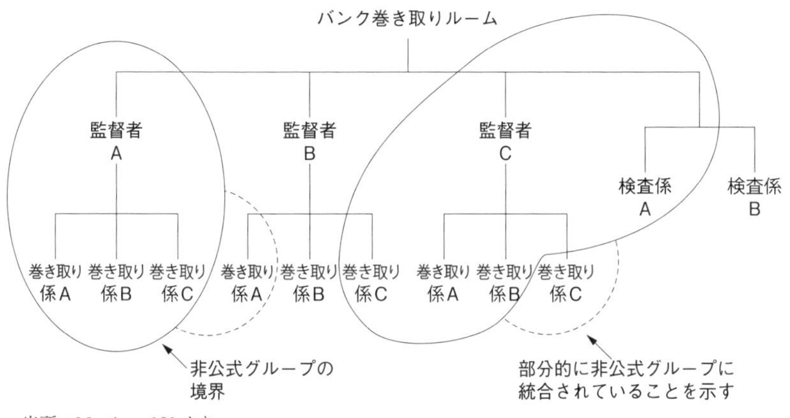

出所：Martin, p.181 より。

会社は自分たちを貢献者として扱っていると感じ，参加意欲を高め，会社を好意的に評価するように変化したのである。

(5)　バンク巻取作業観察実験（1931年11月～1932年5月）

集団請負制で働く3種類の作業集団（巻き線作業員・溶接作業員・検査作業員）を観察対象にした調査である。観察の結果として，職能区分により編成された公式組織のほかに，2つの自生的な非公式集団（informal group）が存在することが明らかとなった。またそれらグループに参加しない人々もみられ，バンク組み立てルームでの人間関係はかなり複雑であることがわかった（図表5-1）。

それぞれの非公式集団は，会社が要請する規範とは別の集団規範をその成員に課しており，かれらは外部からの介入を嫌い，非公式集団の規範に従ってメンバーの一般的行動を統制し，さらには，作業量についても制限的に統制していることが明らかとなった。

非公式集団には，① 働きすぎてはならない，② さぼりすぎてはならない，③ 告げ口してはならない，④ 威張ったり，お節介であってはならない，というグループ内の暗黙の掟のようなものがあり，これを破れば，グループからの

「嫌味」・「いじめ」・「村八分」のような制裁をうけることになる。

2）「人間関係論」の登場

⑴「人間関係論」の主要命題

「ホーソン実験」以前は，労働者を命令で動く機械のように扱うテイラーの「科学的管理法」が中心的な管理法であった。しかし，「ホーソン実験」を契機として，労働者の感情や職場の人間関係に配慮する新たな管理法が提唱されるようになる。これが「人間関係論」と呼ばれる管理論である。

人間関係論の主要命題は以下のようなものである。

①生産性に従業員の態度や感情が大きな影響を与えており，それが職場内の人間関係と密接に関連している。すなわち，労働者の感情のあり方で作業能率は変化する。

②公式組織とは別に，「非公式集団（informal group）」が形成されており，それが従業員の行動を統制している。すなわち，組織には，「公式的組織（formal organization）」と共に，自然発生的な「非公式集団」が形成されており，その集団内部には独自の集団規範があり，その規範が従業員の行動を統制している。

⑵ 社会人仮説

「ホーソン実験」は管理論における人間観の変化をもたらすほどのインパクトを持った。すなわち，テイラーの「科学的管理法」の前提であった労働者は，命令で動く機械のような存在であり，単純に損得勘定だけで働いているという「経済人仮説」であったが，人間関係論では，労働者は非公式集団の規範に従いながら，職場での人間関係に気を配りながら働いているという「社会人仮説」が強力に打ち出されるようになる。

さらに職場の人間関係で形成される「非公式集団」の影響力が無視できないほど強力なものであり，「公式組織」以上に「非公式集団」の規範が労働者の行動を統制していることが広く理解されるようになった。

また「ホーソン実験」では，研究対象として選抜された女性従業員の心理として,「注目されている」とか「観察されている」という心理がモチベーションを高めることも明らかとなった。このような心理的効果は「ホーソン効果」(Hawthorne effect) と呼ばれている。

4　序列階層と序列意識

1)　ペッキング・オーダー

社会的動物とは群れで生活する動物をいうが,どの個体が誰よりも強く,誰よりも弱いかということを確認することで群れの秩序を維持する習性がある。これは,群れの秩序維持の1つのあり方として序列階層を形成する行動である。この序列階層の確定のための行動が「ペッキング・オーダー (pecking order)」(突っつき順) である。

ペッキング・オーダーの語源ともなっている鶏では,グループ内の個体については序列がすべて確定している。それゆえ群れに新参者があると,頭を突つくことで力関係が確認されて新たな序列が確定される。

個体間の識別は,トサカの色と大きさの違いであるといわれている。試しに一羽を選び出し,普段垂れ下がっているトサカを反対側にセロファンテープで留めて,群れに戻すという実験を行なったところ,「新顔」に対するペッキング行動が再開されたという (戸田, 68頁)。同様な序列確定の行動は,豚などの家畜や犬や狼あるいは猿などにもみられ,当然,人間にもみられる。

ペット犬が飼い主に噛み付き狂暴化することが話題として取り上げられるが,原因は犬の飼い主が犬の習性を知らずに,間違った育て方をしているからである。犬の本能に組み込まれた序列意識を犬の飼い主が軽視しているのが原因である。

室内犬を遊ばせるとき,飼い主が寝転がって犬を自分の腹に乗せてあやしたりする飼い方に問題がある。犬の社会では腹を見せた方が負け犬であり,序列下位となる。この遊びを繰り返していると,犬は自分を序列上位者だと勘違いするのである。自分がボスだと認識した犬は,自分の思い通りにならないと唸り声をあげ,飼い主にも噛みつく。

2)　ペッキングのパターン

序列階層におけるペッキングのパターンには，「ニワトリ型」と「カラス型」があるという面白い指摘がある（戸田, 67-72 頁）。

鶏は社会性がそれほど強いとは言えず，鶏の「いじめ」のパターンは「最も弱いもの」を皆が攻撃するというパターンを示す。

ところが，カラスのように賢く「きわめて社会性の強い鳥」の場合は，攻撃対象も合理的に選ばれており，鶏のように最下位の弱者をいじめるという行動パターンではないという。カラスは，「最も弱いもの」ではなく，自分の地位を脅かす可能性のある「自分のすぐ下の序列のもの」を「いじめ」のターゲットとするという。

このペッキングという行為を「いじめ」という社会現象と読み替えると，「いじめ」のタイプにも 2 つのパターンがあり，社会性の程度で「いじめ」のターゲットが違ってくる（戸田, 69-72 頁）。

これを人間界で考えると，社会性の比較的乏しい子供の「いじめ」は「最も弱い者」に攻撃が集中する「ニワトリ型」であり，社会性が身についた大人社会のいじめは，自分の地位を脅かす可能性のある有能な部下に向かう「カラス型」であるともいえる。

また労働市場や文化差を考慮すれば，組織所属型の日本のサラリーマンはどちらかというと「出る杭を打つ」という「カラス型」のいじめタイプであるのだが，ジョブ・ホッピング型のアメリカ社会では，有能な部下は可愛がり，弱者を攻撃対象にする「ニワトリ型」のいじめタイプが多いといえるかもしれない。

〈コラム〉ペッキングの儀式

動物行動学者でノーベル賞を受賞しているローレンツ（Konrad Lorenz, 1970）は，平和の象徴だと考えられている鳩を狭い空間に押し込める実験を行っている。

鳩は，「最も弱そうなもの」を皆が攻撃する。悲惨ななぶり殺しのような状況が延々と続き，相手が死ぬまでペッキングが続くという。つまり，ペッキングの儀式を行うよう本能に組み込まれている鳩は，狭い空間で次々に現れる相手に，延々とペッキングの儀式を繰り返えし，弱い鳩は，ペッキングの儀式から抜け出せずに死に至るというのである。

ローレンツは，オオカミが縄張り争いや序列を決めるための闘争をするとき，負けた相手がその喉元をさらすとそれ以上の攻撃性は本能レベルで緊急停止されるということを発見した。つまり，闘いに負けた相手が喉元を差し出した瞬間に，それ以上の攻撃がしたくてもできなくなるメカニズムがオオカミには備わっているというのである。

そこでローレンツは仲間を殺すことになる動物は牙をもたないような平和的な動物だと結論づけた。そして，人間という動物は牙をもたない部類に属するから，同類を殺すことをやめさせる自動制御のメカニズムは人間には備わっていないと論じた。

同類を殺す可能性があるという警告は，人類史が同類間の戦いという血なまぐさい歴史であったことを思い起こさせる。

しかし，ここに人間性に対して希望を抱かせる面白い研究がある。たとえ殺しあうことが当然と考えられる戦闘状態にあっても「ほとんどの人間の内部には，同類たる人間を殺すことに強烈な抵抗感が存在する」という事実である。

アメリカの南北戦争で明らかになったことは，「戦場における歩兵の発砲率の低さ」であったという。ゲティスバーグの戦いで，「後に回収された 3 万挺弱の銃の 90 パーセント近くに，発砲の跡がなかった」というのである。「先込め式の銃に 1 発から 10 発の弾丸が装填されたままになっていた」のであり，同類に対して銃を発射しなかったか，発射することができずに死んでいったというのである（Grossman, 訳 134 頁）。

このような例は第一次大戦の塹壕戦の史実においてもみられたという。塹壕を掘りあって対峙する敵同士は互いに相手に弾が当たらぬように射撃していたという。

3)　序列意識

集団の中では，人は自らの序列順位を考慮して，集団内に波風が立たぬように振舞っている。集団の中でどのように振る舞うべきかという問題は，序列階層のどの位置に自分がいるかを知ることなしには的確に答えることはできない。

ホワイト（Whyte, 1943）は序列意識とそのクループ内での振る舞い方について非常に興味深い研究を行っている。

ホワイトは，不良少年グループの観察を行い，ボーリングの得意な新入りの少年がグループメンバーとボーリングを行なった時，わざとボーリングが下手なふりをし，高いスコアを出さないようにしていることを確認したのである。

なぜ，新入りの少年は，あえてボーリングのスコアを低く抑えるように振る舞う必要があったのであろうか。

新入りの少年は集団における自らの低い序列順位を考え，まずは新入りとしての低い序列階層にふさわしい振る舞い方をしたのである。つまり，「能ある鷹は爪隠す」のことわざがあるように，新入りとしてはグループの序列階層の秩序に波風を立てるような出過ぎた真似を避けたのである。

5　役割期待と人格変容―スタンフォード模擬刑務所実験―

人は役割を与えられると，その役割に沿って自分の行動を変える可能性がある。

役割期待（role expectation）は，「地位の占有者に対して規範的に期待される行動」（広辞苑）と定義されているが，人は役割を割り当てられると，驚くほど短時間のうちに，自ら意識することなく，「役割」に合わせて自らの「人格を変える」ということが社会心理学の実験により明らかになっている。

この問題を考える場合，きわめて示唆的な研究が「スタンフォード模擬刑務所実験」である。

1971年，スタンフォード大学のジンバルド（Philip Zimbardo）は役割の違いによる態度変容という研究のために，大学内心理学棟地下で模擬刑務所実験を計画した。この実験は当初2週間の予定で計画されたが，6日目で実験は中止されることになる。想定外の急激な態度変容を看守役・囚人役双方にもたらし，実験継続が社会実験として許される範囲を超える危険なものとなったからである。

1）実験の概要

実験参加者の募集は，「刑務所の模擬実験」という名目で行われ，期間は2週間，報酬は1日15ドルと広告された。

実験に応募した75人の男子学生に性格テストを行い，情緒的に安定し，肉体的に健康で，ルールを守るなどの項目で正常値とされた24人が選抜された。選ばれた学生はくじ引きで，看守役（12人）と囚人役（12人）に分けられた。

囚人役には実験がいつ始まるかは知らされていなかった。ある朝突然，家の前にパトカーが止まり，本物の警官が現われ，犯罪者のように逮捕された。近所の人が好奇の目を向ける中，手錠をかけられ，目隠しされて，スタンフォード大学内の地下の模擬刑務所に護送された。模擬刑務所に到着後には，全裸にされての身体検査が行われ，シラミ除去の名目で消毒薬の噴霧がなされるという屈辱的な入所儀式が行われた。

囚人役は，囚人服を着せられ，女性用のストッキングをかぶせられた。ストッキングは囚人につきものの頭を剃ったイメージを演出するためであり，また囚人役には自由が奪われているということを常に思い起こさせるために，片足に南京錠のついた鎖がはめられるという念の入った演出が施された。

囚人役には囚人番号が与えられ，互いを番号で呼び合うことが強要された。定期的点呼のほか，食事にも決まりがあり，格子窓から監視される状態におかれた。

私物の持ち込みは禁止され，手紙・タバコ・トイレなどは許可制であり，面会についても厳格な取り決めが行われた。

看守役については，「看守として，どう振る舞うべきか」についての具体的な指示やガイドラインは一切示されていなかった。唯一の指示は，「刑務所内の秩序を維持するために必要なことをする」ということだけであった。

看守は1日8時間勤務の3交替性であり，カーキ色の制服に身を包み，黒いサングラスをかけ，首に呼び笛を下げ，手には警棒を持っていた。

2）実験経過

1日目　9人の囚人役に対して，9人の看守役が配置された。残り6人については，夜間の交替要因として囚人役３人と看守役３人に分かれ，研究棟内に待機させた。

1日目の朝の２時30分に，看守役の笛が吹かれ，一斉点呼が行われた。看守役は「誰がこの刑務所を仕切っているか」という力関係を囚人に教え込むために，このような点呼を日に数回繰り返した。

囚人役は，当初，看守役の権威を軽く見ており，看守役を小馬鹿にしていた。看守役は反抗的な囚人役に腕立て伏せを命じるなどの物理的な処罰で囚人役を屈服させようとし，看守役と囚人役は全面的に対決していった。

2日目の朝には，誰もが予想しなった囚人役による反乱がおこる。囚人服を破り捨て，牢の入り口にベッドを立てかけて，バリケードを作ったのである。

これに対して，看守役は激怒し，夜間交代用の待機看守役３人にも応援を求め，消火剤をまいて囚人役の抵抗を排除した。その後，騒乱に関わった囚人役全員を裸にし，反乱の首謀者を独房に放り込み隔離した。

反乱に参加しなかった囚人役にはベッドで寝ることや優先的に食事するなどの特別待遇が与えられ，囚人役間の協力や連携を妨げる統治作戦が採用された。また，反抗的な囚人役にはトイレに行くことを許さず我慢させ，あえて牢内にバケツを持ちこみ，大小便をさせるなどの見せしめ的懲罰が行われた。

わずか丸２日の実験で，囚人役には抑圧状態，制御不能の怒り，号泣などの心的トラウマの症状を呈する者が出始めた。5人の囚人役がすでに実験から離脱させねばならないほどの心的ストレスを経験していたが，１人の囚人役は神経性の全身発疹まで起こしていた。

3日目は訪問日であり，さまざまな規則と制約のもとでの友人や親族との面会が行われた。

その様子が観察されたが，驚くべきことに，面会者はこのような囚人役のみじめな様子を見ても，実験からの離脱やその中止を求めることなく，あたかも本物の囚人の家族のように振る舞ったという。

4日目には，看守役が囚人役を完全に支配する構図が鮮明になった。

看守役は許される範囲を超えて権力を行使するようになり始めた。たとえば，囚人役の１人が看守の横暴に反抗してハンガーストライキに入ったのであるが，看守たちは激昂し，その囚人役を独房に３時間放り込むという事件が起こる。看守役が自分たちで作成した事前ルールでは，独房刑は１時間以内と決められていた。

５日目，実験を継続する中で，役割期待による態度変容が危険なレベルにまで達した。

囚人役については，感情の落ち込みが激しく，号泣し，激怒するなどの兆候が表れた。囚人役の全般的な態度としては，受動的・従属的・抑うつ的・無気力など自己否定的傾向が強く現れた。

看守役については，囚人役に対して侮蔑的態度をとり，日を追って攻撃的・権威的・支配的傾向を強め，実験継続をすることが危険なレベルにまで達していた。

この時点で，後にジンバルドの妻となる実験助手が実験継続の危険性をジンバルドに進言することになる。

だが，実験計画者であるはずのジンバルド自身は実験継続の危険性について，まったく気づいていなかった。むしろ彼は，自ら刑務所の責任者の役割に徹し，その役割を果たさねばならぬと本気で信じていたのである。

進言を受けて，ジンバルド本人も起こっている事態がただならぬ事であるのにようやく気づき，実験中止の決断に至るのである。

3)　実験の結論

役割期待による態度変容には，われわれが予想する以上の変化がある。

スタンフォード模擬刑務所実験の場合には，看守役は刑務所内の秩序維持のために，囚人役の反抗的態度や看守役の権威に対する挑戦には，囚人役を物理的・心理的に処罰することで対抗し，最終的には囚人役の人格否定にまで至った。

その結果，囚人役は看守役からの命令に受動的に反応する操り人形のような無気力な人間となり，囚人としての役割を演じ切ったといえる。

ジンバルドの実験結果から，人は役割を与えられると，その役割が要請する行為であれば，躊躇なく遂行するようになることが明らかとなった。

組織が役割の体系であるということを考えると，人は組織に属し組織における役割を担うことにより，その役割が求める方向で人格変容を起こす可能性が極めて高いと考えられる。しかも，その変容は，驚くほどの短時間のうちに，また劇的なものとなる可能性がある。

役割期待による人格変容という現象が示唆するところを深く理解すれば，職業選択は非常に重要である。組織が標榜する価値や信念と個人のそれとがある程度一致していることが望ましいのはいうまでもない。

〈コラム〉「ピグマリオン効果」

自己成就的予言（self-fulfilling prophecy）は社会学者ロバート・マートン（Robert K. Merton）が提唱した概念である。われわれは他者の期待に沿った行動をとる傾向があるために，他者の期待を込めた予言が実現する可能性が高くなる。

期待の効果については，ロバート・ローゼンタール（Robert Rosenthal）によって提唱された「ピグマリオン効果（Pygmalion effect）」，あるいは「ローゼンタール効果（Rosenthal effect）」と呼ばれるものがある。

「ピグマリオン効果」という命名は，ギリシャ神話になぞらえたもので，自ら彫った女の彫像に恋したピグマリオンの強い想いがアプロディテ神に通じ，石の彫像が生身の女に生まれ変わったという話である。

ローゼンタールの実験では，無作為に選定した生徒のリストを示し，学級担任には「成績が伸びる生徒を割り出すテストの結果，この生徒たちが今後成績の伸びる生徒たちである」と説明した。担任教師は，選ばれた生徒たちに期待して指導をした。生徒の方も教師の期待にそうよう行動し，その結果，その生徒たちの成績は向上したという。

逆に，人に期待されないことによる影響力に関しても実験が行われた。ローゼンタールはその後の実験で，「成績の良い生徒を集めたクラス」を「成績の悪い生徒を集めたクラス」と担任教師に伝えて指導させた。担任教師は生徒に期待せず，その教師の態度によってクラスの成績が下がることが確認された。

これは，「ゴーレム効果（Golem effect」と命名されている。ゴーレムは，ユダヤ教経典に伝わる泥人形で，呪文で命を吹き込まれ動き出したが，額の護符文字を１字消すと泥に戻ってしまったという伝説である。

第6章

組織における意思決定

1　完全合理性の意思決定モデル

経済学などにおいては，人は効用を最大化するように意思決定をするとの仮定が置かれ，「最適基準（optimal standard）」や「利潤極大化」（profit maximization）原則が用いられたりする。

完全合理性モデルの意思決定では，①1つの事実②全ての代替案の探索・評価③情報の確実性といったものが意思決定の前提条件として仮定されている。

すなわち，事実認識や目標についてはブレがなく，特定の絶対的基準を用いて全ての代替案を探索・評価することができ，完全情報を前提として，その中で最も有利なものが選択されるというのが基本的なアイデアである。

意思決定には，反復的な日常業務のようなプログラム化された定型的なものと，非日常的事象への対応や戦略策定のようなプログラム化されない非定型的なものがあるが，通常の意思決定では，以下の各プロセスをへるというのが一般的な考え方である（Robbins, p.61）。

①問題ないし機会の明確化
②意思決定基準の明確化
③意思決定基準のウェイトづけ
④情報収集による代替案の発見・評価
⑤最適な代替案の選択・実行
⑥意思決定の結果の評価

2　情報の確実性と意思決定のバリエーション

情報の確実性の程度により以下の３つの意思決定のバリエーションが存在する。

1)　確実性の下での意思決定

完全情報がある場合であり，効用が最大となるように選択する。

2)　リスクの下での意思決定

確率がわかっている場合には，生起確率を加重平均して期待効用が最大となるものを選択する。

3)　不確実性の下での意思決定

確率すらわからない状況での意思決定には，以下の３つの方法がある。

(1)　マクシミン原理（maximin principle）

起こりうる最悪の結果に注目し，その中で最も被害が少ないと思われるものを選ぶ方法である。

(2)　マクシマクス原理（maximax principle）

起こりうる最善の結果に注目し，その中で最大の効用をもたらすもの選ぶ方法である。

(3)　ミニマックス・リグレット原理（minimax regret principle）

起こりうる結果がどのようなものであれ，その中で自分の後悔が最小になるようなものを選択する方法である。

3　囚人のジレンマ

1)　非協力モデル

ゲーム理論においては，「合理的経済人」という仮説をおき，「個々の主体は自分の利益を最大化するよう意思決定を行う」との前提で論理が組み立てられている。

「囚人のジレンマ」というゲーム理論では，共同で犯罪を行なったと思われる2人の犯人から自白を引き出すための次のような司法取引が想定されている。

①2人とも黙秘し続けたら，2人とも懲役2年。

②1人だけが自白した場合には，自白した方は懲役1年。自白しなかった方は懲役15年。

③2人とも自白したら，2人とも懲役10年。

「囚人のジレンマ」は，相手の行動が予測できない状況下での意思決定であるが，相手の行動のバリエーションに対応した最適解を求めるという意味では「不確実性の下での意思決定」のバリエーションと捉えて問題はない。

不確実性の下での意思決定モデルでこれを考えてみると，(1)マクシミン原理（maximin principle）の「起こりうる最悪の結果に注目し，その中で最も被害が少ないものを選ぶ方法」で考えてみると，自分が黙秘して相手が自白した場合，最悪の15年の刑となる。これを避けるためには，自白を選択することが合理的選択である。

次には，(2)マクシマクス原理（maximax principle）で考えてみると，「起こりうる最善の結果に注目し，その中で最大の効用をもたらすもの選ぶ方法」を選ぶとすると，自分が自白して，相手が黙秘する場合であるから，この場合も自白を選択することが合理的選択である。

最後の，(3)ミニマックス・リグレット原理（minimax regret principle）は，「起こりうる結果がどのようなものであれ，その中で自分の後悔が最小になるようなものを選択する方法」である。それぞれの意思決定の最高の結果を基準にして，悪い結果との差を計算し，その中から後悔が最小のものを選ぶとやはり自白することが合理的選択である。

「囚人のジレンマ」における「合理的意思決定」は，各プレーヤーは自己にとっての最適解として「自白」を選ぶのが「合理的」だと結論づける。つまり，黙秘して「懲役2年」か，あるいは最長の「懲役15年」の可能性を選択

図表 6-1

	囚人 B　黙秘	囚人 B　自白
囚人 A　黙秘	(2 年，2 年)	(15 年，1 年)
囚人 A　自白	(1 年，15 年)	(10 年，10 年)

出所：著者作成。

するよりも，「懲役 1 年」か最悪でも「懲役 10 年」となる自白を選ぶのが合理的選択であるというのである。「不確実性下」で自己利益の最適解を求めれば，当然，各プレーヤーには「自白」という選択肢しかない。

相手と相談できない「非協力ゲーム」を想定した場合には，相手の取りうる戦略を考慮しつつ，自己にとっての利益の極大化という観点で合理的に判断すると，互いに相手を裏切る「非協力行動の状態」に至る。双方が「最適反応」を取る戦略で，戦略を変えると自分の損となるために，双方が戦略を変えることができない均衡状態に陥ることになる。このような均衡状態は数学者ナッシュの名前にちなんで「ナッシュ均衡（Nash equilibrium）」と呼ばれている。

2)　協調戦略

国際政治学者であるアクセルロッド（Robert M. Axelrod）は，自国の利益を常に考える国家間の意思決定は「囚人のジレンマ」状態にあることに気づいた。

「非協力ゲーム」は相手の「裏切り」を想定した戦略であり，自己利益を考えると「ナッシュ均衡」に至るほかない。人は「裏切り戦略」で戦うことしかできないのか。これまで考えられたことのない戦略はないのか，そしてもし最強の戦略があるとすればどのようなものなのか。

このような問題意識からコンピュータ・シュミレーションによるゲーム理論の大会が開催された。14 人の専門家から戦略プログラムが寄せられ，協力と非協力の「ランダム戦略」を加えて 15 の戦略プログラムを 200 回にわたる総当たり戦で戦わせた。

結果はどうであったか。1 回きりの囚人ゲームでは裏切り戦略が最強であることが判明した。「囚人のジレンマ」においては，「裏切り戦略」が有効であり，1回きりのゲーム戦略としては合理的なものだと結論された。

しかし，政治の世界に限らず，われわれの直面する意思決定は1回限りのものではない。複数回の囚人ゲームを実施した場合には「裏切り戦略」は勝てなかった。アクセルロッドのゲーム理論の大会での最優秀の戦略は「1回目は協調戦略をとり，2回目以降は相手のとった戦略を真似る」という「しっぺ返し戦略」であった。

この研究結果は意思決定理論における従来の「タカ戦略」に対して「ハト戦略」として注目を浴び，その後開催された第2回の戦略ゲーム大会には63の戦略プログラムが参加したが，優勝戦略はやはり「しっぺ返し戦略」であった。

アクセルロッドは繰り返し行われるゲームにおいては，自らが先に裏切る戦略よりは，相手が裏切れば自分も裏切るという「しっぺ返し戦略」の方がより高い成績をもたらすことをコンピューターによるシュミレーションゲームの結果から導き出したのである。

「パレート最適」とは，「誰かの犠牲なしには，これ以上誰も状況を改善できない状態」と定義されているが，「自己利益を最優先せず」，「相手を犠牲にしない」ということを判断の基準とすれば，「ナッシュ均衡」ではなく，「パレート最適」が追求される状況も考えられる。

4　限定された合理性の意思決定モデル

サイモン（Simon, H. A）は，経営行動の中心を占める意思決定の「科学化」を目指した。

彼は，科学として意思決定論を成立させるために，価値にかかわる「価値前提」と事実にかかわる「事実前提」を峻別する必要を説き，自らは価値の問題には踏み込まず，「事実前提」のみを問題とすると宣言した。

そして従来の意思決定論における完全合理性の仮定を否定して，人間の能力には限界があり，人間はその限界の中で合理的に意思決定するという仮説に基づく意思決定論を提示した。

これが「限定された合理性」に基づく意思決定論であり，この功績により1978年のノーベル経済学賞を受賞している。

1)　限定された合理性

人間能力には限界があり，その限界の中で人間は合理的にふるまうというのが，「限定された合理性（bounded rationality）」の基本的なアイデアである。それゆえ，意思決定に関しても，以下のような仮説を立てている（Simon，訳103-107頁）。

①全ての代替案ではなく，利用可能な代替案のうちの二・三のものしか考慮しない。

②特定の代替案を選択した場合の結果についての知識は，不完全で部分的なものにすぎない。

③結果に対する価値判断や効用序列は不完全である。

2)　満足基準

サイモンは経済学などで用いられている「利潤極大化」などの「最大化基準」は必ずしも現実の意思決定の反映ではないと考え，われわれが日常的に用いている「満足基準（satisfactory standard）」をその判断基準として採用した。満足基準は，「これで満足である」，あるいは「これで十分である」と主観的に許容できるものを選択する基準である。

3)　経営人

サイモンは，「経済人（economic man）」に変えて，「経営人（administrative man）」という人間仮説を提唱している。これは，利潤の極大化を求める「完全合理性」の人間仮説ではなく，「限定された合理性」に基づき，「満足基準」で意思決定する人間仮説である。

現実の経済活動に携わる人間は，自分の能力の範囲で情報を手に入れ，その限られた判断材料を用いて，自分が満足できる基準に収まっているかどうかを判断し，物事を決めているとする。

5 「行動経済学」の意思決定論

行動経済学はサイモンの「限定合理性」の前提をさらに「非合理」の領域まで推し進め，伝統的な経済学理論における「経済人」仮説の前提を突き崩しつつある。

2017年のノーベル経済学賞は行動経済学のリチャード・セイラー（Richard Thaler）に与えられたが，この意思決定理論は心理学の影響を強く受けた理論であり，人間行動の認知バイアスを直視した意思決定モデルとして，人間につきものの非合理な意思決定プロセスを理論的に説明するものとなっている（Thaler, 2008）。

1) 保有効果

人はいったん手にいれたものの価値をより高く評価するという「保有効果（endowment effect）」という心理が働くという。また，人は「利得」よりも「損失」により過敏に反応することが統計的に確認されており，そのような損失回避の心理が意思決定プロセスに作用するという。

2) 心理勘定

汗水たらしたお金とギャンブルで手に入れたお金では，同じお金であっても，それぞれに感じる価値が異なり，その使い方がまったく違うことも指摘されている。心理勘定（mental accounting）と呼ばれる心理作用である。

3) 一押し

意思決定プロセスには，感情，他者の行動，社会環境などが影響しており，「一押し（nudge）」という概念が有効性を持つという発見も行動経済学の成果である。

たとえば，イギリス保健省による臓器提供を呼び掛ける広報においては，「このページを見た何千人もの人が，毎日，登録しております」という「一押し」する文言を加えただけで，それが一種の社会的圧力として働き，新規の登録が急上昇したという。

またマーケティングにおいても，缶スープの山に張り付けられた「0.89$⇒0.79$」という値下げボードに，「おひとり様，12缶まで」という「一押し」の文言を追加しただけで，1人当たりの売り上げが3.3缶から7缶に増加したという。

6 「ゴミ箱モデル」の意思決定論

1) ゴミ箱モデル

70年代に入ると，不確実な状況下の人間の意思決定がこれまで一般に信じられていたような統計や確率に基づく合理的なものではなく，特定の事例や数少ないサンプルから導かれる経験則（rule of thumb）による意思決定であることが知られるようになる（Kahneman & Tversky, 1974）。

マーチとオルセンは，組織の直面する4つの曖昧性として，以下をあげている。

①意図の曖昧性（矛盾した目標の存在）
②理解の曖昧性（組織の行為と結果との関係が不明瞭）
③歴史の曖昧性（過去の出来事の解釈が一様でないこと）
④組織の曖昧性（個人の組織参加のパターンと関心事の時間的変化）

彼らは，このような曖昧性に直面せざるを得ないを組織の現実を「組織化された無秩序」（organized anarchy）と命名した。このような曖昧性に直面している組織の意思決定は，従来の合理性モデルの意思決定モデルでは説明できないとして，彼らは「ゴミ箱モデル」の意思決定モデルを提唱した。

このモデルは，「組織化された無秩序」という前提を受け入れ，以下のような要因によって特徴づけられるとする。

①問題ある選好序列
②不明確な技術

③流動的な参加

このような「組織化された無秩序」の中での，意思決定を描写するものとして「ゴミ箱モデル」が提唱されたが，この意思決定モデルの構成要素は以下の4つである。

① 複数の問題
② 複数の解
③ 複数の参加機会
④ 複数の参加メンバー

ゴミ箱モデルの意思決定論は，組織にはあたかも「ゴミ箱」のように色々のものが放り込まれて混在しており，組織の意思決定はそのようなゴミ箱の中のものが偶然に結びついた結果として出てくるというイメージである。

このモデルでは，「参加機会」や「参加メンバー」の偶然の結びつきで，何かの拍子に「問題」と「解」が結びつくといった意思決定プロセスに注目する。ここでは，組織における意思決定のプロセスを一連の合理的意思決定の連鎖としてとらえるのではなく，「無秩序」や「偶然性」の下で人々の相互関係が織りなす非合理的な意思決定としてイメージされている。

2）「ポスト・イット」の誕生秘話

「ポスト・イット」という商品がある。この商品は誰か特定の人物が企画して作り上げたものではなく，偶然の産物として生まれたヒット商品である。

3M社では強力な接着剤の開発を行なっていた。しかし，開発されたものは接着力が弱く，くっついてもすぐに剥がれるような「失敗作の接着剤」であった。別の社員は日曜日に教会で賛美歌を歌う時，聖書に挟んだ「しおり」が滑り落ちるという不便をいつも感じていた。しおりがいつものようにヒラリと滑り落ちた瞬間に，社内で聞いたことのある，すぐに剥がれる「失敗作の接着剤」と「しおり」が偶然に結びついた。この時，「ポスト・イット」という「ノリ付きのしおり」の商品アイデアが生まれたのである。

7「あいまいな状況」での意思決定論

1)「あいまいな状況」での意思決定

「あいまいな状況」での意思決定は，状況が極度に不確実である場合や価値判断での意見対立があるような場合の意思決定論として意味がある。すなわち合理的選択というものが原理的に成立し難い状況において，何らかの意思決定をなし，兎にも角にも行動するために必要となる意思決定論として有効である。

ワイク（Weick, K. E.）は，分かれ道におかれた2本の人参を選びかねて餓死するロバの話を例に挙げる。どちらかを選ぶことができず，決断できないまま餓死するよりも，どちらの道でもいいから「一歩踏み出すこと」が重要であるとする。

彼は「見る前に，飛べ」という。「やっている中から何かがでてくる」という。結果が出て初めて，自分のやってきたことの本当の意味がわかるという。

〈コラム〉一枚の地図

ワイク（Weick, K. E.）が好んでする話である。

ハンガリー軍がスイスアルプス山中で冬季軍事演習をしていた。

演習責任者の大尉が，軍曹以下の部下3名に斥候を命じた。彼らが斥候に出て間もなくひどい吹雪となり，視界ゼロとなった。3人は吹雪の中に消息を絶った。朝を迎えても彼らは帰らず，彼らの生存はほぼ絶望視された。ところが，3日目に彼らは帰還してきた。

大尉が生還の奇跡を喜び，軍曹に生還までの経緯を尋ねると，軍曹は，「吹雪に巻かれ，道に迷って絶望状態にあった時，たまたま隊員の1人がポケットに地図を見つけ，その地図を頼りに生還できた」と説明した。

大尉がその地図を詳しく調べてみると，それはピレネー山脈の地図であり，アルプスの地図ではなかった。間違った地図を頼りに，3人は生還したことになる。

この話は，曖昧な状況では，合理的に考えても意味はなく，ともかく「1歩踏み出すこと」の大切さを語るエピソードである。

2)　後付けによる「結果の合理化」

ワイクは，人間の行為は合理的な意思決定の積み重ねで起こるのではなく，自分のやったことを後から理屈づけし，後から意味づけするような「結果の合理化」プロセスをたどると皮肉な見方をする。

例えば，日本の自動車メーカーの対米進出戦略について考えると，初めから，合理的な対米戦略が描かれていたわけではない。

進出初期の日本メーカーの車の性能は，アメリカの高速道路に合流するためのスピードが不足しており，また坂道でのサイドブレーキも効きが甘く，お世辞にもまともな車ではなかったのである。そのような車を自動車大国アメリカに持っていって競争に勝てるなどとは，日本人の誰も想像だにしていなかったというのが事実なのである。

しかし，オイルショックによるガソリン価格の上昇や排ガス規制による小型車人気など，様々な偶然の重なり合いで，現在のようにアメリカ市場を日本の自動車メーカーが席巻するようになったのである。

結果が，「大成功」となると，あたかも今日の成功までの道筋が対米進出の初期から対米戦略として存在していたかのような説明がなされたりする。十分なる勝算があって日本メーカーはアメリカに進出したというような「後付けの物語」が熱く語られたりするのである。

ワイクは，「意思決定は一連の合理的過程ではない」という。人間の意思決定には「見逃し」や「先送り」といった要素が必ず見られるとする。組織の意思決定は，極めて曖昧で人間的なものであり，いい加減さや偶然性で支配される非合理的プロセスであるというのである。

8　意思決定における合理と非合理

1)　神々の戦いとしての合理性

意思決定論では，「合理性」という基準が問題とされてきた。

古典的な意思決定論は「完全合理性」を主張し，近代組織論では，「限定された合理性」という概念が導入された。現代の意思決定論では，「非合理性」，

「偶然性」あるいは「曖昧性」などに焦点があてられるようになっている。

経営学における合理性論は完全合理性にしろ，限定された合理性にしろ，合理性というものを普遍的な特定の理屈にあうものというようなニュアンスで使っている。つまり，誰にとっても，合理性は1つであるという見方である。しかし，考えるべきは，果たして合理性という基準は1つしかないのかという素朴な疑問である。

合理性という概念を掘り下げて探求したのがドイツの社会学者ヴェーバー（M. Weber）である。かれは，ヨーロッパにおける社会変化をヨーロッパに特有な合理化の進展として説明しようとした。つまり，彼は，ヨーロッパ社会について，あらゆる局面で「形式合理性」が推し進められていると考えたのである。

たとえば国家は法で統治され，国家の官僚組織は規則と文書という形式合理性によって統治されている。音楽についても，ピアノの調律にみられるオクターブを12の半音に分割する平均律という数学的音階という形式合理性の世界になっていると指摘した（Weber, 1956d）。

ウェーバーの合理性についての考え方は，合理性というのは特定の観点を基準とする一つの立場でしかないというものである。かれは「形式合理性と実質合理性」，「目的合理性と価値合理性」という対立する合理性の基準を説明している。

「形式合理性と実質合理性」について言えば，前者は形式論理に従うのを合理的と考える立場であり，後者は物事の内実にまで踏み込んで白黒つけようとする立場である。

例えば，モンテーニュ（Montaigne, 1580, 訳429頁）の語った裁判の話が面白い。ある裁判である男が人殺しのかどで死刑判決を受けたが，その後，真犯人が現れたのでどうすべきかの議論があったという。その時，裁判所の中で，次のような会話が交わされたという。

「それは前例のないことだ」とか「判決を取り消すことは悪い結果を残すことになる」とか考える者がおり，「裁判は適正な手続きで行われたのだから，それで問題はない」という結論に到ったという。

モンテーニュはこれら裁判官を蔑みの気持ちを込めて「哀れな連中」と呼び,「裁判の形式の犠牲者」であると考えている。このような形式さえ整っていれば，それで問題はないとする考え方は極端すぎるが，法律家や官僚にありがちな発想である。

「目的合理性と価値合理性」については，前者が目的達成の観点から全てを判断するのに対して，後者は自らの信じる価値を守ることを合理的であると考える。

目的合理性を求められるのは，政治家や経営者であり，目的を達成できたかどうかという結果こそが評価の基準となる「責任倫理」の世界に生きているのである。これに対して，価値合理性は宗教家や芸術家の合理性であり，自分の信念や価値を裏切ることなく誠実に生きることが大切だと考えるのであり，いわゆる「心情倫理」の世界に生きているのである。

ヴェーバーの発想によれば，合理性というのは「神々の戦い」の世界である。つまり，一方の合理性の立場は別の合理性の基準に立つ者からみると非合理であり，それぞれの合理性は自らを神とし，他の合理性の立場を悪魔とするのである。

このような発想は彼が生涯の研究課題とした宗教社会学の結論を概略すれば容易に理解できる。かれは世界の4大宗教を詳しく考察し，それぞれが主張する究極の価値が異なるものであることを論証しようとした。

キリスト教とイスラム教，儒教，仏教などそれぞれの宗教の求める世界は同じではなく，その究極的世界観から演繹される価値判断や行動規範における合理性の基準は非常に異なったものとなるというのである。

2) 「合理」と「非合理」の戦い

組織は日々の意思決定の積み重ねとして動いている。長期的な戦略策定に関わるトップの意思決定から日常業務の遂行に関わる現場の意思決定まで，すべての意思決定の質が組織の業績に重大な結果をもたらす。合理的決定を組織は求めているのは確かである。しかし，問題はある人にとっての合理的な決定は他の人にとってはまったく許し難い愚かな非合理的決定に映るというのが合理性に関わる問題の本質である。

初期の意思決定論は，誰もが認める合理的判断があるとの前提で議論が展開されていた。特に，経済学における経済人仮説は人は金銭に関わる判断では常に利潤極大化を目指した判断をするという仮説が置かれており，それ以外の行動は不合理であると仮定された。

経済学の一分野として発展してきた経営学でも，人は利得の極大化を目指し金銭的な誘因で動かすことができるという経済人仮説を採用していた。たとえばテイラーシステムでの労働への誘因は差別出来高賃金として知られるように，賃金の取り分の多寡で人は働いたりさぼったりするという前提で成立していた。

その後，組織における意思決定過程を取り上げたサイモンは，「完全合理性」の仮定に変えて「限定された合理性」という仮説を提示した。しかし，この時点でも，基本的には合理性についての発想は誰にとっても認めざるを得ない合理性なるものがあるとの前提が置かれていた。

しかし，先に述べたように，合理性などというものは，暗黙の前提としている価値判断を共有することなしには成立することのない概念である。それゆえ，サイモンは意思決定では「価値前提」と「事実前提」の両方があると指摘しながらの，科学では価値判断の問題を扱えないとして，自らの理論モデルから価値の問題を排除したのである。

意思決定は，特定の価値判断を前提としてこそ成立するものである。価値判断を問題とすることなく「事実前提」のみを取り扱うとすれば，その意思決定はアージリスのいうところの「シングル・ループ」の循環の中の意思決定にとどまるという限界を持つことになる。

価値判断こそが合理性の議論の本質問題なのである。科学の立場にたてば，価値の問題は直接的には扱えないというサイモンの主張には一理ある。しかし，価値判断が経営判断として，不可欠であることも自明のことであろう。

「合理的な意思決定をいかに貫くか」を考えるためには，合理性というものが絶対的な基準で成立するものではないことをまずは理解することが必要となる。すなわち，ある組織や個人にとっての合理的判断は別の枠組みで考えている組織や個人にとってはまったくの非合理な意思決定に見えるのである。価値判断が変わり，前提条件が変われば，そこから導き出される合理性も違ったものとなる。

第7章

組織におけるコミュニケーションと組織コンフリクト

「はじめに言葉があった」というのが聖書に描かれた人類史のはじまりである。人類は物語や神話で社会の成り立ちを伝え，夢や理想を語り社会の行く末を示し，その理想のために制度を作り協働して社会を発展させてきた。人々を結びつけ協働体系に組み込むためには言葉というコミュニケーションが不可欠である。

組織は人間の協働の場である。人間の強みは，他の動物がせいぜい数頭でしかなし得ない協働行為を何百，何千，時に何万という構成員を持つ組織を作ることで成し遂げる所にある。

歴史家ハラリ（Harari, 2015）は人類史を振り返り，我々ホモ・サピエンスの繁栄の秘密は，「物語」を創作し，そのような物語から虚構的観念（宗教・国家・株式会社・貨幣など）を生み出し，それを人々に信じさせることで人々をまとめ上げ，巨大な協働体系を構築できたところにあったと分析している。

近代組織論の祖と言われるバーナードは組織の3要素として，① 共通目的，② 貢献意欲，③ コミュニケーションをあげているが，組織という協働システムは効果的なコミュニケーションなしには機能しえない。

本章ではまずコミュニケーションとは何かについて掘り下げて考え，そこから組織のリーダーに必要とされるコミュニケーション能力とはどのようなものかを理解する。

さらに組織理論におけるコミュニケーションについての考え方が時代とともにどのように変遷してきたのかをたどり，現代組織にふさわしいコミュニケーションのあり方を検討する。

最後に，コミュニケーションの質を左右する組織コンフリクトを取り上げる。コンフリクトは一般的には存在しない方が良いものとして否定的に評価されるものであるが，ここでは組織コンフリクトの存在を肯定的に取り扱い，組織運営に活かそうとする考え方を紹介する。

1　コミュニケーション能力の重要性

リーダーに必要な能力については，以下の項目が挙げられることが多い。

①ビジョン・構想力

②人間関係的スキル

③コミュニケーション能力

これらのうちで，コミュニケーション能力は組織で協働行為に参加するすべての者に必要とされる能力である。リーダーや管理者と呼ばれる地位にある者には，特にその能力が求められていると言える。

リーダーというものが自らのビジョンと構想力で組織を引っ張る存在である以上，己の信じるところを部下にうまく伝え，それを人々に受け入れてもらい，人々が協力してことに当たるようにさせねばならない。トップのビジョンを組織全体のものとし，構成員からの協力を引き出すためには，不断のコミュニケーションが不可欠となる。

また一般的な管理者についても，コミュニケーション能力は欠かせない。

マネジメントに関する基本的な考え方は，PDS（Plan-Do-See）サイクルの管理である。管理者職能については，以下のような管理プロセスとして説明されることが多い。

①目標設定

②組織化

③動機づけとコミュニケーション

④評価測定

⑤部下の育成

管理者職能におけるコミュニケーションの位置づけは，組織目的を共有し，組織化された部門内・部門間の意見の相違や考え方の違いを調整しつつ，人々のやる気を引き出すことである。

2　コミュニケーションとは何か

コミュニケーション（communication）とは本質的にどのような行為なのだろうか。

コミュニケーションは日本語では伝達とか意思疎通というような訳があてられているため，言語を使った伝達手段に限定して理解されがちである。しかし，現代のコミュニケーション論では言語に限定せずに，多様な要素をコミュニケーションとして定義している。ドラッカーなどは，「すべての行動がコミュニケーションである」とまで表現している。

コミュニケーションの取り方は文化の影響を強く受ける。欧米人に比べて，日本人は言葉や表情などでも感情を抑制する傾向があると言われている。また男女といった性差でもコミュニケションの取り方に違いが出る。女性は「自分の気持ちを表現することを目的」とする「自己完結的コミュニケーション」をする傾向があり，男性は「目的を達成するための手段・道具」としての「道具的コミュニケーション」をする傾向が強いとされる（渋谷, 20-21 頁）。

コミュニケーションは以下の 4 つの側面から捉えることができる。

1)　言語的側面

言語的側面は，以下の項目に関わるコミュニケーションである。

①発言の内容・意味

②声の強さ・高さ・抑揚

③発言の間・タイミング

話される内容や発言に関わる抑揚や言葉の正確性や適切性あるいは命令口調かどうか，「丁寧」か「ぶしつけ」かなど，コミュニケーションにおけるニュアンスの違いとなって現れる。

2)　非言語的局面

非言語的局面には，多様な側面が含まれる。

①ボディランゲージ，視線・態度では，自信に満ちた力強いポーズや防衛的なポーズ，威圧的な態度あるいは怯えたような視線などで心理的な優劣や上下関係などが表現される。

②対人距離・着席位置では，文化圏による対人距離の違いがあり，どのような「位置取り」をするかでコミュニケーションの効果も違ったものとなる。

③化粧・アクセサリー・装飾などにより，相手に与えるインパクトが違ってくる。

④物理的環境　家具・照明・温度などで，コミュニケーションの効果に差が出ることは経験的に知られている。

3)　感情的側面

情報などを受け取る場合，その時の気分や感情が重要な働きをしている。人はその時の気分（ムード）に一致する情報のみを受け取る傾向がある（Bower, 1981）。これは，「ムード一致効果」（mood-congruity effect）と呼ばれるものである。

効果的にコミュニケーションを行うためには，話し手は，受け手の気分や感情にそって話す内容や話し方を変える必要があるということになる。

4)　関係的側面

「話し手」と「受け手」の関係がどのようなものであるかがコミュニケーションの前提としてまず考慮されねばならない。その関係のあり方によって，話の内容がうまく伝わったり曲解されたりする。

関係が良い場合には，話の内容を素直にあるいは善意に受け取ってもらえるが，関係が悪い場合には，話の内容が曲解されたり，また悪意に満ちた受け取り方をされることもある。要するに，送り手と受け手の関係を考慮して，どのようにコミュニケーションを取るかについて考えるような柔軟性が求められる。

〈コラム〉弥子瑕のエピソード

弥子瑕（びしか）は衛（えい）の霊公の寵愛を受けていた。衛の国の法律では，許しを得ずに勝手に君主の車に乗った者は，「足斬りの刑」に処せられることになっていた。

ある日，母親が急病との知らせを受けた弥子瑕は，君命だと偽って君主の車に乗って出かけた。霊公はその話を聞くと，「親孝行なやつだ。母の病気の看病をするために，足斬りの刑のことも忘れたのだ」と褒め，彼を処罰しなかった。

またある時，弥子瑕は王と果樹園に遊んだ。弥子瑕は食べた桃があまりに美味しかったので，食べ残しの半分を王に差し上げた。霊公は喜んで，「私をそこまで愛しているのか。自分が食べたいのを我慢してわざわざ食べさせてくれた」と喜んだ。

時がたち，やがて弥子瑕に対する霊公の寵愛は薄れた。すると，霊公は手のひらを返したように，「こいつは以前に君命だと偽って私の車に勝手に乗り，食べ残しの桃をわしに食わせた」と咎め，刑を言い渡した。弥子瑕の行動は，前には誉められ，後には咎めを受けた。

この話は，『韓非子』の説難篇にある話で，君主に進言する際の心得を説くものである。

韓非は弥子瑕の例を挙げ，君主に何かを進言する場合には，まず主君から信頼されているかどうかを見極める必要があると説いている。君主に信頼されているときは，こちらの思いが君主の心にかなってますます親密となるが，君主に憎まれているときは，同じ言動であっても君主の意にかなわず，咎めを受けることになるという。

3　古典的組織論におけるコミュニケーション

古典的組織論では，双方向のコミュニケーションはそれほど重視されず，組織階層上位者から下位者に対して行われる指示・命令の伝達経路としてコミュニケーションが捉えられていた。

それゆえ，古典的組織論におけるコミュニケーション論では，以下の項目がコミュニケーションの要諦であると考えられていた。

①伝達ラインの明確さ。
②客観的権限は明確な公式的伝達ラインを必要とする。
③伝達ラインはできるだけ直接的か，または短くなければならない。
④完全な伝達ラインが通常は用いられねばならない。
⑤伝達センターを占める者の能力は適確でなければならない。
⑥伝達ラインは組織が機能する間は中断されてはならない。
⑦すべての伝達は認証されたものでなければならない。

4　近代組織論におけるコミュニケーション

1)　組織の3要素の1つとしてのコミュニケーション

近代組織論の祖と称せられるバーナード（Chester I. Barnard）は，人々の間の協力関係を組織の基本に据えている。組織が作られる理由については，個としての人間に能力の限界があるためであるとし，その限界を越えるためには人々の協力が不可欠であると考えたのである。そして，人々が協力関係を成立させるための要素として，① 共通目的 ② 貢献意欲 ③ コミュニケーションをあげ，それらが「組織の3要素」であると説明している。

バーナードは，経営者の役割を「組織の3要素」を確保することであると説明している。すなわち，経営者の役割は，人々が協働する目的を明確に提示し，次にその目的の意義を説き，誘因を与えるなどして部下の貢献意欲を高め，人々の円滑な協働関係を維持するために部下を説得するなどして積極的にコミュニケーションを取るということなのである。

2)　オーソリティーの受容説

バーナードは，組織におけるコミュニケーションについて，上から下への一方的な指示命令という見方を否定し，部下の受容が必要であるという見方を主張した。

つまり，受け手が上司の指示命令を受け入れることで，上司と部下とのコミュニケーションが成立したことになり，同時に上司のオーソリティーも受け入れられたということになると考えたのである。

上司からの指示命令が拒否されるような事態になれば，コミュニケーションが取れていないというばかりではなく，その場合には，上司のオーソリティーも否定されたことになる。要するに，部下の受容なくしては，コミュニケーションも上司のオーソリティーも成立しないという「受容説」の立場に立つのである。

受容説の立場に経てば，上司は部下が拒否するような指示命令を出してはならない。すなわち，上司は部下が受け入れる範囲の指示命令を出さねばならない。ただし，バーナードは通常の上司の指示命令は，「無関心圏」(indifference zone) という範囲にあるとする。

これは，部下がなんら疑問を感ずることなくその指示命令に従う領域である。バーナードは，受容説に立ったコミュニケーションの重要性を認識しており，① 伝達の性格 ② 伝達の時間・場所 ③ 服装 ④ 儀式など多面的な要因が部下の受容性を高める工夫として用いられるべきであると考えていた。

5　現代組織論のコミュニケーション

1)　現代コミュニケーションの基本原則

現代コミュニケーション論の代表は，「マネジメントを作った男」と称されるドラッカー (Peter F. Drucker) のコミュニケーション論である。彼は「事実は1つであるが，主観による認知と解釈は多様である」という解釈主義的アプローチをコミュニケーション論の世界へと持ち込んだ。

ドラッカーのコミュニケーション論は「受け手」の認知や解釈を重視する立場に立って展開されており，以下の4つがコミュニケーションの基本原則であると指摘している (Drucker, 1974, 訳 175-194 頁)。

⑴「コミュニケーションは受け手に知覚されてはじめて成立する」

ドラッカーは，禅の公案にある「無人の森で木が倒れた時，音はするか」に対する正しい答えは「音はしない」であるという（訳175頁）。

その理由は，その音を知覚する人がそばに居ないからである。ここから，「聞く人がいなければ，コミュニケーションは成立しない」とドラッカーはいう。また，「受け止めようとする心」がなければコミュニケーションは成立しないともいう。ドラッカーが強調するポイントは，「コミュニケーションを成立させるのは，受け手である」ということである。

「馬の耳に念仏」ということわざがある。有り難い念仏も馬には届かない。聞く気のない者に何かを伝えることはできない。人は自分が知覚できて初めて，その対象に意識が向くのであり，知覚できないものはそもそも受け取ることができない。

そこで，いかに受け手を聴く気にさせるかが重要となる。ドラッカーは，「理詰め」で人を説得することはできないという。理詰め一辺倒ではなく，受け手の情緒に訴えることが必要であるという。

⑵「コミュニケーションは受け手に期待されてはじめて成立する」

ブッダは「人をみて法を説け」と言い，ソクラテスは「大工に話すには大工の世界の言葉を使わねばならない」と述べたという。ドラッカーは，「コミュニケーションは，受け手の言葉や用語を使わなければ成立しない」（訳175頁）と言い，「相手の言葉」を使い，「相手の関心」や「相手の理解」が及ぶ範囲を考えて話さなければならないという。

人は自分が経験していない事象については実感を伴った理解には至らない。「子をもって知る親の恩」などの諺があるが，自分が親となり，子育てを経験して初めて，親の苦労が心から理解できたりする。

ドラッカーは，「受け手は自らの期待しているものを受け取る」（訳180頁）という。そして「本当に重要なことは，期待していないものは，まったく受けつけられないのが常である」（訳180頁）と付け加える。一般的に，人は自分の理解の及ぶ範囲内のものにしか関心を示さず，自分の見たいものしか見ず，自分の聞きたいと思っていることしか聞かない。相手の期待・価値・動機と異なるメッセージを送っても，そのメッセージは受け取られる可能性はほとんどなく，あるのはせいぜい反発だけである。

コミュニケーションを成立させるためには，「相手が見たり聞いたりすることを期待しているものは何か」を知ることが重要となる。そのためには，相手の立場に身を置き，①「受け手」の知覚 ②「受け手」の言葉 ③「受け手」の経験を考えてコミュニケーションをとる必要がある。

⑶「コミュニケーションは受け手に対する要求を伴っている」

コミュニケーションを「送り手」の側から考えると，「送り手」には伝えたい内容があり，意図がある。つまり，コミュニケーションは「受け手に対して何かを要求する」ものである（訳183頁)。

コミュニケーションの内容が「受け手」の願望，価値観，目的と合致する場合には，「送り手」の要求は容易に受け入れられる。しかし，そうでない場合には大きな抵抗に遭うことになる。これはバーナードが部下の「無関心圏」の範囲内でオーソリティーを行使するように注意を促したのと同じ発想である。

「送り手」と「受け手」の考えていることが一致していれば，「以心伝心」，「蓮華微笑」の完全融和の世界となる。しかし現実には，「送り手」の考えていることと，「受け手」の考えていることには相違がある。

そのような場合，ドラッカーは，受け手の願望・価値観・目的を踏みにじって「完全降伏」させるようなやり方は，非現実的であるとする。「送り手」は，「受け手」にある程度歩み寄ってコミュニケーションを図るべきであるというのがドラッカーの主張である。

⑷「コミュニケーションと情報は異質であるが，相互依存関係にある」

コミュニケーションは，我々の知覚の対象となるものである。

我々の知覚は，ゲシュタルト心理学が明らかにしたように，全体像から部分への理解に進み，身振り・声の調子などが重要であり，文化的・社会的枠組みに基づく知覚など，多様な側面が関わりを持ってくる。

最も完全なコミュニケーションを考えた場合，純粋に「共有経験」に依存している場合がある（訳187頁)。すなわち，五感を伴った「共有体験」に基づく論理を超えた純粋経験の中にしかないともいえる。「同じ釜の飯を喰う」という表現がある。職場でも新入社員研修の一環として，長距離ウォーキングや登山，あるいは冒険的なアウトドア活動を行う企業がある。これは過酷な共通体験を通じてより深く互いが知り合う機会を提供するものであり，「完全なるコミュニケーション」に近い体験をさせようとする意図があるものと思われる。

これに対して，情報は論理の対象である。情報は人間的要素を除去した知的形式を対象とするものである。情報は形式であり，コード化された知識である。受け手は，そのコード化されている知識を論理的に解読し，知的に理解することで情報を利用しうるのである。

「情報は，人間的な属性，つまり情緒，価値観，期待，知覚といったものから解放されるほど，情報として有効であり信頼しうるものとなる」（訳184頁）とドラッカーは述べる。ドラッカーはコミュニケーションを人間の知覚に基づく相互理解の意味で使っており，コード化された知識としての情報とは区別しているのである。

6　日本型組織のコミュニケーション

1)　信頼関係の構築

人間関係の大切さは世界共通である。組織は生身の人間が集まったものであるのだから，組織運営は現実の人間の反応から出発する必要がある。組織においては，目的合理的な機能関係を作ることは重要ではあるが，まずはコミュニケーションが成立する基礎としての良好な人間関係を築くことが必要となる。

現実の組織で人間関係がいかに大切であるかは，企業人が人間関係の円滑化ないし人脈をつくるためにいかに努力しているかを見ればよくわかる。もちろん，世の中には，人付き合いの得意な人もいれば，不得手の人もいる。しかし組織に属する以上，人間関係をないがしろにしては，袋小路に入るしかない。

日本型組織では，信頼関係が重要であり，そのために過去の遺物のように言われる「長期信頼取引」「貸し借りの論理」や「義理人情」などの人間的なつながりが強調されてきた（清水, 1994）。

職場内の実質的な人間関係を良好なものとし，信頼関係の構築が目指されねばならない。このような努力を怠り，従業員同士が不信感を持つような状況に陥れば，組織にはさまざまな弊害が現れることになる。

上位者が強権を振りかざし，一方的に指示・命令を出すような職場では，部下は「イエスマン」となり，処世術としての「面従腹背」が横行するが，これは組織の病理としての「形式主義」や「員数主義」につながるものであり，このようなディスコミュニケーション状態では組織は機能することはない。

2)　非公式なコミュニケーション・チャネル

日本型組織の非公式なコミュニケーション・チャネルとしては，終業後の「飲ミュニケーション」の場で，「ここだけの話」が飛び出したりする。そこでは，「信頼できる人柄」や「口が堅い」といった人間的な特性の違いで伝えられる情報内容にも差がでることになる。

一般に組織人の常識として，「ホウレンソウ」（報告・連絡・相談）をうまくこなすことが必要であるといわれるが，「根回し」というものもコミュニケーション・スキルとして重要である。根回しは，もともとは木を植え替える時に必要となる造園業者の技術である。植え替えようとする木の周りを掘り起こし，根切りをし，埋め戻し，細い根が生えた頃に再度掘り返して移植するのである。根回しをしないでいきなり植え替えると，木がうまく根付かないのである。組織では，物事を進める時，予め関連部署の主だった人に話を持っていって事前に調整しておくことである。

インフォーマルな情報の流れの中では，「貸し借りの論理」や「面子」といった要素も無視できない。これは何も東洋世界だけの話ではなく，ビジネスライクな合理主義者と捉えられがちなアメリカ人に関しても，人間的な反応としては同様な反応がみられる。

デール・カーネギー（Dale Carnegie, 1936）の『人を動かす』は世界的なベストセラーの著作であるが，彼は人を上手に扱う上でまず重視すべきは，それぞれの人がもつ自身に対する「重要感」であるとしている。この「重要感」は「面子」とほぼ同じ内容であり，それが人間にとっていかに重要であるかを論じている。

7　組織コンフリクト

1）「建設的コンフリクト」と「人間関係コンフリクト」

人間同士が接触するとそこに摩擦や意見の衝突が起こる。

組織においては従業員の間で，また部門間での摩擦や意見の衝突が起こる。これが組織における葛藤状態，つまり組織コンフリクト（organizational conflict）である。

組織コンフリクトについての捉え方は，1940年代以前は，コンフリクトの存在しない状態を組織の健全な姿と考えたために，コンフリクトの存在そのものが「絶対悪」とされた。

しかし，1940年代から1970年代にかけて，人間関係論の影響もあり，コンフリクトが組織に存在するのは自然なことであり，まったく存在しないという状態はありえないとの認識が広まった。

1970年代から1990年代にかけては，高すぎるコンフリクトは望ましくないが，適正なコンフリクトであれば，逆にコンフリクトが組織を効果的にするとの考え方が受け入れられた。

さらに1990年代以降はコンフリクトの存在そのもの持つプラスの面に目が向けられるようになっており，現代ではコンフリクトを組織変革やイノベーションのために積極的に活用しようとする発想に変わっている。

1990年代以降の理論を詳述すれば，コンフリクトには望ましいコンフリクトである「建設的コンフリクト（constructive conflict）」と避けるべきコンフリクトである「人間関係コンフリクト（relationship conflict）」の2つの異なるコンフリクトが存在するという見方が主流となっている（McShane, et al., pp.328-333）。

組織で発生するコンフリクトの原因としては，矛盾する諸目的，各部門の価値観や考え方の乖離，希少資源を巡る争い，曖昧なルール，意思疎通の問題などがある。

これらのコンフリクトの原因を大きく類型化すれば，以下のコンフリクトに分類できる。

①課業に関わるコンフリクト
②仕事のプロセスに関わるコンフリクト
③人間関係に関わるコンフリクト

「課業」と「仕事のプロセス」に関わるコンフリクトは意見のぶつかり合いが新しいアイデアの源泉となり，業務改善のきっかけになるなど機能的に作用することが期待できるため「建設的コンフリクト」に分類される。「建設的コンフリクト」は，組織においてはさまざまな異なる意見・視点・判断が存在することを前提に，そこでの議論を組織運営に積極的に活かすことでよりよい結果を生み出そうとするものであり，コンフリクトを建設的に活かしうるとする発想に基づくものである。

これに対して，「人間関係コンフリクト」は，コンフリクトの原因が課題解決をめぐっての建設的な意見交換というよりは，むしろ個人間の感情面での軋轢によって生じるコンフリクトである。それゆえ「人間関係コンフリクト」は，個人間の摩擦や衝突を長引かせ，相互理解を妨げるだけの悪い作用しか及ぼさないものと考えられる。したがって，この種のコンフリクトは，組織運営からみても望ましいところはなく避けるべきコンフリクトである。

2）「意見の不一致」の効用

組織は多数の人間で構成されており，各人が主観に基づく判断を下しているという事実を受け入れれば，組織コンフリクトは「避けえないもの」であり，「当然に存在するもの」として受け入れるべきものである。

ドラッカーによれば，組織コンフリクトの原因として主要なものは，以下の3つである（Drucker, 1967, 訳198頁）。

①異なる意見
②異なる視点
③異なる判断

ドラッカーは，組織コンフリクトを肯定的に評価し，組織運営に活用することを提唱している。

GM社の名経営者として名を馳せたスローン（Alfred P. Sloan, Jr.）についての有名なエピソードがある。

スローンは重役会において重要な意思決定に際して，反対意見が出ない場合に，通常の経営者では考えられない対応を取ったという。スローンは，「それでは，この問題について異なる見解を引き出し，この決定がいかなる意味を持つかについてもっと理解するための時間が必要であると思われるのでさらに検討することを提案したい」（Drucker, 1967, 訳198頁）と述べ，その意思決定によって引き起こされる否定面を考えてくるように重役たちに促し，数週間後に再度会議をおこなうことを提案したという。

通常，会議で反対意見がでなければ「満場一致」ということで，何事もなくその場で採決されるものである。しかしスローンは，反対意見が何もないという状態を皆が真剣にその案件について考えていないからだと捉え，重役たちにもう一度深く考えるように時間を与えたのである。

ドラッカーは「意見の不一致の効用」として，以下の3つを挙げている（Drucker, 1967, 訳200-202頁）。

①組織の囚人になることを防ぐ
②選択肢を与える
③創造力を刺激する

「組織の囚人になることを防ぐ」というのは，組織には暗黙の集団圧力があったり，また階層構造のために組織に自由を奪われた囚人のような状態に陥る場合がある。ドラッカーは反対意見を自由に表明することで，不健全な組織にならずに済むと考えているのである。

また，意見の不一致は別の選択肢を考える機会となるものであり，さらに他者の異なる意見は新しい観点や新奇な切り口を提供する機会という意味で，人々の創造力を刺激する源泉ともなるというのである。

3)　フォレットの組織コンフリクトの「統合モデル」

組織コンフリクトを肯定的にとらえた経営学者の嚆矢はフォレット（Mary P. Follet）である。彼女は，コンフリクトを処理する方法として以下の3つをあげる（Follet, 1940, 訳 p.43）。

(1)　抑圧（domination）

一方の側が相手側を制圧すること。容易な方法であるが，長期的にみると成功しない。

(2)　妥協（compromise）

相対する両当事者がそれぞれ相手方に僅かばかり譲歩する。

(3)　統合（integration）

Aの欲するものもBの欲するものも含むような第3の方法，つまり，どちらの側もいかなる犠牲をも払わないですむ方法を発見すること。

フォレットは抑圧ではなく，妥協でもなく，統合こそがコンフリクトを解決する最善の道であるとする。では彼女の考える統合によるコンフリクト解消とはいかなるものなのか（1940, 訳 45 頁）。

①フォレットの統合例―図書館の窓―

大学の図書館の小さな一室で，ある人が「窓を開けたい」と思い，私はこれを「閉めたままにしておきたい」と思った。この対立はいかに解消されたのか。

私は，「単に北風が直接自分に吹きつけるのが嫌だった」のであり，相手は，「単にその部屋にもっと空気を入れたい」と思っていたのである。双方が相手の話に耳を傾けることにより，「だれも席に就いていない隣の部屋の窓を開ける」という双方が満足する解決策を見出し，「自分たちが真に欲するもの」を得ることができたという。

②フォレットの統合例―「罐の荷卸し」―

酪農協同組合での対立についての話もある。丘の中腹にある乳製品倉庫での「罐の荷卸し」に関する優先権の問題であった。丘を降りてくる人々は，自分たちが下り坂の中途で待たされるいわれはなく，自分たちが最初に荷卸しすべきであると主張した。また丘を登ってくる人々も，自分たちが待たされるいわれはなく最初に荷卸しすべきであると主張した。どちらが最初に荷卸しすべきかで激しい口論となり対立は続いた。

根気強い話し合いの結果，第３の方法が提案された。乳製品倉庫の位置を登坂者も降坂者も同時に荷卸しができるように変更することで，その対立は解消された（1940, 訳 45 頁）。

4)　フォレットの「状況の法則」

フォレットは「状況の法則」（law of situation）という考え方を提唱し，統合の発想によるコンフリクトの解消が目指されるべきであるとした。それは対立する双方の置かれた状況を真摯に分析し，「双方が真に望むもの」がなんであるかを考えることである。

一方による抑圧ではなく，双方の妥協でもなく，「双方が満足できる方法」を見つけるまで話し合うのである。

フォレットはコンフリクトを扱う場合の考え方を以下のようにまとめている。

①コンフリクトが持つプラスの価値に目を向けること。

②社会的に価値ある相違，異なる価値を認める視点を持つこと。

統合によるコンフリクトの解消は，弁証法と相通じる「第３の方法の発見」であるとフォレトはいう。

統合は発明であり，二者択一的な状況に苦しめられてはならず，「あれかこれか」のいずれかに同意しなければならない，というようには決して考えてはならないともいう。双方の満足は，自分の主張する方法が採用されたことによって得られたものではなく，第３の方法，すなわち「統合」を発見したからであるとフォレットはいうのである。

第Ⅲ部

リーダーシップ

「見敵必殺」の「ネルソン精神」で知られるイギリス艦隊司令長官ネルソンは，トラファルガーの海戦（1805年）でフランス・スペインの連合艦隊を撃破し，ナポレオン軍のイギリス侵攻の野望を阻止した。しかし，自らは敵に狙撃され，戦艦ビクトリア号にて戦死する。彼の最後の言葉は，「余は余の義務を果たせり」（Thank GOD, I have done my duty.）であった。

イギリスにはノブレス・オブリッジ（noblesse oblige）の伝統がある。これは高い地位にある者には義務と責任があるとの考え方である。ネルソンは自らの死に瀕してリーダーたるべき者のあり方を示した。

リーダーシップの欠如は組織の活動に関わる致命的な損失を招きかねない。

2012年のクルーズ客船コスタ・コンコルディア号の座礁事故，2014年の韓国フェリー・セウォル号の沈没事故という2つの海難事故の例がある。

コスタ・コンコルディア号の座礁事故では船長・副船長は，乗客を船に残したまま，船を放棄し避難した。港湾当局との交信中，船に戻るよう命令された船長は，「暗くて戻れない」などの言い訳をしつつ，自分の身の安全を最優先して船に戻ることはなかった。

またセウォル号では傾き始めた船の中で乗客に対して「船内にそのまま留まるよう」に管内放送が続いていたが，船長以下ほとんどの乗組員は乗客を残したまま自分たちが真っ先に逃げ出した。船の沈没とともに300人を超える修学旅行中の高校生が犠牲となった。

これらの海難事故ではどちらの船長も逮捕され，大きな社会的非難の中で，有罪判決を受けている。

ネルソンと有罪判決を受けた船長たちとの対照的行動からリーダーの役割とはなんであり，リーダーにはどのような義務と責任が求められているかの一端が垣間見える。

第8章

リーダーの役割とリーダーの条件

1　リーダーとは何か

1）　ニホンザルに見るボスの役割

人間に近い類人猿の行動を調べることで人間行動を理解しようとする「サル学」という学問領域がある。

チンパンジーは，遺伝子のDNA配列が98.8％人間と一致するという。チンパンジー社会はオス優位の社会であり，一見おとなしそうに見えるチンパンジーは他の群れとの殺し合いをするなど闘争的である。1匹の雄を頂点とするハーレム型の群れを形成し，群れのボス猿は自分の遺伝子を残すような形で群れを維持し，ボスの交替時期には「子殺し」などの事実も確認されている。

チンパンジー以外でも，たとえばライオンなども，ボスの座を奪い取った新参の雄ライオンは前のボスの子を殺し，雌ライオンの発情をうながすことが知られている。他に，ゴリラなどがこの類型に含まれる。

ピグミーチンパンジーと呼ばれる別の猿がいる。「ボノボ」とも呼ばれるこの猿は「友愛のサル」と呼ばれ，攻撃性をもつチンパンジーに比べて平和的であると言われる。ピグミーチンパンジーの社会はメス優位の社会であり，他の群れと平和的に共存し，「子殺し」なども見られないという。ニホンザルはこの系統に属し，複数のオスとメスで群れが形成されている。

日本では，ニホンザルの研究が進んでいるが，ニホンザルと人間を比較することで人と猿に共通のリーダーの本質が浮かび上がってくる。

ニホンザルのボスの行動は以下のようなものである（河合, 1969）。

①敵と戦う

②群れ内のトラブル解決

③弱いものの保護

④メスの独占

⑤一番に食べる

⑥移動の先頭にたつ

⑦奇声を発する刺激や緊張感を与える。

ニホンザルのボスの行動を観察すると，メスを独占したり，一番先に餌を食べるなどの行動は利己的行動ともとれる。しかし，これを群れの維持発展という観点でみると，肉体的にすぐれた子孫を増やそうとする遺伝子の戦略だとも解釈できる。

ボス猿の活動についてみれば，大きく３つのカテゴリーに分類できる。

(1)　防衛　　外部からの脅威に対する防衛の役割

(2)　群れの秩序維持　　群れの内部的秩序を維持する役割

(3)　指揮　　群れの方向性を決め，指揮をとるという役割

ボス猿の役割である「指揮」については，ボス猿が独断的ないし恣意的に群れを動かしているということではなく，群れ全体の気配を察知して，適切なタイミングで群れを引っ張っていくということが，最近の研究で明らかとなっている。

〈コラム〉狼の群れの中でリーダーになった男

狼と暮らすようになった奇人ともいうべき男の実話がある。狼と暮らしたいと考えた男がオオカミの仲間になるためにとった捨て身の作戦である。

男はある日，意を決して狼に近づいた。襲い掛かる１匹の狼が太ももに鋭い牙を立てた。男は，狼が自分の肉を食い破っている間も声をあげず，無謀にも自分の喉元をあえて狼の牙にさらした。狼の本能に仕込まれた攻撃抑制メカニズムが働き，狼はそれ以上の攻撃ができず，男は狼のグループに入る足がかりをつかんだという。よく生きていられたものだと感心するが，狼の本能を利用したものだと考えれば，この奇跡も半信半疑ではあるが信じることはできる。

この男はやがて狼の群れのボスとなる。狼の習性を良く知っており，獲物をとる能力が高いものがリーダーとなれるのを逆手にとって，予め仕留めておいた鹿などの獲物を隠しておき，それを狼グループに与えることで，最終的にはグループ・リーダーとなったという。ここでも狼の習性を知り尽くした緻密な計画が実行された。ボスには獲物の内臓を真っ先に食べる権利があり，ボスである以上そうしなければならない。しかし，人間は死後しばらくたった動物の内臓をたべると病気になってしまう。そこで予め，内臓を焼いたものを獲物の死体にもどし，それを狼たちの前では食らうという努力までしているという。

2)　ボス猿の条件

先に述べた3つの重要な役割を担うことになるボス猿であるが，その地位を獲得する猿にはどのような特徴が観察されるのだろうか。

ニホンザルの群れの観察によってわかっていることは，ボスとなれる条件は，以下の3条件であるという（河合, 1969）。

⑴　強さ

強さは，外部からの威嚇に対する防衛という役割に関係する。ボス猿には外敵から群れを守れる能力としての身体的な「強さ」が必要とされる。

⑵　やさしさ

やさしさは，群れの中の雌ザルや子ザルなどの弱者に対する振る舞いであるが，これは群れの内部的秩序を維持する役割に関連した能力である。

⑶　メス猿からの支持

メス猿からの支持であるが，これはニホンザルの社会がメス優位の社会だからであろう。メス猿からの支持はボスになるために必要であり，メス猿に不人気なオス猿は力が強くてもリーダーとはなれないことがわかっている。

2　組織社会のリーダーの役割

人間社会に目を戻し，現代組織社会のリーダーの役割について整理してみると組織社会のリーダーは，2つの機能を果たしている。1つは，「組織目的の達成」であり，他の1つは「組織の維持」である。この2つの目的を両立するのがリーダーとしての管理者の役割である。

1）団体目的の達成

バーナードの組織理論の枠組みで説明すれば，経営者の役割は，組織の3要素である ① 共通目的，② 貢献意欲，③ コミュニケーションを確保することである。

組織の3要素の第1に登場するのが「共通目的」であり，組織は目的達成のために構築されていると言える。それゆえ，リーダーの役割の第1は「団体目的の達成」ということになる。

株式会社であれば，「営利」ということは常について回るのであるが，事業設立の理念に則った社会的意義のある組織目標を掲げ，その達成を目指すということでなければ長期にわたる存続や発展は望めない。

学校法人なら，崇高な理想と結びついた建学の精神に則って，教育目的を掲げ，その目的達成を目指すというのがリーダーとしての役割であろう。

いずれにしろ，組織社会のリーダーは，組織の目標を明確にし，人々から貢献を引き出し，人々の協働が効果的になるようにコミュニケーションを活発にするという役割を果たしているのである。

2）組織の維持

組織のリーダーは組織維持という面でも重要な役割を果たしている。組織は人の集まりであり，人々の協力関係で成立しているがゆえに，人心が組織から離れてゆかないようにする必要がある。

バーナード（Barnard, 1936）は「誘因・貢献理論」としてこの組織維持の側面を理論化している。要するに，従業員が組織に対して行う貢献と彼が受け取る報酬をバランスさせることで，従業員を組織に留め，組織が存続するようにしなければならないというのである。

組織の維持の局面には，組織の秩序維持という面もある。

これに関しては，組織における規律と規範という2つの方向から組織の秩序維持を考えるのがリーダーの役割である。規律については，「外からの統制」として，ルールの制定と違反に対しての罰則を決めることが必要である。規範については，「内からの統制」として，組織のあるべき姿としての価値や信念を組織に浸透させる役割を担うのがリーダーである。

〈コラム〉日本史に名を留めるリーダー像

聖徳太子は，「和をもって尊しとなす」としたが，日本で受け入れられるリーダー像の底流には「和の精神」が流れている。そしてリーダーには目的達成に邁進する気概が要求されている。

戦国武将の１人である武田信玄は「人は城，人は生垣，人は堀，情けは味方，仇は敵なり」と人心掌握の重要性に言及すると共に，「為せば成る，為さねば成らぬ。成る業を成らぬと捨つる人のはかなさ」とその目的達成に邁進する実行力の重要性を指摘している。

江戸時代屈指の名君とされる米沢藩の上杉鷹山は，「してみせて言って聞かせてさせてみる」という言葉や信玄の表現を少し変えた「為せば成る，為さねば成らぬ何事も，成らぬは人の為さぬなりけり」という言葉を残している。

明治期には太平洋戦争時の連合艦隊司令長官であった山本五十六は，上杉鷹山の表現を少し変え，「言って聞かせ，やってみせて，褒めてやらねば人は動かじ」と言い，リーダーの心得として「配慮と率先垂範」を強調している。

日本には数多くの個性の強いリーダーが存在したのであるが，名君とか名リーダーとして歴史に名を留めるリーダーについて言えば，特徴的な２つの観点が共通して見られるようである。

すなわち，１つは，「和をもって尊し」との精神を背景にした「人心掌握術」ないし「他者への配慮」である。そして２つ目は，「為せば成る」という強い目的達成の意志力であり，困難な目的をも自らの努力で乗り越え，先頭に立ってやり遂げる「率先垂範」の実行力である。

3　リーダーに必要な能力

ジョセフ・ナイ（Joseph Nye, 2010）はリーダーに必要な能力として，1）ソフト・パワー，2）ハード・パワー，3）スマート・パワーの３つの特質を挙げている。

1)　ソフト・パワー

(1)　社会的知性

①人間関係を円滑に維持する能力，カリスマ性

②自己認識力，自己抑制力

(2)　コミュニケーション能力

①説得力，象徴性，模範となるような言動

②近い相手，遠い相手に対する影響力

(3)　ビジョン

①大勢を魅了するような構想の企画力

②思考力と実行力のバランス

2)　ハード・パワー

(1)　組織運営能力

①報奨や情報をうまく使いこなす力

②内部集団・外部集団との関係調整力

(2)　策略家としての能力

①脅し，買収，交渉を工みに行う才覚

②有利な同盟や協定を締結・維持する能力

3)　スマート・パワー

①状況変化を読み取る能力

②流れに乗る力（ツキを呼び込む力）

③状況や部下のニーズに合わせた適応力

リーダーには，上記のような幅広い能力が必要とされるのであるが，現実の組織では一人のリーダーがリーダーに必要なすべての能力を備えているわけではない。組織が人々の協力関係で成立する分業システムであると考えれば，

リーダーに欠けた能力についてはその能力を持つ部下に権限を委譲するなどして組織運営にあたる必要がある。

4　経営者に必要とされる基本的能力

一般に，経営者に必要となされる基本的な能力は以下のようなものである。

⑴　大局観

多角的分析・独自の洞察・潮流の把握・柔軟な視点などを駆使して，全体状況を俯瞰する力である。

⑵　胆力

ものに恐れず臆しない気力であり，度胸である。これは信念・決断・挑戦・自負を支える力となる。

⑶　成熟度

確立した自我・情緒の安定・真摯な態度・他者への配慮など，人間として成熟しているかどうかである。

⑷　倫理観

人として踏み行うべき道ないし道徳である。経営においては，経営倫理や経営哲学，そして社会的責任意識などの源泉となる。ドラッカーは真摯さ（integrity）が経営者には天性の素質として必要であると力説している。部下は上司の能力の不足を許すことはあっても，品性が卑しい上司を許すことはないと指摘している。

〈コラム〉帝王学のトップの条件

古来の帝王学の基本哲学は以下の3つである（船井・渡辺，2007）。

①「正しい考え方」をもつこと。これは「世のため人のためになることをやるべきで，ならないことはやらない」という考え方である。

②　感性なき知性はだめで，誰が見ても正しいと思う感覚が感性である。

③　労働なき富を否定し，自ら「汗水たらす」という姿勢を重視する。

帝王学では，「福禄寿」を考える必要があるとする。

福は，人に敬われ，嫌われないで，人を引っ張っていける人間関係学であり，禄は，経済的にうまく自立できる方法であり，寿は，健康的な生き方である。

帝王学におけるトップの条件としては，以下の項目が挙げられている。

① 正しい哲学」を持ち，「福禄寿」の癖づける。

② トップ業に命をかける。

③ 成功の条件は素直・勉強好き・プラス思考である。

④ 意思決定のコツは成功の確信のないことはやらず，迷ったらやめる。

5　リーダーの条件

1）　ドラッカーが指摘するリーダーの条件

経営学者であり，また経営コンサルタントとしても活躍したドラッカーは自らの経験からリーダーの条件を以下のようにまとめている。

(1)「結果をだす」という発想

世の中には色々なタイプの優秀な経営者がいるが，その共通項は「結果をだす」という発想であり，「結果に対する責任を自覚する人々」であるという。

(2) 真摯さ

ドラッカーは，リーダーとしての才能以上に決定的な資質として，真摯さ（integrity）というリーダーの品性や道徳性に関わる側面を重視する。すなわち，「部下たちは，無能，無知，頼りなさ，不作法など，ほとんどのことは許す。しかし，真摯さの欠如だけは許さない。そして，そのような人間を選ぶマネジメントを決して許さない」（Drucker, 1954, 訳 242 頁）と語り，「人格や真摯さに欠ける者は，いかに知識があり才気があり仕事ができようとも，組織を腐敗させる。企業にとって，最も価値ある資産たる人材を台なしにする。組織の文化を破壊する。業績を低下させる」（Ibid., 訳 243 頁）と指摘している。

〈コラム〉経営者の毀誉褒貶

ジャック・ウェルチ（Jack Welch）は，世界的な総合電機機器メーカー GE 社の社長を 21 年間も務め，その間，GE の企業価値を高めたカリスマ経営者である。彼を有名経営者にしたのは，1 番か 2 番になれない事業部を売却し高業績企業へと GE を変身させたことである。彼の人事政策は業績の悪い下位 25% を定期的に首にするという競争原理を人事政策としたことであり，「ニュートロン（中性子爆弾）・ジャック」と呼ばれ，人を容赦なく切り捨てる辣腕経営者として名を馳せた。しかし，前妻との離婚裁判の過程で，「月々1億円程度の慰謝料では納得できない」という前妻の主張からウェルチの高額報酬の実態が明らかとなり，またウェルチがGEの社長を退いた後も，GEからの専用ジェット機，運転手つきの車，重役用の社内レストランでの食事，ウインブルドン・テニスの特別席での観覧などのお手盛り待遇を受けていることが発覚した。これを契機として，ウェルチはGE社を成長させたカリスマ経営者からGEを食い物とする強欲な経営者というイメージに変わり，かつての英雄から転落した。彼の経営学は『悪の経営力』（O'Boyle, 1988）といった本で批判されている。

2)　松下幸之助が指摘するリーダーの条件

松下幸之助は高度経済成長期の日本を支えた産業人として最も有名な経営者であるが，丁稚からの叩き上げという彼の人生経験から得たリーダーの条件は，以下の3つであるという。

⑴　愛嬌

人から憎まれることのない人柄の側面である。

⑵　運の強さ

現実の経営で遭遇する人知を超えたものを味方にできるかどうかという側面である。

⑶　後ろ姿

その人の日々の実践の中で現れてくる生き様の側面であり，ドラッカーのいう「真摯さ」に通じるものだと思われる。

3)　ビジョナリー・カンパニーのリーダーの条件

イノベーションを求められる現代組織にあっては，好業績を上げている企業のリーダーには以下の4つの特質を持つことで共通点があるとわれる（*）。

⑴　使命感（mission）

リーダーは仕事について，神から与えられた，あるいは運命だと感じられるような「達成すべき任務」という感覚を持つ。ミッションは，もともと宗教的なニュアンスを持つ言葉である。

⑵　構想力（vision）

リーダーは，ビジョンを示すことで人々を啓発し，ビジョンに基づいて戦略を立てる。

自らの頭の中で組み立てた，「このようになる。あるいはこのようにやる」という確固たる未来のイメージがビジョンである。

⑶　情熱（passion）

リーダーは，己には与えられたミッションを果たすためには苦労を厭わない情熱を持っている。

⑷　行動力（action）

リーダーは，具体的行動を通して，能動的に働きかけていく行動力を持っている。

6　リーダーの信念と宗教心

1）　リーダーの信念

リーダーはなんらかの強い信念によって突き動かされるものであるが，この信念は経営理念や経営哲学として表明される。

松下幸之助は「水道の哲学」という経営理念を掲げて，松下電器の従業員を鼓舞した。「水道の哲学」は水のように命をつなぐために欠かせない貴重なものが，「ただのように安い」のはこれが無尽蔵にあるからであるという幸之助の気づきから生まれた。家電製品をも水の如く安く消費者に提供し，世の中を豊かにしようという思想となったのである。

戦後の焼け野原からの経済復興期から高度経済成長にかけては，生産重視の「水道の哲学」は評価され，社是ともなる。しかし，物不足からモノ余りの「過剰消費社会」の弊害が取りざたされるようになると，生産に次ぐ生産という「水道の哲学」は時代とそぐわなくなる。パナソニックへと社名変更すると共に，その理念は役割を終えたものとして表舞台から退いた。

フォード（Henry Ford）はフォード自動車の創業者であり，彼はそれまで金持ちの遊び道具に過ぎなかった自動車を一般人の生活の道具としての「大衆車」に置き換え，アメリカ社会を自動車社会に転換させた立役者である。

ベルトコンベアを使った「大衆のための規格化された車」のコンセプトで1908年から1927年まで，累計約1,500万台のT型モデルを生産するのである。

彼は，18年間モデルチェンジをすることなく，黒1色，水冷直列4気筒（2896cc），公称出力20HPのT型モデルを作り続けたが，低価格へのこだわりを捨てることなく，1910年の950ドルから1925年の290ドルまで価格を下げ続けた。やがて，T型モデルは，多様な車種によるフルモデル戦略と頻繁なモデル・チェンジ戦略を駆使するGM社に完敗することになるが，長きにわたりフォードの信念は貫かれたのである。

ジョブズ（Steve Jobs）はアップルの創業者であり，パーソナル・コンピュータを世界に広めた人物である。がんで命を落とす少し前，スタンフォード大学の卒業記念式典でのゲストスピーカーとして挨拶し，名スピーチを残している。

彼は，彼の生い立ち，大学中退のいきさつ，アップルでの成功の契機と社長を追われた日々，そして膵臓癌と闘病する自身の死生観を語る。スピーチの最後に，自分がこれまで拠り所としてきた信念を卒業生に贈る言葉としている。その言葉は，イノベーションに情熱を傾けけた彼の人生に相応しい，「ハングリーであれ，愚か者であれ（stay hungry, stay foolish）」であった。

2)　信じる力

有効なリーダーシップに共通している行動として，「信念」から出発する発想の重要性が指摘されている。リーダーシップの要諦は，リーダーの信じていることを部下に信じさせることであり，自らが夢を語り，その夢を周りに信じさせることである。これは，「ミッション」や「ビジョン」を語ることがなぜ重要かということにも通じる。

リーダーは「何」をすることができるかを語るよりも，「なぜ」そのことをしようと考えたのかを語る必要がある。リーダーが実現したいと考えている「夢」を説明するのが「なぜ」である。

シネック（Simon Sinek, 2009）は，人を動かすためには，ゴールデン・サークル（golden circle）と呼ばれるwhy（なぜ）⇒how（どのように）⇒what（何を）の発想順序が重要であると指摘する。

リーダーがwhy（なぜ）という「夢」に関わる問題意識から出発し，それを組織メンバーと共有するなかで，組織メンバーの方向性が一致した有効な組織行動が発現するという。

組織のリーダーは以下の手順により，組織運営を行う必要がある。

(1)　why（なぜ）

「なぜするのか」というリーダーの信念や夢を語り，その信念や夢を組織の価値や使命（ミッション）とし，それをわかりやすいスローガンに変えて組織メンバーとの共有化を図る。

(2)　how（どのように）

howの局面として，未来のイメージであるビジョンを示し，そのビジョンに基づいて戦略を立てる。

(3)　what（何を）

具体的に何をするか，どうするかを明らかにする。

3)　リーダーと宗教心

リーダーの信念の源泉に宗教心が関係している場合が多く見られる。

薪を背に担ぎながら読書する二宮尊徳像は，第二次世界大戦前にはどの小学校の校庭にも見られたものである。二宮尊徳は，江戸後期，神道・儒教・仏教に基づく「報徳思想」を説きつつ，農村復興と藩財政再建に尽力した。

彼は「一円観・一円融合」という世界観を示し，善・悪，貧・富，苦・楽などの2項対立の考え方に変えて，あらゆる事象は相互作用し，融合することで社会正義が実現すると考えた。実践目的としては，「大極・人道・道心」を挙げ，実践原理として「至誠，勤労，分度（分をわきまえる），推譲（必要以上のものは他に譲る）」を推奨した。道徳と経済は対立するものではなく，一体のものであるというのが彼の根本的な考え方であった。

「日本資本主義の父」として言及されるのが渋沢栄一である。渋沢は江戸末期にパリ万博の随行員としてヨーロッパ各国の実情を見聞した。大政奉還を期に帰国した後は，大蔵官僚とし株式会社制度の導入に尽力し，度量衡制度や国立銀行条例の制定にも携わった。退官後は，実業界に身を置き，官僚時代に設立を指導していた第一国立銀行の頭取に就任し，多くの地方銀行の設立を指導したほか，東京瓦斯，東京海上火災保険，王子製紙，帝国ホテル，キリンビール，サッポロビール，東洋紡績など 500 以上の企業の設立に関わっている。

渋沢は，儒教や武士道の精神を基本とした「道徳経済合一説」を唱え，「私利を追わず公益を図る」という精神を貫いた経済人であった。『論語と算盤』という著作をあらわしているが，お金儲けのためにはどんな非道なことも厭わないという考え方を嫌い，正しい商業の道を説いた。

高度経済成長期に町工場から世界的企業である松下電器（現パナソニック）を作り上げた松下幸之助は，天理教会を見学したことを契機として宗教の力に目覚める。信者が天理教の施設をチリ 1 つないほどに掃除する姿に天啓を得たのである。その後，幸之助は各種の宗教と関わり，それらを敬愛し，会社経営の拠り所とした。企業理念としての「水道の哲学」を唱え，雑誌 PHP や松下政経塾などの活動を通して世の中を変えようとしたのである。

欧米でのリーダーと宗教の関わりは，日本以上に強いものがある。

アメリカの大統領就任式などには聖書が登場するし，キリスト教のプロテスタントの教義が勤勉・禁欲の労働観であることはよく知られた事実である。

同じキリスト教圏でもカトリック系は仕事を罰としてとらえ重視することはなかったが，プロテスタント系の人々は仕事を天職と考えて非常に重視する。一般的には，職業からは宗教的な意味は取り除かれているとも言えるが，一部の人々にはいまだに宗教的教義が強い影響力を及ぼしているというのも事実である。

第9章

リーダーシップの資質理論

1　資質理論（trait theory）

1）リーダーに共通する資質の探求

リーダー待望論はいつの時代にもみられる。古代から続く帝王学や1900年代の偉人論（great man theory）などの流れの中では，リーダーは生まれついての資質によるとの考え方が主流を占めていた。

リーダーが生まれついての資質に基づくものであるならば，その資質のあるものをリーダーの座につけることがなすべきことのすべてである。このような考え方は，プラトンの国家論のなかにも登場している。そこでは国のリーダーとして最もすぐれた資質を持つものは哲学者であるから，哲学者が国のリーダーになるべきなのだという主張が展開されている。

近代におけるリーダーシプ研究の流れを辿っても，1940年代から50年代初頭までの初期のリーダーシップ論では，偉人論の発想が強く残り，リーダーの資質または特性に焦点を当てたリーダーシップ論が主流を占め「資質理論（または特性理論）」（trait theory）と呼ばれた。

資質理論では，リーダーに共通する資質が調べられ，以下のような項目が取り上げられた。

①年齢・容姿・体格などの身体的特徴

②出身階級や教育履歴などの個人の出自や生い立ち

③知識・理解力・判断力に関わる知性

④内向的か外向的か，あるいは優しいのか攻撃的なのかといった性格

⑤専門知識・達成動機・責任感・自発性など業務遂行に関わる資質
⑥個人的魅力・人気・気配りなどの対人関係能力

しかし，あまりにも項目が多数であり，どの資質がリーダーとしての特質であるかについては百家争鳴状態であった。

2）「効果的」なリーダーに共通の特性

リーダーの資質論における混迷状態の中，ストックディル（Stogdill, R. M., 1948）は過去の文献研究を大規模に行なった最初の研究者である。

彼は，過去の膨大な文献を分析し，２つのポイントを指摘した。

①リーダーと部下の間には，その資質においてそれほどの大きな質的な差は見つけられないということ。つまり，部下の中にもリーダーと同等の外見や賢さや野心を持つ者がいるという事実である。

②リーダーとしての成功にある程度関係している項目があるという指摘である。それらの項目は，知性・率先的行動・ストレス耐性・責任感・親しみやすさ・支配的傾向などであるという。

さらにストックディルは，「効果的」なリーダーに共通する特性を選び出し，それらを分類整理し，以下の８つの項目に収斂させている。

①知能が優れている
②自信をもっている
③支配欲が強い
④社交性があり，対人能力が優れている
⑤活動的であり，エネルギッシュである
⑥多くの社会活動に参加している
⑦学業成績が良い
⑧責任感が強い

その後，ストックディルはバスとともに（Stogdill, R. M. andB. M. Bass, 1974, 1990），８項目の特性をさらに絞り込んで，次の５項目にまで整理している。

①能力がある（capacity）
②達成志向である（achievement）
③責任感が強い（responsibility）
④活動に参加し関与する（participation/involvement）
⑤評価や地位が高い（status）

2　リーダーの性格特性

リーダーの性格に関わる形容詞を一般的な辞書で調べると，その数は18,000にも及び，どう絞り込み整理すれば良いか困惑するばかりである。

1）　MBTI 性格判断指標

現在，アメリカなどで広く使われているマイヤーとブリックスによる性格判断指標（Myers-Briggs Type Indicator/MBTI）は，性格を16のタイプに類型化するものである。

これは，特定の状況でどう感じるか，どう行動するかについての二者択一の100の質問に答えさせ，以下の4つの指標のどちらであるかを判定する。

①外向的（E/extravert）vs 内向的か（I/introvert）
②五感で感じ取る（S/sensing）vs 直感による閃き（N/intuitive」
③考える（T/thinking）vs 感じる（F/feeling）
④判断する（J/judging）vs 知覚する（P/perceiving）

質問の結果により，4つの指標のそれぞれについてどちらのタイプになるかを判定し，その指標の組み合わせで本人の性格判定をしようとするのである。

たとえば，ESTJタイプ（外向的・五感で感じる・考える・判断する）だとすれば，外向的で，現実主義的であり，論理的であり，判断力があるとされ，「オーガナイザー・タイプ」であるとされる。

また，INFPタイプ（内向的・直感による閃き・感じる・知覚する）は，善悪の観念が強く，創造性を発揮したいと考えているが，繊細ゆえに批判に弱く，組織化することは苦手で，自己主張もできない癒し系の「理想主義者タイプ」だとされる。

MBTIの性格分析は，4つの指標での二者択一の両極端の範疇のどちらかに強引に分類するものであるため，個人の性格傾向を大雑把に探るための指標だと言える。

2)　ビッグ5性格要因モデル

MBTIの性格分析に比べて，より信頼性の高い性格分析のモデルとしては，1961年にアメリカの心理学者であるテュープスとクリスタル（Ernest Tupes and Raymond Christal）が提唱した「ビッグ5性格要因モデル」（"Big Five" personality-factor model）がある。

これは各種文献で取り上げられた多数の性格特性を5つの基本類型に収斂させたものであるが，1980年代に入ると，このビッグ5モデルに基づく包括的な人格テストが開発され，従業員の性格分析の分野で盛んに用いられるようになる（Goldberg, 1981, 1990）。

「ビック5モデル」による性格特性は，以下の5つの性格特性をどの程度備えているかで個人特性を判定するものである（Kinich and Fugate, p.119）。

(1)　経験への開放性（openness to experience）

好奇心や創造性の指標となるものである。開放性の高い人は，新しい経験に対して好奇心をもち，情緒や感性が豊かであり，何事に対しても挑戦するなど柔軟で幅広い心をもつ。

これに対して，開放性の低い人は，慣例を大事にするなど保守的であり，慣れ親しんだ物事に居心地の良さを感じる。

(2)　几帳面さ（conscientiousness）

生真面目で慎み深いなど信頼性（dependability）と責任感の指標となる。

几帳面な人は，物事に注意深く計画的に取り組み，目的を持って物事を組織化し，自己規律を働かして，責任感を持って根気よくやり遂げる。

これに対して，几帳面でない人は，注意散漫であり，気が散りやすく，物事を組織化することができず，あまりあてにできない。

⑶　外向性（extraversion）

支配・自信・権力欲求に関係する指標である。

外向性の高い人は，エネルギッシュで，快活で自信に満ちており，自己主張が強く支配傾向が強い。基本的に，話し好きであり，他者といることを楽しむ人である。

これに対して，内向性（introversion）の強い人は，言葉数が少なく，控えめで，抑圧的であり服従的傾向が強い。

⑷　快応性（agreeableness）

感情移入・社交性・親和欲求に関わる指標である。

快応性が高い人は，他者に親切・寛大であり，愛想が良く，他者と調和・協調しようとする志向性をもつ。

これに対して，快応性が低い人は，冷たく，頑なで，敵対的である。

⑸　情緒安定性（emotional stability）

ストレスに対する耐性や心の調整力（adjustment）の指標であり，情緒の安定性，自己統制と関係する。

情緒安定性の高い人は，情緒が安定しており，気が動転したり感情的反応を示すことが少なく，ストレスに強い。当然ながら，リーダーの気質として望ましいのは，情緒が安定しており，自己統制に優れていることである。

これに対して，神経症的傾向（neuroticism）を持つ人は，イライラ・怒り・心配・ストレス・気分が沈む・抑圧などの不快な感情をもち，常に情緒が不安定である。

ビッグ５の性格特性指標は性格傾向を表現するものであり，生涯変わらないというものではない。しかし，成人においては比較的に安定しているとされる。ビッグ５の性格特性の中で，仕事上での高い業績に繋がるとされる指標は，外向性・経験への開放性・几帳面さである（Robins, et al., pp.42-44）。

リーダーシップとの関係で「ビッグ５モデル」を考えた場合には，① 経験への開放性，② 几帳面さ，③ 外向性，④ 快応性，⑤ 情緒安定性のすべての特性を万遍なく兼ね備えている者がリーダーとして望ましいように考えられるが，これらの指標のすべてがリーダーシップと相関関係があるわけではない。

リーダーシップと強い相関関係を持つ指標として一般的に指摘されるのは，野心やエネルギーに代表される「外向性」という指標である。しかし，これはリーダーの存在感を示すものに過ぎず，必ずしもリーダーシップの有効性を意味しない。しかも，支配的傾向や自己主張が強すぎる人については，逆に効果的なリーダーとなりにくいこともわかっている。

また，「情緒安定性」や「快応性」などは，職場のストレスに対する耐性度や組織の人間関係を円滑にする資質があるという意味では重要ではあるが，必ずしもリーダーシップと強い相関関係を持つものではない（Robbins, pp.184-185）。

ビッグ5モデルについては，複雑で多様な人間の性格を類型化して捉えるには良い指標ではあるが，人間の性格を二分法的に単純化したものであり，調査しやすい項目のみを取りあげているとの批判もある。

3　リーダーのEI（情感指数）

1995年以降，IQ（intelligence quotient）という知能指数に代わってEI（Emotional Intelligence Quotient）という情感指数が注目されるようになっている。

これは，ダニエル・ゴールマン（Daniel Goleman）が著した「*Emotional Intelligence*」（邦訳『EQこころの知能指数』）で日本でも広く一般に知られるようになった概念である。

アメリカの心理学者ピーター・サロベイとジョン・メイヤー（Salovey, P. and J. D. Mayer, 1990）は，EI（情感指数）の定義を行い，「自分自身および他者の感情を観察する能力であり，異なる情緒を区別し，それらを適切に分類し，そして思考と行動を導くためにその情緒的情報を使用すること」と定義している。

要するに，情感指数は，「自分の感情を把握・管理・調整し，他者の感情を知覚する力」である。

IQ（知能指数）が高いからといって必ずしもビジネスで成功するとは限ら

ないが，高いEI（情感指数）とビジネスでの成功には相関があると言われている。ゴールマンは，EI（情感指数）こそがリーダーシップの必須条件であるとまで主張している。

EI（情感指数）を構成する資質としてゴールマンは以下の５項目を挙げている。

(1)　自己認識力（self-awareness）

自分の心の状態やその時々の感情を常に冷静に把握して，自分の心のあり方が他の人に与える影響を認識する能力である。

(2)　感情統制力（self-management）

自己の感情を統制する能力であり，その場の一時的な感情に支配されずにいられる能力である。

(3)　動機づけ（self-motivation）

目標に向かって前向きに考え，努力する能力である。

(4)　共感能力（empathy）

他者の感情を正しく理解し，他者の感情に配慮して行動する能力である。

この共感能力には，次の３つの能力が含まれる。

①認知的エンパシー（*cognitive empathy*）

他者の観点や状況を理解する能力である。

②情緒的エンパシー（*emotional empathy*）

他者の感じていることを感じ取る能力である。

③共感力（*empathic concern*）

助けを必要としている他者と寄り添い，何を必要としているかを感じ取る能力である。

(5)　社会的スキル（social skills）

他者と協調・協力し，対人関係を良好に保つ能力であるが，他者の情緒に適切に対処する能力は社会的スキルの核心といって良い能力である。

EI（情感指数）の高い人は対人関係が巧みであり，感情が絡むような仕事に向いている可能性はある。ただし，EI（情感指数）を過度に重視することについては，慎重な姿勢の研究者がいることも事実である。その批判点はEI（情感指数）の概念自体が曖昧であること，また測定が困難であること，さらにその有効性がはっきりしないことなどである（Robbins et al., 2007, p.250）。

4　カリスマ・リーダー

1）　カリスマとは何か

ドイツの社会学の巨人ヴェーバー（Weber, M）は，支配の3類型として「カリスマ支配」・「伝統支配」・「合法支配」という理念型を創出している。

カリスマ（charisma）は語源的にはギリシャ語のkharisma（天賦の才）に由来するものであり，「カリスマ支配」はリーダーの超人的能力に対する個人的帰依により成立する。

カリスマは神の啓示や呪術的能力，英雄性，精神力，弁舌などにおいて非凡な能力を示すことにより，フォロワーからの絶対的服従や情緒的帰依を勝ち取るリーダーである。

ヴェーバーは，カリスマの出現を時代の転換点と重ね合わせ，鉄道のレールの切り替え役である「転轍手（てんてつしゅ）」のイメージになぞらえる。

カリスマ・リーダーは新しい理念を提示し，人々に訴えかけ，人々を鼓舞する。

ヴェーバーは，「人は日常的には利害で動くが，時代の転換点では理念で動く」という有名な言葉を残している。カリスマ・リーダーこそは時代の転換点で，新しい理念を掲げて人々を新しい方向に導く指導者である。

組織におけるカリスマ・リーダーについて言えば，創業の時，企業が危機に直面した時，あるいは組織の大変革が不可欠となった時などにその出現が待望される。

2）　カリスマ・リーダーの特性

コンガーとカヌンゴ（Conger, J. A. and R. N. Kanungo, 1988）は，組織におけるカリスマ・リーダーは，戦略的ビジョンをもって，部下のやる気を刺激し，挑戦的目標に駆り立てる存在であるとするが，カリスマ・リーダーには，以下のような鍵となる4つの特徴があると指摘する。

(1)　ビジョン（vision & articulation）

現状よりもより良い未来のビジョンを掲げ，それを他者にもわかるように明確に伝える能力を持つ。

(2)　パッション（passion）

個人的なリスクを引き受け，高いコストに耐え，ビジョンのために自己犠牲ができる。

(3)　エンパシー（empathy）

フォロワーの欲求や願望に敏感であり，彼らの能力や感情を包み込むことができる。

(4)　新しい規範（unconventional behavior）

従来の社会規範に反するような新しい規範を自らが生み出し，慣例にとらわれることなく行動ができる。

カリスマ・リーダーは生まれつきなのか，あるいは学習でカリスマ・リーダーになれるのかについてはともにイエスとされている。つまり，生まれつきの要素も重要であるが，カリスマ型のリーダーシップのスタイルを後天的に身に付けることで効果的なリーダーとなることもできるとされる。

カリスマ・リーダーに見られる一般的な特徴として以下が考えられる。

①確立された秩序・価値の変革の担い手となる。

②強い支配性をもつ。

③自己の信念に対する絶対的確信をもっている。

④部下に挑戦的目標を受容させる。

⑤危機的状況・転換点で出現する。

5　資質論への批判

リーダーの資質論は，リーダーシップを考える場合に，長い歴史の中で繰り返し議論されてきた観点である。一般の人々を惹きつけるのは，リーダーの生まれ持った特別な資質である。しかし残念ながら，個人的な資質とリーダーとしての成功の相関関係は科学的には証明されていない。要するに，リーダーの資質の有無のみを問題にしても，実践の場でリーダーとしての有能さを示し，成果を出せるかどうかはわからないのである。

ストックディルは「効果的なリーダーに共通する特性」を特定しようとした研究者であるが，彼ですらリーダーとしての資質を持つからといって必ずしもリーダーとしての有効性を保証するものではないと指摘している。つまり，個人に備わるリーダーの資質はあくまで効果的リーダーとなりうる可能性を高めるものでしかなく，そのリーダーが置かれた状況によっては別の資質が重要となるのである（Yukl, p.70）。

要するに，リーダーの資質が重要であることは事実ではあるが，その他の要因を無視することはできないということである。それらは，フォロワーの能力，リーダーとフォロワーとの関係性，そしてリーダーが直面する環境などであり，それらの要素を無視することはできないのである。

資質論に対する批判の主要な論点をまとめると，以下の３点に集約される。

①資質の内容は多岐にわたり，個々のリーダーが持つ資質は有能なリーダー全てに共通するものではない。

②資質があったとしても，必ずしも効果的なリーダーとはならない。逆に言えば，リーダーの資質の有無のみで，リーダーとして成し遂げる成果を予測することはできない。

③資質論は，部下の能力や部下との相互作用のあり方，環境状況などを考慮しておらず，不十分である。

第10章

リーダーシップの行動理論

資質理論の後を受けて1950−1960年代に登場するのが，リーダーシップのスタイルの違いと業績の関係に焦点を当てた行動理論と呼ばれる研究である。

1 レヴィンのリーダーシップ研究

1） 場の理論

「場の理論（field theory）」はK・レヴィン（Lewin, 1939）が提唱した理論で，人間はその人が置かれた「場」ないし「状況」の影響を受けて行動するという説であり，集団における人間行動を理解するための理論として注目された。

「場の理論」の背景をなすゲシュタルト心理学（gestalt psychology）は，人間の認知に関して，「部分」を理解するためには，まず「全体」の理解が必要であるとした。すなわち，人が何かを認知するためには，「認知の枠組み」としての全体像が先になければならず，そのコンテクスト（文脈）に沿って「部分」が意味付けされるとする。

レヴィンの有名な言葉に，「全体は部分の寄せ集め以上のものである」というものがある。つまり，全体は「認知の枠組み」として構成された形態であり，「部分の寄せ集めではなく，それらの総和以上の体制化された構造」（広辞苑）を持つというのである。

「場」・「状況」・「ゲシュタルト的全体」などの考え方は，集団と個人の関係についての多くの示唆を与えることになるが，このような新しい認知理論の影響の下で，レヴィンは，人の行動（Behavior）は，その人のパーソナリティ

(Personality) と環境 (Environment) の関数であると主張し，B = f(P, E) として定式化している。

2) リーダーシップ・スタイルの3類型

レヴィンは，リーダーシップに関しては，リーダーシップ・スタイルを(1)専制型 (authoritarian)，(2)民主型 (democratic)，(3)放任型 (laissez-faire) の3タイプに類型化して，その違いで作業実績と満足感がどう変化するかの研究に先鞭をつけた。

(1) 専制型

すべての意思決定をリーダーが行い，作業の指示を出すスタイルである。リーダーがいる場合には，業績は比較的高い。しかし，リーダーの姿が見えなくなると，仕事量は低下した。また集団メンバー内でいじめが多くみられた。

(2) 民主型

リーダーは意思決定に子供達を参加させ，子供達の意見を聞く民主的なスタイルである。リーダーがいるいないにかかわらず仕事量はまずまず高い。このスタイルは人気が高く，集団の雰囲気も良く，仕事の質についても一番高かった。

(3) 放任型

リーダーはなんら指示を出すことなく，子供達を放任する自由放任のスタイルである。メンバーの好感度はかなり高いが，作業量は低い。

レヴィンらの実験 ((Lewin, K., Lippit, R. and White, R., 1939) は，大人が

図表10-1

スタイル	作業の質	作業量	集団の雰囲気	メンバー好感度
民主型	◎	○	◎	◎ (20人中19人が好む)
専制型		○	× (いじめが多い)	
放任型				○ (10人中7人が好む)

出所：筆者作成。

リーダーとなり，子供たちに作業をさせるという簡単なものであった。しかし，リーダーシップのスタイルの違いが，子供たちの作業の質・作業量・集団の雰囲気・メンバーの好感度に違いを生み出すことが明らかとなった。

2　オハイオ州立大学研究

1940年半ばになると，「仕事志向」か「人間関係志向」のどちらのリーダーシップのスタイルが高い業績や従業員満足をもたらすかという問題意識で研究が行われるようになる。

研究チームは，リーダーの行動に関する調査を「質問票」を用いて大規模に行なったのであるが，この研究が嚆矢となり，「質問票」による調査方法がその後の研究で広く用いられるようになったと言われている（Yukl, p.105）。

調査結果の分析から，1,800にも及ぶリーダー行動が2つのカテゴリーに分類できることが判明した。1つは，「構造作り」（initiating structure）であり，他の1つは「他者への配慮」（consideration）である。

1）構造作り

「構造作り」のリーダーとは，「仕事志向」であり，組織目標達成に向けて部下の活動を指揮する行動をとるタイプである。

このタイプのリーダーの行動特性には，① 役割の定義と構造化・計画化，② 作業方法などの設計，③ 情報伝達・課業の割り当て，④ 期限の徹底・指示，などの経営管理を徹底させる行動が見られる。

2）他者への配慮

「他者への配慮」のリーダーは，部下に気を配り，部下のアイデアや感情を尊重し，相互信頼を大事にする行動をとるタイプである。

このタイプのリーダーの行動特性は，① 部下の感情への配慮，② 仕事の上での相互信頼，③ 双方向のコミュニケーション，④ 部下のアイデア尊重などといった人間関係を配慮するものである。

「構造作り」と「他者への配慮」のどちらもが効果的なリーダーシップと関係していることがわかった。「構造作り」は組織の生産性や業績と強く関わっており，また「他者への配慮」は部下の職務満足やモチベーション，あるいは上司への尊敬の念と関わることが明らかとなった。

調査結果から言えることは，「構造作り」と「他者への配慮」の両者は組織運営に不可欠の要素であり，どちらか一方の軸に偏ることは望ましいことではないということである。それゆえ，管理者のリーダーシップの要諦は，「構造作り」と「他者への配慮」の2軸の両方を重視し，それらをバランスさせることにある。

3　ミシガン大学研究

1949年，ミシガン大学のリカート（Rensis Likert）を中心とする社会調査研究所は，オハイオ州立大の研究と同様に，どのようなリーダーシップ・スタイルがグループの業績向上に結びつくかという問題意識のもとに，リーダーシップ・スタイルと生産性との関係性を解明するための調査を行なった。

1）　研究の概要

調査仮説は，リーダーの行動（リーダーシップ・スタイル）の違いで，従業員の仕事への取り組み（やる気）が変わり，その結果として業績が変化するというものであった。すなわち，リーダーシップ・スタイル（原因変数）→モラール（仲介変数）→業績（結果変数）という因果関係を調査するものであった。

リーダーシップ・スタイルとしては，仕事の生産的・技術的側面を重視する「生産志向（production centered)」と従業員への配慮など人間関係的側面を重視する「従業員志向（employee centered)」という2つの類型を用いて，どちらのリーダーシップ・スタイルが高い業績に結びつくかが調査された。

調査の結果，「生産志向」のリーダーシップよりも，「従業員志向」のリーダーシップの方が高い業績と結びつくことが明らかとなった。すなわち，従業員との接触時間を多く持って部下とのコミュニケーションをとり，部下の気持ちに配慮し，部下を意思決定に積極的に参加させる「従業員志向」のリーダーが高い業績を生み出しているとの結果を得たのである。

2）リカートのリーダーシップ・スタイルの類型

リカートは当時アメリカで行われていたリーダーシップ・スタイルを参考に，「システム1」から「システム4」の4つの管理スタイルを識別し，どの管理スタイルが優れているかを明らかにしようとした。

システム1からシステム4に分類されたリーダーシップ・スタイルの内容は以下である。

(1)　搾取的権威型（Exploitative Authoritative/ システム1）

従業員を信用・信頼せず，すべての決定がトップの独断による指示命令のスタイルである。部下との相互作用はほとんどなく，恐怖や脅しを多用する処罰による統制システムをとるリーダーである。

(2)　温情的権威型（Benevolent Authoritative/ システム2）

主人が召使いに向かうような温情を部下に示すが，決定はほぼトップが行うスタイルである。一部の管理プロセスを部下に委譲することもあるが，部下との相互作用はほとんどなく，基本的にはアメとムチによる管理スタイルをとるリーダーである。

(3)　相談型（Consultative System/ システム3）

従業員への信用・信頼はかなり高いが，重要な意思決定はトップ自らが行い，部下の意思決定への参加は低いレベルに限られる。しかし権限の委譲や上下間の意思疎通はある程度行われるので，部下の参加意識や責任感のレベルはそれなりに高い。

(4)　集団参加型（Participative System/ システム4）

リーダーは部下を完全に信用・信頼し，意思決定権限をトップに集中させることなく，権限が広く各部門に分散されている。情報の共有が組織全体に行われ，従業員は目標設定や職場改善，報酬の分配などで参加意識を持っている。

また責任を担うことでやる気を高め，緊密で友好的な人間関係が組織に醸成されている。

リカートはリーダーの管理スタイルと生産性との関係を確認するため，各種の組織に勤める数百人の管理者にインタビュー調査を行っている。調査では，「最も生産性の高い部門・組織がどのようなスタイルで運用されているか」，また逆に，「最も生産性の低い部門や組織がどのようなスタイルで運用されているか」を質問している。

その結果，生産性の高い部門のリーダー行動は，システム4（集団参加型）の管理スタイルに近似しており，生産性の低い部門の管理スタイルはシステム1（搾取的権威型）に近似していることが明らかとなった（Harsel, et al., pp.77-79）。

〈コラム〉参画型リーダーシップ

第二次世界大戦時における食料不足において，アメリカ国内で家畜の内臓の消費を促すことを目的とした実験がなされた。牛の内臓は普通の人の「食べないもの」であり，しかも「美味しくないもの」という先入観があった。この先入観を取り除き，主婦層の内臓消費を促すために2つの異なるアプローチで実験が行われた。

1つの主婦グループには，内臓の栄養価の観点からの講義が行われた。もう1つの主婦グループは食料不足の問題と関連付けての小グループでの討論を行わせた。

結果がどうだったかというと，「講義」方式では主婦の購買行動に変化を起こすことができなかった。しかし，主婦が主体的に討論に参加する「グループ討論」方式では内臓の消費拡大がみられたという（Orsborne, 2012, pp.221-222）。

集団参画型は，「チーム・ワーク」，「相互信頼」を特徴とするものであり，参加者のモチベーションを上げることが明らかとなった。

3) 効果的なリーダーの行動特性

リカート（Rikert, 1961, 1967）はミシガン大学研究の成果をまとめ，好業績集団の管理実践を一般化した。それによると，効果的なリーダーの行動特性は以下のようなものである（Yukl, pp.115-116）。

①部下との接触を重視し，時間をおしまない。

②部下との接触時間においては，部下の人間的要求や気持の理解に努める。

③意思決定に，部下を参加させる。

④恣意的決定を行なわない。

⑤部下に対して細かすぎる監督を行なわない。

4)　好業績組織の組織原則

リカートは，以下のような組織原則を守ることで好業績の組織を作ることが可能であると主張している。

⑴　支援的関係の原則（supportive behavior）

上司と部下との間に成立する支援的関係が重要である。この支援的関係を支えるのはコミュニケーションであるが，従業員の価値と重要性を高めるようなやり方で，管理者は従業員を取り扱うべきであるとする。

管理者の支援的行動としては，従業員を信頼・信用し，従業員の問題を理解し，手助けするといった活動が含まれる。また従業員と情報を共有し，親しみや配慮を持って従業員と接し，従業員のアイデアや貢献を積極的に評価し，従業員のあげた功績を素直に認める必要があるとする。

⑵　集団的管理（group method of supervision）

グループ・ミーティングを重視し，グループ単位での管理を行う。

グループメンバーが意思決定に参加することを容易にし，下方から上方へのコミュニケーション経路を確保することでコミュニケーションの質を改善し，協力関係を促進する。グループ内にコンフリクトが生じた場合には，その解決に全力を尽くす。

集団討議におけるリーダーの役割は，問題解決に向かって議論を導き，議論を敵対的でなく支援的で建設的なものとすることである。

⑶　高い業績目標の設定（high-performance goals）

図表 10-2　リカートの連結ピンモデル

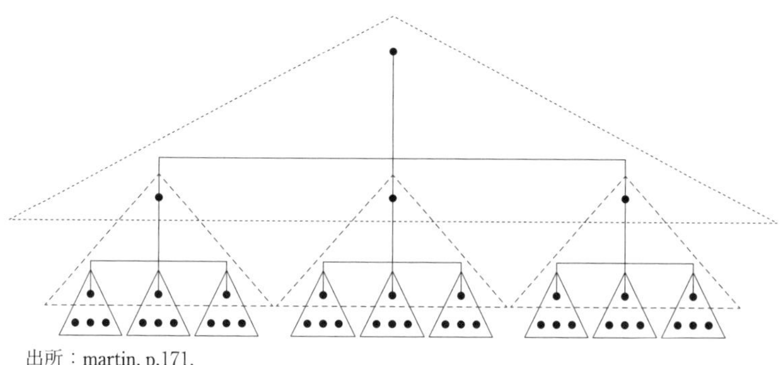

出所：martin, p.171.

集団的意思決定として重要な点は，業績目標に関しての基準である。

業績目標は，現実的な範囲で，高い業績目標の設定が望ましい。

(4)「連結ピン」機能（linking pin functions）

リカートは，「人間的資源は会社の最大の資産である」と主張している。組織を個人の集合というよりは集団の連結として捉えており，集団間の連絡機能を果たすのが，中間管理者である。中間管理者は，コミュニケーション・チャネルの核として各小集団をつなぐ連結ピン（linking-pin）であるとされる。

「連結ピン」である中間管理者は，一定の影響力を上位組織に対して行使し，自己グループの利害を代表して必要な資源や便益を獲得すると同時に，上位組織の指示命令を受け，情報を受け取り，各種の報告や連絡あるいは相談などの機能を果たす。

4　自然発生的に生じるリーダーの類型

ハーバード大学のベールズ（Robert Freed Bales, 1950）は，事前にリーダーを決めていない小集団討議の問題解決プロセスにおいて 2 種類の自然発生的リーダー（emergent leader）が登場することを発見した。

1)　課題志向リーダー（task leader）

集団討議の過程を観察すると，「課題」の達成に向けて集団をリードしようとする者がいる。これのようなタイプの者が，「課題志向リーダー」である。

2)　関係志向リーダー（socio-emotional leader）

一方で，人々の「感情」の動きを敏感に察知して場の雰囲気を和ませようとして行動する者がいる。このようなタイプの者が，「関係志向リーダー」である。

「仕事志向」か「人間関係志向」かのいずれが業績や従業員満足と関係するかが，当時の学界での問題意識であったが，ベールズの研究は組織内の人々の自然な反応として，組織の健全な運営のためには課題達成と人間関係の両方を追求する動きが自然発生的に生まれるという示唆を与えた。

要するに，効果的なリーダーであるためには，「課題志向」と「関係志向」の異なる２つのタイプのリーダー像を併せ持つ必要があるということである。

しかし，現実には，両方の志向性を兼ね備えた人物を見つけるのは容易なことではない。そこで，現実的な対応策としては，異なる人物が「課題志向」と「関係志向」のそれぞれの方向で役割分担するような組織的工夫が自然な発想として考えられる。

5　マネジェリアル・グリッド

ブレイクとムートン（Brake & Mouton, 1964）はオハイオ州立大の「仕事志向」と「人間関係志向」の２つの志向性を視覚化して，マネジェリアル・グリッドを描いて見せた。

マネジェリアル・グリッドは，１から９の指標で「仕事」重視の軸と，「人間関係」重視の軸の双方が交差するグリッド上に５つの管理スタイルを類型として表示している。

①　1.1 型

「仕事」と「人間関係」の双方を最低限しか配慮しないタイプである。「貧困

図表 10-3 マネジェリアル・グリッド

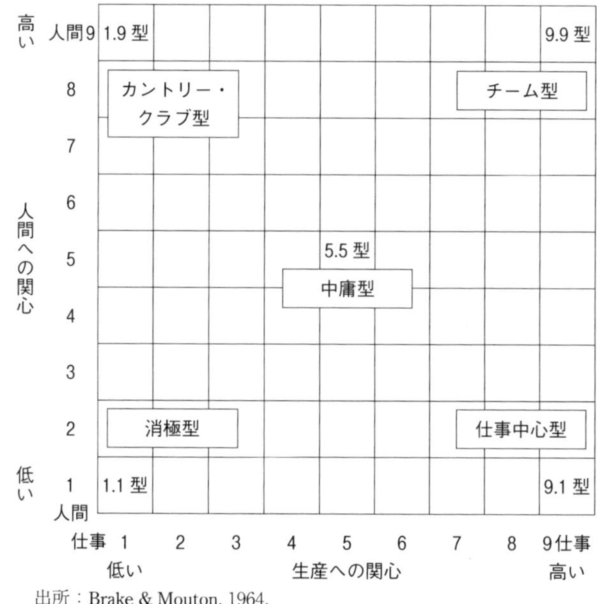

出所：Brake & Mouton, 1964.

なリーダーシップ」であり，「消極型」と呼ばれる。

② 1.9 型

「仕事」には配慮せず，「人間関係」のみを重視するタイプである。「人間中心型」または「カントリー・クラブ型」と呼ばれる。

③ 9.1 型

「人間関係」に配慮せず，「仕事」のみを重視するタイプである。「仕事中心型」または「生産要素型」と呼ばれる。

④ 5.5 型

「仕事」と「人間関係」とを普通程度にこなすタイプである。「中庸型」と呼ばれる。

⑤ 9.9 型

「仕事」と「人間関係」の両方を最大限に配慮するタイプであり，参画意識の高いメンバーの相互作用を通し信頼と尊敬が醸成されている。「チーム型」

または「統合型」と呼ばれる。

ブレイクとムートンは，「仕事に対する関心」と「人間に対する関心」という2つのリーダーの志向性の両方を考慮する「9・9型」を「チーム型」あるいは「統合型」と呼んで理想のリーダーシップ・スタイルであると結論づけている。

6　三隅二不二の PM 理論

組織においては，「課題達成」と「集団維持」の2つの機能をバランスさせることが重要であるが，そのどちらを重視するかは大きな管理スタイルの違いとなる。三隅（1966）はリーダー行動を「課題達成」重視の P 型（Performance）と「集団維持」重視の M 型（Maintenance）という2軸に分類し，「課題達成」か「集団維持」かの分類軸を用いて，リーダーシップ・スタイルを4つに類型化した。

「P 型」は，仕事での業績を志向するリーダーであり，「課題達成」のための目標設定とその遂行のための計画，諸規則，期限の設定などに関心をもつ。

これに対して，「M 型」は「集団維持」のために人間関係を重視するリー

図表 10-4

高い（M）↑ 集団維持志向 ↓ 低い（m）		
	M 型 目標達成よりも集団内の人間関係に気を配るリーダー	PM 型◎ 目標達成を強調しながら，人間関係にも気を配るリーダー
	pm 型 目標達成にも，人間関係にも消極的なリーダー	P 型 目標達成に重点をおき，人間関係にはあまり配慮しないリーダー
	低い（p）← 課題達成志向 → 高い（P）	

出所：三隅二不二，1978 一部修正。

ダーであり，メンバー間の葛藤を和らげ，個性や自主性を尊重しつつ，グループ内の相互協力関係を醸成することに関心をもつ。

P軸とM軸を交差させてできるマトリクスでは以下の4つの類型が識別されている。

①　P型

課題達成にしか関心がなく，人間関係への配慮が欠落しているリーダーである。

②　M型

人間関係にばかり気を使うが，課題達成への関心が欠落しているリーダーである。

③　pm型

課題達成への関心も人間関係に対する配慮も共に不足しているリーダーである。

④　PM型

課題達成と共に人間関係に対する配慮をも忘れない理想的なリーダーである。

三隅（1968）の調査では，以下のような結果が得られている。

作業量で見た場合では，作業量の多い順に，PM型，P型，M型，pm型の順となることがわかっている。これに対して，メンバーの満足感で見た場合には，満足感の高い順に，PM型，M型，P型，pm型の順であった。

部下の達成動機との関係では，従業員の達成動機が高い場合にはPM型がよく，従業員の達成動機が低い場合にはP型が良いとされている。

第 11 章

リーダーシップの状況理論および最新の理論

優秀だと言われるリーダーも，あらゆる場面で常に効果的なリーダーであるとは限らない。状況が異なれば無能なリーダーと揶揄されることになるかもしれない。

異なる状況には異なるリーダーシップ・スタイルがありうると考える方が歴史的事実とも整合的でもある。日本史においても戦国時代後期から江戸時代にわたる三英傑である織田信長，豊臣秀吉，徳川家康については，それぞれのリーダーシップ・スタイルの違いが句として伝えられている。

①鳴かぬなら殺してしまえ時鳥（信長）
②鳴かぬなら鳴かして見せる時鳥（秀吉）
③鳴かぬなら鳴くまで待とう時鳥（家康）

三者とも優れたリーダーであったことには間違いないが，それぞれのリーダーの置かれた時代状況は異なっていた。信長は戦国時代の真っ只中で自分に敵対する者は容赦なく殺戮し，天下統一をほぼ手中に納めるところまで戦い抜いた武将である。秀吉は信長に仕えた「人たらし」と呼ばれた人扱いの名手である。家康は幼少より織田家の人質として囚われの身を経験し，秀吉の死後まで待ってようやく天下を手に入れた知略の人である。

本章では，1970 年以降に登場する① フィードラーの「状況理論」，② ハウスの「パス・ゴール理論」，③ ハーシーとブランチャードの「SL 理論」などのリーダーシップの状況理論を取り上げる。

さらに，2000 年以降に登場するリーダーシップに関する最新の理論として，④ 変革型リーダーシップ論と ⑤ サーバント・リーダーシップ論を紹介する。

1　フィードラーの「状況理論」

1960年代に経営学において「コンティンジェンシー理論（contingency theory）」（あるいは「条件適用理論」）と呼ばれる実証科学を目指す一連の研究が脚光を浴びた。

従来の理論がどのような状況であれどこにでも通用する唯一最善のやり方（one best way）を求める「普遍理論」の方向を追求していたのに対して，コンティンジェンシー理論は，組織が直面している状況の違いにより，有効な管理のあり方が異なったものとなると主張した。

この研究手法は，経営学の新しい学問手法として広がりを見せ，環境・規模・生産技術などの状況の違いが組織構造と管理手法を決定づけるとする多くの研究業績を生み出した。

リーダーシップの分野にこのコンティンジェンジー理論の発想とその実証研究の手法で切り込んだのがフィードラー（Fred　Fiedler, 1967）である。フィードラーの「状況理論」を一言で表現すれば，「状況により有効なリーダーシップ・スタイルは異なる」と主張するものである。

1）　LPCスケール

フィードラーの研究は，リーダーを「仕事志向型リーダー（task oriented leader）」と「関係志向型リーダー（relationship oriented leader）」の２つのタイプに分けるための調査指標を考案するところから始まる。

彼が考案した指標は，LPCスケール（Least Preferred Co-Worker Scale）と呼ばれるもので，LPC測定は「最も好ましくない同僚」（Least Preferred Co-Worker）を選んでもらい，その人物についてリーダーが抱く感情からリーダーの志向性を測定しようとするものである。

以下の手順で質問票に答えてもらうことが行われた。

①　最初に，「最も好ましくない同僚（LPC：least preferred co-worker）」を選んでもらう。

② この「最も好ましくない同僚」(LPC) について，以下のようないくつかの質問をして，それぞれの質問について，1から8の8段階で得点化する。

質問内容は以下のようなものである。

「快い— 87654321 —不快」,「友好的— 87654321 —非友好的」,「拒否的— 12345678 —受容的」「役立つ— 87654321 —苛立つ」,「疎遠— 12345678 —親しい」,「喧嘩腰— 12345678 —協調的」,「冷たい— 12345678 —暖かい」,「協力的— 87654321 —非協力的」,「陰気— 12345678 —愉快」など。

⑴ 関係志向型リーダー

LPC 得点が高い者は,「最も好ましくない同僚」についても肯定的に評価しており，人間関係に配慮する傾向があると考えられる。このことからフィードラーは，LPC 得点が高い者を「人間関係指向型リーダー」に分類した。

⑵ 仕事志向型リーダー

LPC 得点の低い者は人間関係を気にせず仕事中心に振舞っているという意味で「仕事指向型リーダー」に分類した。

ここで少し注意が必要なのは，この調査では，約 16％の人が中間域に位置したため，どちらのグループにも分類されることなく研究対象から除外されていることである。

2) 環境状況

次に，フィードラーは，リーダーの置かれた環境状況の良し悪しを判定する指標として，以下の3つの次元を取り上げている。

⑴ 上司と部下との関係 (leader-member relationship)

リーダーが部下に信頼・尊敬されており，部下からの支援や忠誠心が期待できる場合は好ましい環境であり，逆の場合は好ましくない環境である。

⑵ タスク構造 (task structure)

仕事の割り当てが構造化されており，部下が何をどのようにすべきか理解している場合は好ましい環境であり，仕事内容が曖昧であり，部下が仕事をどのように進めるべきかについて理解していない場合は好ましくない環境である。

(3)　地位に関わる権力（position power）

採用・解雇・昇進・給与などでリーダーが公式的な権限を持っている場合は好ましい環境であり，権限を持たない場合は好ましくない環境である。

これら 3 次元の指標は，その組み合わせにより 8 段階に整理され，リーダーの「状況に対するコントロール度」とされた。

3)　「状況の違い」とリーダーシップ・スタイル

フィードラーの研究は，図表 11-1（Robbins, p.188）のように，リーダーの置かれた状況の違いにより，取るべきリーダーシップ・スタイルが異なるということを明らかにした。

フィードラーは，上司と部下との関係が良ければよいほど，職務の構造化が進み，また地位に関わる権力が強ければ強いほど，リーダーの統制力は大きくなると指摘する。

フィードラーの調査では，① 状況が「好ましい」（Ⅰ・Ⅱ・Ⅲ）か「好まし

図表 11-1　フィードラーのモデル

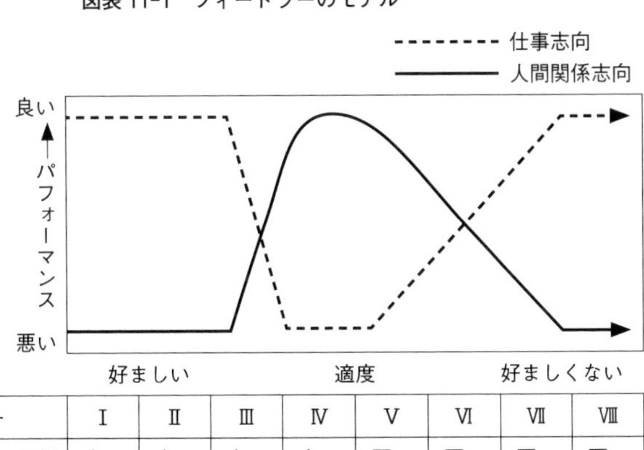

カテゴリー	Ⅰ	Ⅱ	Ⅲ	Ⅳ	Ⅴ	Ⅵ	Ⅶ	Ⅷ
リーダーと部下の関係	良い	良い	良い	良い	悪い	悪い	悪い	悪い
課業構造	高い	高い	低い	低い	高い	高い	低い	低い
地位権力	強い	弱い	強い	弱い	強い	弱い	強い	弱い

出所：Robbins, p.188 図より一部修正転載。

くない」（Ⅶ・Ⅷ）という両極の領域において，「仕事志向型リーダー」がより高い成果を出しており，② 状況が「中位」（Ⅳ・Ⅴ・Ⅵ）の場合には，「人間関係志向型リーダー」がより高い成果を挙げていることがわかった。

フィードラーの研究は，リーダーシップにおける状況要因の重要性を指摘した嚆矢として高く評価され，引用頻度も群を抜いている。

しかし，研究そのものに対する批判が皆無ということではない。

LPC スコアの測定方法についての批判は多い。さらにリーダーを仕事志向と人間関係志向のどちらか一方に分類するという一軸的発想に対しても批判がある。また実践面でリーダーの置かれた状況を分析する場合の問題点も指摘されている。すなわち，どれほど良好な上司と部下との関係を持っているか，どのように職務の構造化をするのか，さらに地位に関わる権限をどの程度持っているか，などの各次元を客観的に評価することは，必ずしも容易なことではないという批判である。

2　上司・部下の交換理論

フィードラーでは，効果的なリーダーシップを発揮するためには，環境状況の変化に応じて，「仕事志向」か「人間関係志向」に切り替えるべきことを示唆するのであるが，その場合，リーダーはすべての部下を同じように扱うという仮定が置かれていた。しかし，現実の組織を垣間見ると，リーダーがすべての部下を同じように扱っていることの方が少ないと言わざるを得ない。

次に紹介する理論は，ダンセロー（Dansereau, et al., 1975）により提唱されたものであり，リーダーシップをリーダーと一部の部下との緊密な相互作用のプロセスと捉えるものである。

1)　上司と部下との関係

この理論は，「上司・部下の交換理論」（Leader-Member Exchange Theory）あるいは「垂直的二者関連理論」（vertical dyad linkage theory）と呼ばれている。

この理論では，リーダーは部下との関係のあり方で部下に対する対応を変えているところに注目し，「上司と部下との関係」を状況要因として捉えているところに特色がある。

すなわち，リーダーシップを上司と部下との人間関係のあり方で変化するものと捉え，その関係の質が相互信頼・忠誠心・支持・尊敬・恩義の程度としてリーダーシップのあり方に反映されるとする。

2)　内部グループ

リーダーも人間であるから，信頼を寄せる部下を集め，組織内に内部グループ（in-group）を形成する傾向がある。一種の選抜チームと考えればわかりやすい。当然，内部グループでは情報交換が密になり，リーダーとの情報共有や部下の意思決定過程への参加も可能となる。しかし，その輪から外れた外部グループ（out-group）ではリーダーからの信頼がなく，リーダーの本音を含むインフォーマルな情報からは排除され，通り一遍の公式的情報しか得ることができなくなる。

リーダーがどういう人物を内部グループの一員とするかを確定することはできないが，一般的にはリーダーの気質や性格と波長の合う部下が選ばれる傾向があり，その部下の態度や志向性はリーダーと似ており，相対的に高い能力を持つ者である可能性が高い。

内部グループの部下には，多くの仕事上の便益やチャンスやリーダーによる支援が与えられることになる。内部グループに属する部下には，より面白い仕事や重要な責任が伴う仕事がまかされ，それが部下の仕事上でのスキルアップや自己啓発の機会ともなる。

これに対して，リーダーに疎まれた外部グループの部下には，それほどの資源配分や支援はおこなわれず，仕事上のチャンスも与えらない。

結果的に，内部グループのメンバーはより高い業績を上げ，満足感も高くなり，転職率なども低くなる。これに対して，外部グループのメンバーは低い業績となり，満足感も低く，離職率も高くなる。

3)　リーダーシップを発揮する前提

リーダーシップを発揮する前提として，上司と部下との相互作用が不可欠であり，上司と部下をつなぐ質の高いコミュニケーションの重要性は常に強調されてきた。

上司・部下の交換理論は上司・部下の間に築かれる「特別な関係」に注目するものであり，実践的な有効性を持つとも言われる。上司と部下との間に健全な相互作用が行われれば，職場が健全となり，生産性も上がり，組織全体が活性化する。

しかしながら，自分のお気に入りの部下を集めて内部グループを形成し，特定の部下のみを依怙贔屓すれば，公平性や正義の観点で問題とならざるを得ない。リーダーの姿勢としては，自分と気が合いそうな特定の部下とのみ関係を構築するという方向ではなく，それぞれの部下が持つ多様な個性や能力の違いを受け入れるような考え方が必要となる。

図表 11-2　上司・部下の交換理論

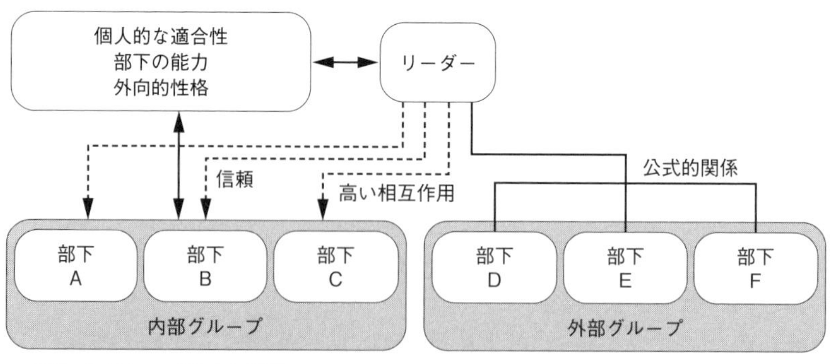

出所：Robbins, p.190 より転載。

3　パス・ゴール理論

1)　目標に至る道筋

ハウス（Robert House, 1971）は，管理者の仕事は部下が目的達成のための最善な道筋を選ぶように導くことであると主張するパス・ゴール理論（path-goal theory）を提唱した。

この理論では，管理者のリーダーシップの要諦は部下に適切な目標を示し，その目標に至る道筋（path）を示すことにあるとされる。すなわち，部下に目標を示し，部下がその目標を達成するのを手助けするのがリーダーの仕事である。管理者は部下が必要とする適切なサポートをしなければならず，部下の能力を補足し，その欠点を補うように振る舞う必要があることも強調されている。

ハウスによれば，① 部下の個人特性，② 仕事環境といった状況の違いにより，効果的な管理者のリーダーシップ・スタイルは異なるとする。

リーダーは部下の能力や状況に合わせて，最適なリーダーシップ・スタイルを選ばねばならない。リーダーの行動は，部下の業績，やる気，満足感に直接的な影響力をもつため，リーダーがすべきことは多い。リーダーは，部下に自分の能力に対する自信を持たせ，目標達成のための道筋を示し，目標達成後の

図表 11-3　パスーゴール理論

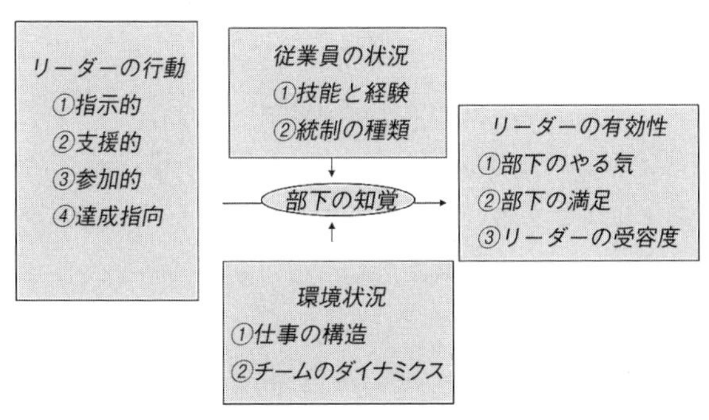

出所：Robert House, 1971.

報酬を明確にし，職務遂行上の障害を取り除き，最終的に，部下が個人的な満足感を得られるようにする必要がある。

2)　状況で異なるリーダーシップ・スタイル

ハウスの理論は，「従業員の状況」と「環境状況」に適合的な「リーダーシップ・スタイル」が選ばれるかどうかで，「リーダーの有効性」に差が出るというモデルである。

管理者は，理論図に示されたように「従業員の状況」と「環境状況」とを考慮して，4つのうちのどれかのリーダーシップ・スタイルを選択する必要がある。

(1)　指示型リーダー（directive leadership）

タスクが曖昧な場合に有効なリーダーシップ・スタイルである。仕事内容を明確に指示し，報酬に至る道筋を明確に示すことで，部下からより多くの努力を引き出し，満足感や業績も改善することができる。しかし，タスクがあまりに明確な場合には，部下はその指示を迷惑と感じ，不満足感につながる場合もある。

(2)　支援型リーダー（supportive leadership）

部下が自信を持っていない状況において有効なリーダーシップ・スタイルである。

部下が仕事で結果を出せるように支援し，部下に自信をつけさせる。ルーティーンな仕事に対して有効であり，部下の努力を引き出しやすく，部下の満足度も高くなる。

(3)　参加型リーダー（participative leadership）

部下に意思決定への参加意欲が認められるような状況において有効なリーダーシップのスタイルである。部下の欲求を明確化し，報酬を変化させることで，部下からより多くの努力を引き出し，満足感や業績を改善することができる。

(4)　達成志向型リーダー（achievement-oriented leadership）

仕事上の挑戦が欠けているような状況において有効なリーダーシップ・スタ

イルであり，挑戦的な目標を掲げることで，部下からより多くの努力を引き出せ，業績や満足感での改善が見られる。

4　状況対応理論 /SL 理論（(Situational Leadership Model)

ハーシーとブランチャード（Hersey, P. and K. Blanchard）の研究は，部下の学習準備度（成熟度）とリーダーシップ・スタイルの関係を見るものである。

図表 11-4 「能力とやる気」の有無と「リーダーシップ・スタイル」の関係

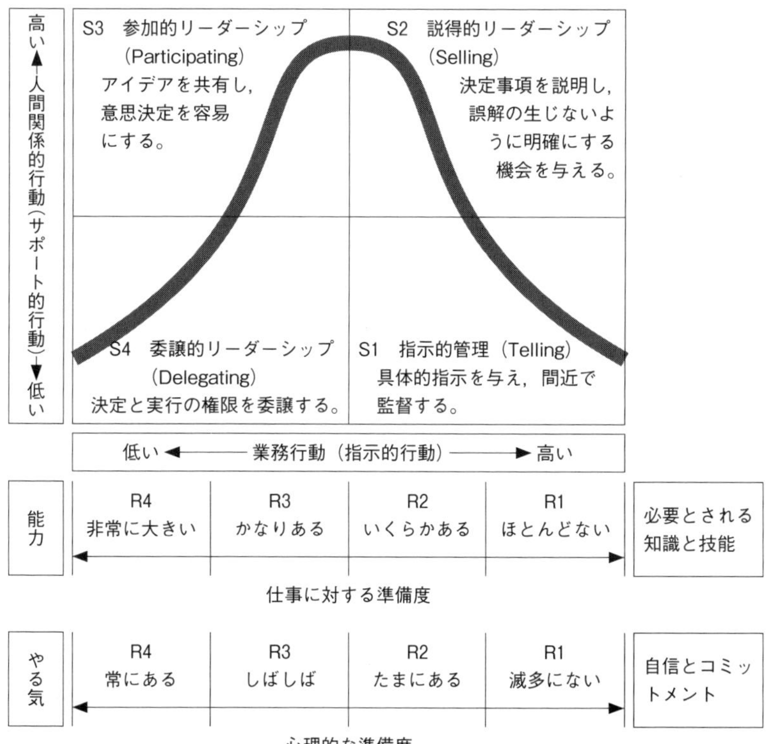

出所：Harsey, et al., p.136.

1)　部下の学習準備度

SL 理論（Situational Leadership）における状況は初期の理論モデルでは部下の成熟度（Maturity level）を 4 段階にわけて，部下の成熟度の程度とリーダーシップ・スタイルの適合関係をモデル化していた。その後，成熟度という用語が労働者を評価する言葉として適切ではないとの批判を受けて，仕事を遂行する能力と意欲に限定した用語としての学習準備性（Readiness）に変更されている。

学習準備性は，部下の「能力」と「やる気または自信」の組み合わせとして，学習準備性の低い者（R1）から高い者（R4）の 4 段階に分類されている。

(1)　R1

「能力がなく，やる気も自信ない」部下に対しては，指示的リーダーシップ・スタイルが有効となる。つまり，リーダーは，部下に対して具体的指示を出し，部下の仕事ぶりを間近で監督する。

この場合は，部下に対する一方的な指示・命令が主となり，リーダーが部下に協力を求め，サポートするという側面は低くなる。

(2)　R2

「能力はないが，やる気または自信がある」という部下に対する管理スタイルは，説得的リーダーシップ・スタイルとなる。

この場合，決定内容を部下にわかるように説明し，目標の明確化のための機会を提供するやり方が有効となる。リーダーは部下に仕事内容や手順について，的確な指示・命令を出すと共に，部下のやる気を削がぬように部下をサポートし，部下の気持ちに配慮した行動をとる必要がある。

(3)　R3

「能力はあるが，やる気や自信のない」部下に対しては，参加的なリーダーシップ・スタイルが有効であるとされる。

この場合，リーダーは指示・命令で部下を扱おうとするのではなく，仕事関連の情報をできる限り部下に提供し，意思決定そのものに部下を参加させることで，やる気を起こさせるようにする。

(4)　R4

「能力があり，やる気も自信ある」部下に対しては，委譲的リーダーシップ・スタイルが有効となる。

この場合，部下は有能であり，しかもやる気や自信に溢れているので，リーダーは指示・命令による一方的なスタイルを避け，部下を信頼し，仕事上で必要な意思決定と執行のための権限を部下に与え，部下に全てを任せるというリーダーシップ・スタイルが有効となる。

2)　優秀なリーダーの特性

状況適応理論においてリーダーに求められているのは，部下の状況を的確に判断し，状況に適合的なリーダーシップを発揮することである。優秀なリーダーであるためには，部下の能力とやる気や自信の有無を的確に判断し，その部下の学習準備性（成熟度）に見合ったリーダーシップ・スタイルを取る必要がある。

一般的に，優秀なリーダーは以下のような特性を持っていると考えられている。

⑴　探究心

部下の能力や動機を知ろうとする探究心を持っている。

⑵　感受性と診断能力

部下の能力や動機を理解し，解釈する感受性と診断能力を持っている。

⑶　柔軟性と幅広い技能

部下の能力や動機に対応できる柔軟性と幅広い技能を持っている。

5　取引型リーダーシップと変革型リーダーシップ

1980年以降になると，企業環境の急激な変化に伴い，バス（Bernard Bass）などにより組織変革を積極的に進める変革型リーダーシップ（transformational leadership）が取り上げられるようになる。

変革型リーダーは，伝統的な管理手法を踏襲するこれまでの取引型リーダーシップとは異質なものとして注目された。変革型リーダーシップを理解するために，まずは従来型の取引型リーダーシップというものがどのようなものであるのかを見ておくことにしよう。

1)　取引型リーダーシップ

取引型リーダーシップ（Transactional leadership）は，部下からの服従をアメとムチ（報酬と罰）を駆使して引き出すという伝統的な管理スタイルであり，企業環境が静態的である場合に効率性を発揮した。

取引型リーダーシップの管理スタイルの基本は，指示命令的なスタイルであり，部下との間での「ギブ&テイク」が念頭に置かれていた。すなわち，管理者は部下に対して，職務遂行の条件，適用される規則，成果に対する報酬，失敗の場合の懲罰などの説明を行い，部下は指示された通りの決められた仕事を遂行し，その見返りに報酬を受け取る。

取引型リーダーシップには，以下の３つのスタイルがある（Colquitt et al., pp.462-463）。

(1)　成果報酬による管理（contingent reward）

職務遂行に関わる事前の労使間の合意に基づき，成果に対して約束した報酬を支払う。

(2)　積極的な例外管理（active management by exception）

ミスや失敗に注意を払うとともに，規則・基準からの逸脱を監視する。

(3)　受身的な例外管理（passive management by exception）

ミスや失敗，あるいは規則や基準からの逸脱が実際に起きるまで何もしない。

取引型リーダーシップは環境状況が安定的で変化の少ない時代には，それなりに有効性を発揮していた。しかし，企業環境が急激に変化し，これまでとは異なる新しい試みが求められ，それへの対応のために組織の変革が不可欠になる状況において，時代遅れのリーダーシップ・スタイルと考えられるようになっている。

2)　変革型リーダーシップ

変革型リーダーシップは，環境変化が激しく，イノベーションが求められる時代に登場したリーダーシップ・スタイルである。組織環境が激変し，変革が不可避な状況で待望されるリーダー像である。

変革型リーダーは組織のミッションを再定義し，新しいビジョン，新しい企業価値を提示することで，組織変革を推し進めようとする。そして変革型リーダーは，組織に変革の息吹を吹き込むため，従業員自らが新しいミッション・ビジョン・企業価値の実現のために自律的に動くことを鼓舞する。その場合，変革型リーダーは，組織変革の必要性とともに従業員の個人的成長の機会にも言及し，高い道徳性を伴ったやる気に満ちた組織への転換を訴える。

変革型リーダーは，以下のような影響力を駆使して組織変革を実行する（Bass, 1990）。

(1)　理想に基づく影響力（idealized influence）

変革型リーダーは，理想を語ることで影響力を行使する。組織のミッションを語り，将来構想としてのビジョンを提示し，組織成員に使命感と誇りを与える。これらの活動を通して，リーダーは，部下からの尊敬と信頼と忠誠心を勝ち取る。

(2)　直感に基づく影響力（inspirational motivation）

変革型リーダーは，部下に対する高い期待を寄せ，部下の努力を結集するためシンボルを用いる。重要な目標をシンプルに表現し部下のモチベーションを高め，部下の期待・知覚・やる気を共通目的に向ける。

(3)　知的刺激（intellectual stimulation）

変革型リーダーは，知的刺激を組織に与え，合理的で注意深い問題解決を実践する。

(4)　個別的配慮（individualized consideration）

変革型リーダーは，各人に対して個別的配慮を行い，部下を個人として扱い，コーチないしアドバイザーとしての役割もこなす。部下の自立性や創意工夫を奨励し，挑戦的な仕事の面白さを教え，部下の強みと弱みを知った上で，成果に結び付く仕事の割り当てなどを通して革新的成果を目指す。

変革型リーダーにおいてはミッションを明確にし，ビジョンを語ることが特に重要である。変革型リーダーは，そのビジョンを実現すべく，より革新的・創造的であるように部下を鼓舞する。部下はリーダーのビジョンを共有することにより，努力を惜しまず働くようになる。結果として組織全体の生産性・モラール・満足感は高くなり，転職率・欠勤率も低くなる。

6　サーバント・リーダーシップ論

サーバント・リーダーシップ理論（servant leadership model）は，従来の常識を逆転したリーダー像である。リーダーのイメージを顧客や部下に奉仕する召使（servant）として描き出すものであり，部下のために奉仕することで部下からの敬意と愛情を受け取るというモデルである。

ロバート・グリーンリーフ（Robert K. Greenleaf, 1977）が提唱した理論であり，リーダーの役割をファシリテーター（能力を引き出す伴走者）ないしメンター（助言者）と考え，部下に対するコーチ・執事・進行係といった役割を果たすものとしてリーダーを規定した。

1)　顧客・部下に仕えるリーダー像

サーバント・リーダーの役割は，以下のようなものとなる。

⑴　部下の期待値を上げる

部下に対しての情報・支援・資源の提供などを通して，努力が成果につながるという部下の期待値を上げることで，モチベーションを高める役割を果たす。

⑵　コーチングとファシリテーション

部下への適切な助言を行なうコーチングや部下の能力を引き出す伴走者的活動であるファシリテーションを通して，部下の力を引き出す役割を果たす。

(3)　ビジョンによる組織改革

将来像，進むべき方向を示したビジョンを提示しながら，部下が主体的に歩み出せるように，コミュニケーションのあり方や管理システムといった組織の仕組みを整えていく役割を果たす。

2)　奉仕するリーダー

従来のリーダー像は，超然とした存在として振る舞い，部下に畏敬され，かしずかれ奉仕される君主のような存在であった。これに対して，リーダーが部下に召使いや執事のように使えるというサーバント・リーダーは，従来のリーダーシップ理論とは真逆のリーダーシップ理論である。

このようなリーダーと部下の役割が逆転したような主張は一見奇異に見えるものである。しかし，日本文化に深く影響を与えている仏教の中にも，上の者が下の者に奉仕するという発想が説かれている（中村, 183-193頁）。

釈迦の教えの中に，父母は子に奉仕し，子は父母を愛し，夫は妻に奉仕し，妻は夫を愛し，主人は奴僕に奉仕し，奴僕が主人を愛するというように，立場の上のものが下のものに奉仕することで，下からの愛情を受け取るということが言われており，これはサーバント・リーダーシップの発想とまったく同じである。「リーダーが部下に奉仕する」という発想はなにやら奇異な思想のようにも感じられるが，このような発想が原始仏教ですでに説かれているという事実は注目に値する。

3)　サーバント・リーダーの属性

NPOグリーンリーフ・センターの所長であったスピアズ（Larry C. Spears, 1998）はサーバント・リーダーの属性として以下の項目を指摘している。

(1)　傾聴（listening）

リーダーとしてのコミュニケーション力と意思決定力を強固なものとするために，部下の要求や欲求が何であるかを明確に知るために耳を傾ける。

(2)　共感（empathy）

他者の気持ちや情緒に共感するように全力で取り組む。

(3)　癒し（healing）

失敗や苦しみに直面している部下を癒すように努める。

(4)　気づき（awareness）

リーダーは，自身の強みと限界に気づくことで成長する。

(5)　説得（persuasion）

地位権限ではなく，説得によって部下が納得して動くようにする。

(6)　概念化（conceptualization）

日常業務と長期戦略を概念的に整理し，そのバランスを取る方向で，先見性のあるビジョンにもとづき経営するように努力する。

(7)　先見力（foresight）

未来の結果を予見する直感的能力を研ぎ澄ませる。

(8)　執事役（stewardship）

リーダーは，自らを部下の執事であり，社会により大きな利益をもたらすために組織を預かっていると考える。

(9)　人々の成長への関与（commitment to the growth of people）

部下が個人として，職業人として，また精神的に成長しうる環境を作り上げることに関与する。

(10)　コミュニティづくり（building community）

組織の内外に人々の生活の基盤としてのコミュニテーの感覚を作り出すように努める。

4)　資生堂の事例

企業におけるサーバント・リーダーシップの実践例は，米国ではサウスウエスト航空・スターバックス・チックフィレイ・P&Gなどいくつかあるが，日本では資生堂などで実践された。

資生堂では，池田守男が社長を務めた2001−2005年の間に，サーバント・リーダーシップが実践された。

「会社と従業員は組織やその長に“奉仕”するのではなく，お客様とその先にある社会に“奉仕”するものである」という精神に基づき，「お客様が一番

図表 11-5

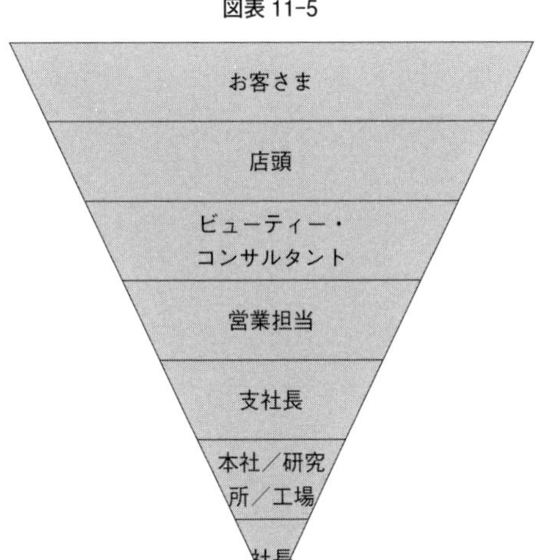

出所：池田・金井, 2007, 105頁。

上にいて，それを営業担当者が支え，それを本社がサポートし，最後に会社全体を社長が支える」という逆ピラミッドの発想をもって組織が運営された（池田・金井, 2007）。

会社の業務改善策としては，①美容部員の営業ノルマを撤廃，②顧客満足度に基づく人事評価などが行われ，「顧客を頂点とする逆ピラミッド」の組織図通りの経営実践が行われた。

答えがわからない時代のリーダーシップ論としてサーバント・リーダーシップというのは存在理由をもつと思われる。答えがわかっていると確信すれば，どんな手段を使っても他者を自分の考えている方向にもっていくことは「正しい」と思うようになる。

自己の完全性と不謬性を信じるリーダーは，強権的なリーダーとなり，反対者を抑圧することにもなる。これに対して，「答えのわからない時代」に謙虚に向かい合う姿勢をとれば，市場・顧客に耳を傾ける発想となるのは自然なことである。

第Ⅳ部

モチベーション理論

—やる気みなぎる組織はいかにして可能か—

組織を支えるのは人間である。「人をいかにやる気にさせるか」という問いかけは組織をめぐる一大関心事であり続けている。

「人は城，人は石垣，人は掘」と言ったのは戦国武将の武田信玄であるが，現代でも「組織は人なり」という表現をしばしば耳にする。組織の命運を左右するのは，結局のところ，人であり，その人々にやる気がみなぎっているかどうかである。

モチベーション理論（motivation）は「動機づけ理論」と訳されるが，人が物事を行う意欲，つまり人間の「やる気」についての研究である。語源的にはラテン語の movere（動く）の意味を含んだ motivum（動く理由）であり，これは行動を引き起こす理由や原因を意味する。

モチベーション理論には研究アプローチの違いにより内容理論（content theory）と過程理論（process theory）という２つの分類軸がある。

前者は「何がやる気を高めるのか」というやる気を高めるものの内容を明らかにしようとする研究であり，後者は「どのような過程でやる気が高まったり低くなったりするのか」のプロセスを研究するものである。

近年では，やる気を引き出すその方向性が「外的なものか」，あるいは「内的なものか」という方向性の違いによる分類軸でモチベーション理論を整理する議論が活発化している。すなわち，伝統的な「アメとムチ」によって外部からやる気を引き出す「外発的動機づけ」に対して，本人の興味関心などを自由に発揮させることでやる気が内部から自然に湧き上がる「内発的動機づけ」を区別するアプローチである。

以下では，モチベーション理論における「内容理論」・「過程理論」および「外発的動機づけ理論」・「内発的動機づけ理論」の主要な理論を取り上げる。

第12章

モチベーションの内容理論

内容理論（content theory）はモチベーションの原因となっている欲求内容を説明するモデルであり，欲求理論（need theory）とも呼ばれる。欲求理論は，「やる気は何により起こるのか」，「やる気のもとにある欲求がどのようなものか」を明らかにしようとする。

人の欲求はさまざまである。職場での勤労意欲について考えれば，古典的な組織論で考えられたインセンティブはアメとムチ，つまり「金銭的報酬」と「罰」の恐怖であった。その後，ホーソン実験を契機として，人間関係論が脚光をあびる中で，満足している労働者のやる気は高いとの仮説が主張され，労働者の満足感に関わる「職場の人間関係」，「他者からの賞賛」，「仕事それ自体」，さらには「人間的な成長の機会」がやる気の源泉となると主張された。

1　人間の欲求に関するモチベーション理論

1）　マズローの欲求階層理論

マズロー（Abraham Maslow, 1943）は欲求を5つの階層に区分する欲求階層理論（Needs Hierarchy Theory）で有名である。

マズローの研究は，人間の成長段階を問題とする発達心理学と軌を一にするものである。

彼は，刺激－反応型仮説に立つ動物実験中心のスキナー（Skinner, B. F.）の行動主義心理学や病的患者の臨床に基づくフロイト（Sigmund Freud）などの精神分析学を否定し，個人の欲求，願望，欲望，経験を人間の成長段階と関連づけようとした。

マズローは，病的な人間心理の研究からは病的な理論しか生まれないとの信念をもっており，アインシュタイン（Albert Einstein）やノーベル平和賞を女性で初めてを受賞したジェイン・アダムス（Jane Addams），あるいは大学で上位1%に属する優秀な学生などを主な研究対象として，独自の欲求理論を構築したのである。

マズロー（Maslow, 1943: 1954）が分類した5つの欲求は，以下のような階層をなしている。

⑴　生理的欲求（physiological　needs）

人間の生存に関わる食欲・性欲・睡眠に対する欲求である。

職場においては，衣食住の確保に関わる適切な賃金水準に対する欲求となる。

⑵　安全欲求（safety needs）

危険をさけ，保護を求める欲求である。

職場においては，職場の安全性や雇用の安定や保障を求める欲求となる。

⑶　社会的欲求（social needs）

人との交わりや他者との愛情交換の欲求である。

職場においては，同僚との親しい関係や集団への帰属を求める欲求となる。

⑷　尊敬欲求（esteem　needs）

人間としての自尊心を満たしたいという欲求であり，他者からの高い評価や尊敬を勝ち取りたいという欲求である。

職場においては，上司や同僚や部下からの承認や評価の局面であり，昇進などを通じて，自分の重要感を満足させたいという欲求となる。

⑸　自己実現欲求（self-actualization）

自己の才能や能力の完全なる発揮と潜在能力の開発を通して，人間的成長などを求める欲求である。

職場においては，やりがいのある挑戦的職務を通して，達成感や有能感そして人間的な成長を求める欲求となる。

図表 12-1　マズローの欲求階層

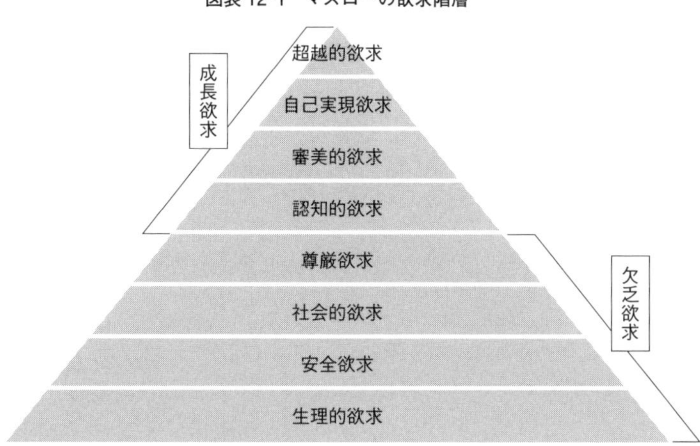

出所：The Psychology Book（2012, p.139）より。

マズロー（Maslow, 1971）は，その後の研究では，拡張型の欲求段階モデルを提唱するようになっている。

すなわち，自己実現以下のこれまでの4つの階層を欠乏欲求（deficiency needs）と位置付けて，従来の自己実現欲求をさらに4つの階層に細分化して，それらを成長欲求（growth needs）と呼んでいる。

新たに付け加えられた成長欲求の階層は以下のようになっている。

①認知的欲求（Cognitive needs）

知識・理解・好奇心・探求・意味付けや予測の欲求である。

②審美的欲求（Aesthetic needs）

美・バランス・形態の鑑賞や探索の欲求である。

③自己実現欲求（Self-Actualization needs）

個人の潜在能力の認識・自己の開花・個人的成長や頂上体験を求める欲求である。

④超越的欲求（Transcendence needs）

自我の領域を超えて，他者が自己実現をできるように手助けすることを求める欲求である。

彼の初期理論は下位のより優勢な欲求が人の意識を独占し，その欲求を満足させない限り，より高次の欲求段階へは進めないとも読み取れるものとなっている。ただし，マズロー自身は，異なるレベルの欲求がいつでも起こりうる可能性があることには気づいていた。しかし，特定の欲求が強く人間を支配するという考え方を主眼に置いて，あのような階層構造による理論構成を行なったのである。

マズローの仮説は非常に分かりやすいこともあり，検証されることなく人々に受け入れられた。

その後に続くモチベーション理論，たとえばマグレガーのX理論・Y理論などにも多大な影響を与えたとされる。ただし，マズロー自身は，自身の研究を客観的に見ており，「私が仮説と考えている理論を，さまざまな立場の熱狂的な人々が疑いなく受け入れていることに，少々不安を感じている」という言葉を残している。

2)　アルダーファのERG理論

アルダーファ（Clayton Alderfer, 1972）はマズローの欲求段階理論を修正し，人間に本源的な欲求を(1)生存欲求，(2)関係欲求，(3)成長欲求の3つに大別し，より本能に近い欲求の順に階層構造をなすと考えた。

マズローとの違いは，人間の欲求は低い欲求から高いレベルの欲求に向かう一方向の動きではないことを主張した点にある。すなわち，異なるレベルの欲求が同時に並存することも，また欲求レベルが後退することもあり得ると考えたのである。

(1)　生存欲求（Existence needs）

人間の基本的な生存条件に対する欲求であり，マズローのモデルでいえば，生理的欲求と安全欲求に対応している。

(2)　関係欲求（Relatedness needs）

重要な個人的関係を維持したいという欲求であり，マズローのモデルでいえば，愛情や所属に関わる社会的欲求や他者からの尊敬などを求める尊厳欲求に対応している。

⑶　成長欲求（Growth needs）

個人としての人間的成長などの内的欲求であり，マズローのモデルでいえば，自己実現の欲求に対応している。

アルダーファによれば，高次の欲求が満たされないとき，人は下位の欲求充足への努力を倍加させるという。

例えば，関係欲求が満たされない時には，生存欲求が強くなり，成長欲求が満たされない時には，関係欲求が強くなるという具合である（Tosi et al., p.132）。

成長欲求の強い人も，つねに成長欲求だけで行動しているわけではない。時に，生存欲求や関係欲求への関心を高めたりする。われわれは，その時々で充足可能な欲求を求めて行動するような存在であると考えられている。

3)　マクレランドの達成欲求理論

マクレランド（David McClelland, 1951, 1961）は，欲求を階層化するのではなく，人により求める欲求が異なると主張した。

マクレランドは，従業員が求めている欲求を充足させることで職場のモチベーションを高めることができると主張したが，さらにモチベーションの有無が，従業員の職場での成功を予測する最善の指標となるとも考えた。

マクレランドは，広範な調査を行い，仕事上の成果に関わる以下の3つの欲求を明らかにした。

⑴　達成欲求（need for achievement）

何かをよりよく行うとか，問題を解決するとか，複雑な課題に習熟するといった欲求である。

達成欲求の強い人は，挑戦的な目標を立て，自らの努力でそれを達成しようとする。また，目標達成のため，ある程度のリスクをとることを厭わず，進捗度や達成度についての明確なフィードバックを受け取るのを好む。またチームで働くよりは，1人で仕事をするのを好む傾向がある。

(2)　親和欲求（need for affiliation）

他者との友好的で暖かい関係を築き，他者からの承認を得ようとする欲求である。

親和欲求の強い人は，グループに属するのを好み，他者の期待に応え，人に好かれたいと考える。グループ内での対立や摩擦を避け，グループのすることはなんであれ，それに従う。競争よりも協調を好むが，高いリスクや不確実性は好まない。

(3)　権力欲求（need for power）

他者に影響を与え，他者をコントロールしようとする欲求である。

権力欲求の強い人は，他者を支配し統制し，影響力を行使したいと考えている。議論で勝つのが好きであり，競争し，勝利するのを楽しむ。またステイタスのある地位や人からの承認を欲しがる。

マクレランドは，人によって欲求性向が異なると考えたが，では，人が持つ異なる欲求性向をどのように知ることができるのだろうか。

マクレランドによれば，質問票や面接で人々が表明する欲求については，それを額面どおりに受け取ることはできないという。なぜなら，モチベーションは大部分が無意識の領域に埋め込まれており，各人の欲求性向を知るには，無意識の領域に踏み込む必要があるためである。では無意識の領域に存在する各人の欲求をどうすれば知ることができるのだろうか。

マクレランドは人の欲求性向を調べる方法として，1930年代にマレー（Murray, H.）とモーガン（Morgan, C.）が考案した自己投影テスト法（Thematic Apperception Test）を用いる。

このテストは，被験者に1枚の写真を見せ，それがどのような状況かを説明させるものである。このテスト法では，被験者の語る物語の中に，被験者の隠された能力と真の動機が投影されていると考えられている。たとえば，「1人の男が職場の椅子に座り，デスクの上の家族写真を見つめている」といった写真を見せ，その語られた内容を分析するのである。

この写真を3人の経営者に見せたところ，異なる説明が返ってきた（Wood

et al., pp.139-140)。

1人目は，写真の男をエンジニアであると言い，家族旅行に思いを馳せて白昼夢にふけっているところだと説明をした。

2人目は，写真の男はデザイナーであると言い，家族の発言から新商品のデザインのアイデアを思いついたところだと説明をした。

3人目は，写真の男をエンジニアであると言い，難しい問題に熱心に取り組んでいるところだが，その男の「自信にみちた眼差し」から判断して，必ずやり遂げられると考えているようだと説明をした。

このように三者三様の説明が出てきたわけであるが，マクレランドは3人の経営者の達成欲求については，1人目を+1，2人目を+2，そして3人目を+4と評価できるとした。親和欲求と権力欲求に関しても同様の評価を行うことで，個人の欲求性向が総合的に把握できるとする。いずれにしろ，人は自分の関心や強調したい感情を投影して写真を説明する傾向があり，その関心や感情はその人の経験により獲得された後天的な欲求であるとマクレランドは主張している。

マクレランドの手法は，心理学テストの産業界への導入の先駆けであり，企業の採用人事にも使用され一時期は大きな影響力を持っていた。

マクレランドによれば，管理者に向いている人は親和欲求よりも権力欲求が強い傾向があり，さらに達成欲求の強い人はより質の高い仕事をするとされた。また親和欲求は同僚との良好なコミュニケーションに不可欠であり，チームとして動くのに役立つとされた。

いずれにしろ，管理者は，従業員が異なる欲求性向を持つものであることを正しく理解し，個々の従業員の持つ個別の欲求に配慮すべきであるとマクレランドは主張したのである。

その後の研究で，マクレランドは，第四の欲求として「回避欲求（need for avoidance)」というものも追加している。これは，失敗や困難な状況を回避しようとする欲求であると説明されている。

2　人間観に関するモチベーション理論

1)　マグレガーのX理論・Y理論

マグレガー（Douglas McGregor, 1960）は，組織を構成するものは人間であり，人間をどのように捉えるかで，組織の運用方式はまったく異なったものとなると主張した。

人を見るに性悪説と性善説という2つの見方が知られているが，マグレガーは，管理者がこの2つの人間観のいずれかに立って，従業員を扱っていると指摘し，それぞれの管理思想をX理論・Y理論と名付けた。

（1）X理論

X理論は，性悪説に立つ考え方であり，以下の仮説に立つ（McGregor, 訳38-39頁）。

① 普通の人間は生来仕事が嫌いで，なろうことなら仕事はしたくないと思っている。

② この仕事は嫌いだという人間の特性があるために，たいていの人間は，強制されたり，統制されたり，命令されたり，処罰するぞと脅かされたりしなければ，企業目標を達成するために十分な力を出さないものである。

③ 普通の人間は命令される方が好きで，責任を回避したがり，あまり野心をもたず，なによりも安全を望んでいる。

マグレガーのX理論はマズローの欲求段階説で言えば，最下位の生理的要求や安全欲求のレベルでのモチベーションに働きかけようとする手法であると言える。

X理論にしたがう管理論では，仕事の単純化・細分化を行い，労働者には仕事での裁量権を与えず，上からの命令を徹底し，金銭的報酬と厳格な処罰で統制する管理スタイルが選択されることになる。この場合，労働者はあたかもアメとムチでしか動かすことのできない下等動物のような存在として認識されている。

(2) Y理論

Y理論は，性善説の立場に立つ考え方であり，以下の仮説に立つ(McGregor, 訳54-55頁)。

① 仕事で心身を使うのはごくあたりまえのことであり，遊びや休憩の場合と変わりはない。

② 外から統制したり脅かしたりしたりすることだけが，企業目標達成に努力させる手段ではない。人は自分が進んで身を委ねた目標のためには，自ら自分にムチ打って働くものである。

③ 献身的に目標達成に尽くすかどうかは，それを達成して得る報酬次第である。

④ 普通の人間は条件次第で責任を取ろうとするばかりか，自ら進んで責任をとろうとする。

⑤ 企業内の問題を解決しようと比較的高度の想像力を駆使し，手練をつくし，創意工夫をこらす能力は，たいていの人に備わっているものであり，一部の人だけのものではない。

⑥ 企業においては，日常，従業員の知的能力はほんの一部しか生かされていない。

Y理論による管理法は，マズローの欲求階層で言えば，より高次の承認欲求や尊厳の欲求あるいは自己実現の欲求を満たすそうとするものである。Y理論による管理スタイルは，従業員に仕事上での裁量権を与え，従業員が自己統制を行い，責任を持って自発的に仕事に取り組めるようにするものである。

マグレガーのY理論は「組織ヒューマニズム」の実践として産業界にも受け入れられた

例えば，シアーズ・ローバック社の「目標による管理(management by objectives)」，IBM社やデトロイト・エジソン社の「職務拡大(job enlargement)」，ゼネラル・ミルズ社やGE社の「従業員の意思決定プロセスへの参加と自己評価」といった新しい管理手法として展開された(Latham, 訳74頁)。

2)　アージリスの成熟・未成熟理論

アージリス（Chris Argiris, 1957）は，人間の個性（personality）を重視する。人間の個性を形成するのは，各人のもつ①欲求②エネルギー③能力である。人はそれぞれ異なる個性を持つが，その欲求する内容は人間としての成熟度で変化してゆくとアージリスは考えている。

(1)　人間の成長段階

アージリス（Argyris, 1957, 訳87-92頁）によれば，人間は未熟な段階から成熟段階へと成長するという一般的発達傾向があり，それぞれの成長段階の行動パターンには違いがあるという。そして，未成熟段階から成熟段階に移行するにつれて，人間行動には以下のような変化が見られるという。

①受動的行動から能動的行動へ
②他人依存の状態から相対的自立状態へ
③少ない行動パターンから多様な行動パターンへ
④移り気でその場限りの浅い興味から複雑で深い興味へ
⑤行動の短期的視野から行動の長期的視野へ
⑥従属的地位の甘受から同等または優越的地位へ
⑦自己意識の欠如から自己意識の発達と自己の統制

(2)　成熟度に見合った管理スタイル

管理者は従業員の成長段階を理解し，各人の成熟度に見合った管理スタイルへと切り替えることで，従業員のやる気を引き出すことが可能だというのがアージリスの主張である。

しかし，組織の現実は，従業員の成熟度にまったく配慮することなく，従業員の仕事に対する態度を無感動・無関心な状態に貶めているというのがアージリスの批判であった。

アージリスが批判した職場環境を特徴づけるものは，以下のようなものである（Argyris, 1957, 訳110頁）。

①自己統制の欠如
②受身・依存的・従属的態度

③短期の展望

④表面的な浅い能力の使用

⑤心理的失敗となる条件下での作業

このような職場環境では，幼児のような未成熟な行動パターンしか要請されず，成熟した従業員のやる気を無くさせているとアージリスはいうのである。

成熟した従業員であればあるほど，自己の能力や職場の状況を主体的に認識し，「自己統制」と「自己責任」の原則で物事に積極的に取り組みたいと思うものである。しかし，現実の職場環境は，従業員の個性を無視し，受動的態度を求めるばかりである。

従業員のモチベーションを上げるための解決策としてのアージリスの提言は，まず，従業員の成長の阻害要因となっている組織原則を見直すことである。それらの組織原則は，① 仕事の専門化 ② 命令の連鎖 ③ 指揮の統一 ④ 統制範囲などである。そして，指示的・独裁的リーダーシップ・スタイルから民主的・参加的な従業員中心のリーダーシップ・スタイルへと移行すること，さらには「職務拡大（job enlargement）」・「職務充実（job enrichment）」などの職務再設計に取り組むことの必要性を指摘している。

3　仕事の性質に関わるモチベーション理論

1)　ハーズバーグの動機づけ―衛生理論

(1)　人間のモチベーションの源泉

ハーズバーグ（Frederik Herzberg, 1959, 1966）が提唱したモチベーション理論は，「動機づけ―衛生理論（Motivator-Hygiene Theory）」あるいは「2要因理論（Two factor theory）」と呼ばれる。

彼は，人を動かすモチベーションの源泉には2つの異なる欲求があるとした。

1つは，「不快を回避する欲求」であり，これは「生命の喪失，飢え，痛み，性的欠乏などの回避」のための行動に繋がる。

これに対して，他の1つは，「精神的に成長し自己実現を求める欲求」であり，これは「継続的な精神的成長によって自らの潜在能力を現実化しようとする衝動」であると説明される。

(2)　衛生要因と動機づけ要因

ハーズバーグは「不快を回避する欲求」に関わる要因を衛生要因（hygiene factor）と名付け，以下を挙げた。

①会社の政策と経営

②監督技術

③給与

④上司との対人関係

⑤作業条件

また，「精神的に成長し自己実現を求める欲求」に関わる要因を「動機づけ要因（Motivator）」と名付け，以下を挙げている。

①達成

②承認

③仕事それ自体

④責任

⑤昇進

ここでハーズバーグは，以下の発見をする。

① 「不快を回避する欲求」に関して，これをいかに充足しても，人間は不満足感が減少するだけで，なんら積極的満足感（やる気）を増加させることはない。

② 「精神的に成長し自己実現を求める欲求」に関しては，これを十分に充足すれば積極的満足感（やる気）を高めることができるが，たとえこの欲求を充足できなくても，必ずしも不満足感が高まるわけではない。

「衛生」という用語には，病気を予防し，病気にならないように清潔な状態を保つといった意味があるが，いくら衛生状態を良くしても，それが直接的に頑強な肉体や健康体を作ることまでは意味していない。つまり，衛生要因は不満の原因とはなっても，積極的満足感（やる気）を生み出す源泉にはならないのである。不満の解消は，「不満のない状態」にすぎず，「積極的満足感」に満たされた「やる気」のある状態とは違うというのである。

では「積極的満足感」（やる気）をもたらすものは何か。それは「達成」・「承認」・「仕事それ自体」・「責任」・「昇進」などの仕事に関わる要因であるというのがハーズバーグの主張である。

また，「動機づけ要因」は，積極的満足感（やる気）の源泉であるのだが，この欲求が満たされない場合は，積極的満足感（やる気）を感じられないだけで，それが直接的に不満足感に結びつくことにはならないのである。

ハーズバーグの主張は，従来のモチベーション理論が積極的満足感（やる気）と不満足感を一軸の線上の両極にあると考えていたのに対して，積極的満足感（やる気）に関わる「動機づけ要因」と不満足感に関わる「衛生要因」という2軸で考える発想への転換を迫るものであった。

(3)　仮説の検証

ハーズバーグは自身の理論を検証するために，約200人の技師と会計士との面接を行なっている。

面接では，「どのような時，仕事について積極的満足感や不満足感を味わうか」を調査し，自らの理論仮説の検証を行っている。

その結果を表にしたのが，下の図であり，「動機づけ要因（満足要因）」と「衛生要因（不満足要因）」を識別できる。

ハーズバーグの仮説を検証しようとした研究が，ローレンス（Lawrence, P. R.）とターナー（Turner, A）によって行われている。彼らが行なった調査では，ハーズバーグの仮説は実証できなかった。

その理由については，調査対象がブルーカラーの労働者であったことが原因とされた。対象となったブルーカラーの労働者は，給与や労働条件を重視し，そこから満足を得る傾向が強く，仕事自体の内容によっては動機づけられていなかったからである。すなわち，ハーズバーグの調査対象であった会計士などホワイトカラーは仕事を生きがいとする傾向があったのに対して，ブルーカ

図表 12-2　満足要因と不満足要因の比較

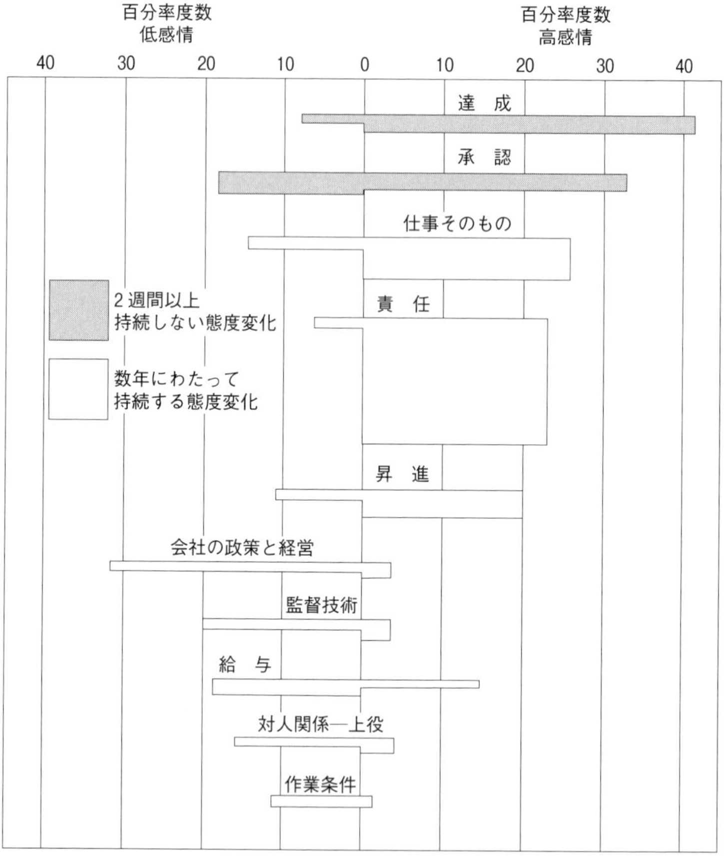

百分率度数
低感情

百分率度数
高感情

40　30　20　10　0　10　20　30　40

達　成

承　認

仕事そのもの

責　任

昇　進

会社の政策と経営

監督技術

給　与

対人関係―上役

作業条件

2週間以上
持続しない態度変化

数年にわたって
持続する態度変化

出所：Herzberg, 1966, 訳 86 頁。

ラーの労働者は仕事に生きがいを求めることはなく，仕事を離れた場所に生きがいを求める人々が多くいるということが確認された。

〈コラム〉やればできる！

「心のあり方」，つまり「マインドセット」で人生は決まるとする研究がある（Dweck, 2007）。

自分の能力は「固定されている」と考えるか，「努力によって伸ばすことができる」と考えるかで人生が異なったものとなるという。

マインドセットがしなやかな人は，自分のやっていることを愛し，困難にぶつかっても努力を続けるという。また，結果を気にせず，今，力を注いでいることそれ自体に意義を見出す人である（Dweck, 訳 76 頁）。しなやかなマインドセットの持ち主は，努力を続けるモチベーションを持っているといえる。

そのような人は努力することをやめず，その結果，その努力はやがて実を結ぶ。「才能は伸ばせると信じていると潜在能力が最大限に発揮される」（Dweck, 訳 75 頁）からでもある。

「褒めて伸ばすという方式が注目されているが，才能や結果を褒めるのではなく，努力を褒めることが大切である」と著者はいう。

第 13 章

モチベーションの過程理論

前章でみた内容理論（content theory）は，「何によって人は動機づけられるか」，すなわち「どのような欲求がやる気を起こすか」という動機づけの内容を問題にしたのに対して，過程理論（process theory）は「どのような過程を経て人は動機づけられるか」という動機づけが行われるプロセスを問題とする。すなわち，人がやる気を起こしたり，やる気を失くしたりする心理的メカニズムを明らかにしようとする研究である。

1　動因理論

1）　動因低減理論

動因低減理論（Drive Reduction Theory）は実験心理学者であるハル（Clark Hull, 1943）が提唱した理論である。この理論の基本仮説は，人間を含めた動物は生物的必要から生じる欲求を満たそうとして活動を開始するというものである。

ハルはこの欲求を動因（drive）と呼び，欲求が満たされるまで活動へのモチベーションは持続されると考えた。欲求は一種の欠乏状態であり，定常状態からのズレである。生命体は定常状態を保とうとするホメオスタシス（homeostasis）の原理をもっており，生物はその定常状態からのズレを解消すべく行動するというのである。それゆえ，定常状態からのズレが大きければ大きいほど動因は強力となる。

例えば，動物は空腹という動因が高まると餌を求めて活動が活発化し，満腹になれば動因は低下し，獲物を探す活動をやめる。

ハルの理論モデルでは，行動＝f（動因×習慣）として定式化されている。すなわち，「行動」は生物的必要から起きる欲求である「動因」と過去の経験や学習の結果としての「習慣」の関数であるとされている。

2)　4動因理論（four-drive theory）

ハルの理論モデルは動因を生理的な欲求と強く関連づけていた。しかし，人間は生理的な欲求以外にもさまざまの社会的欲求を持っている。ローレンスとノリア（Paul Lawrence, and Nitin Nohria, 2002）は，人間を突き動かす4つの欲求を識別し，4動因理論（four-drive theory）を提唱している。

この理論も動因低減理論の1つであり，個人が感じている動因を低減しようとする力がモチベーションの強さであると説明する。

⑴　獲得欲求（drive to acquire）

物質や個人的な経験を得ようとする欲求である。人間の欲求は単に生理的なものではなく，他者よりも多くを獲得することで優位に立ちたいというような社会的側面を持つため，飽くなき獲得欲求となりがちである。

⑵　結束欲求（drive to bond）

他者との関係を形成し，互いに気遣う深い交わりをしたいという欲求である。

⑶　学習欲求（drive to learn）

自分自身や身の周りのことを知り，理解することで好奇心を満たしたいという欲求である。

⑷　防御欲求（drive to defend）

物理的ないし社会的に自分を守ろうとする欲求である。

これら4つの欲求は人類に生得的で普遍的であるとされる。しかも，これらの欲求は段階的なものではなく，並存するものであり，それぞれの欲求に優劣はつけられていない。すなわち人間の行動は4つの動因の複合的にからみあったものであると説明され，どの欲求を強く持つかは個人差として表現され，それは個人の過去の経験や学習により形成されるとする（p.141）。

2　強化理論

強化理論（Reinforcement Theory）は，スキナー（B. F. Skinner）により提唱されたオペラント条件付けの心理学に基づく学習理論を基礎とするモチベーション理論である。

1)　学習に関する理論的基礎

学習に関する理論的基礎には，大きく以下の３つの考え方がある。

(1)　反射

第１は，人類の進化の過程で学習したと考えられる反射（reflex）と呼ばれるような遺伝的ないし生得的な学習反応である。たとえば，瞳に光が当たると瞳孔が狭まる「瞳孔反射」や赤ちゃんの手のひらに触ると握り返す「把握反射」などがある。

(2)　古典的条件付け

第２は，古典的条件付け（classical conditioning）と呼ばれる刺激－反応型の学習理論がある。

これは「パブロフの犬」の実験として知られているものである。食べ物を見ると唾液が出るというのは生理的な反射であるが，犬にエサを与えるときに，ベルの音を聞かせてエサを与え続けると，犬はベルの音だけでエサがなくとも唾液を出すようになる。本来は唾液とは無関係なベルの音で唾液が出るように行動を変化させることができるのである。

パブロフ（Ivan P. Pavlov）は，特定の刺激（メトロノーム・ベル・ブザー・光・笛）により，特定の反応（唾液）を生み出すよう動物を条件づけることができるということを実験で証明してみせた。

(3)　オペラント条件付け

第３は，ロシアの生理学者スキナー（B. F. Skinner）のオペラント条件付け（operant conditioning）と呼ばれる学習理論である。

スキナーはパブロフの刺激－反応型の学習理論の解釈に異を唱え，刺激そのものによるのではなく，環境に対するある種の「操作（オペラント）」によって，望ましい結果が得られるということを学習することで，反復的行動が形成されるとする理論を展開した。

鳩を使った実験では，レバーを押すとエサが出るという報酬によって，またネズミの実験では電流という罰から逃れるための反応として，特定の行動が学習されることを実証している。

2)　強化理論の基本仮設

強化理論は，「刺激に対する反応で，満足をもたらしたものは繰り返され，不快をもたらすものは消え去る」と主張したソーンダイク（Thorndike, E. L, 1911）の「効果の法則（law of effect）」を踏襲するものであり，スキナーのオペラント条件付けの学習理論に基礎を置くものである。

「動物は肯定的な結果を記憶し，否定的なものは忘れる」とするソーンダイクの発想を発展させ，「行動が反復されるかどうかは，過去の行動が報われた程度に依存する」という仮説に基づくモチベーション論を展開した。

強化理論は，以下の4つの考え方から成立している。

①行動が反復されるかどうかは過去の行動が報われた程度に依存する。

②報酬を与えることで特定の行動が強化される。

③報酬を与える，与えていた報酬を与えなくする，もしくはその与え方やタイミングを変えるなどによって，モチベーションは変化する。

④報酬が有効でない場合には，報酬の代わりに罰を与える。

3)　強化理論の手法

強化には，次の4つの手法ある。

(1)　正の強化（positive enforcement）

正の強化は，望ましい行動を促進する「快の刺激」を与えることである。

快を求める動物の傾向を利用して，望ましい行動を強化・促進しようとするものである。たとえば，職場では，承認や金銭的報酬や昇進などの報酬によって望ましい行動の反復を促すことが行われている。

⑵　負の強化（negative enforcement）

負の強化は，罰と混同しやすい概念であるので注意が必要である。これは不快な状態から逃げ出そうとする生物の自然な反応を利用するものである。

スキナーのネズミの実験では，電気ショックのスイッチが入れば，ネズミはその場から逃げ出そうとする。負の強化は，不快なこと（嫌悪刺激）や望まない結果を避けようとする性質を使って，望ましい行動を導き出そうとするものである。

たとえば，勉強しない子供に対して，テストでいい点をとれば，子供が嫌がっていること―たとえば部屋の掃除や気の進まない習い事―をしなくてもよいと言って勉強させようとすることであり，また労働者に対しては，「解雇されたくなかったら，もっと働け」などと言う場合である。

⑶　消去（Extinction）

消去は，強化因子の除去である。望ましくない行動に対して，本人にとって価値あるものや報酬を取り去ることで，その行動を抑制しようとするものである。

例えば，不必要なジョークで会議の流れを中断する悪い癖のある部下に対して，同僚の誰もが，そのジョークに笑いで反応しなくなれば，それが場違いの振る舞いであったと分からせることができる。また，部下の仕事上の失策に対して，上司のいつもの労いの言葉や褒め言葉がない場合，上司からの直接の叱責や処罰がなくとも，部下は「今回は上司を失望させたかもしれない」と考え，より注意深い行動を心掛けることになるであろう。

⑷　罰（Punishment）

罰は苦痛を伴う刺激を与えることである。

罰には，肉体的なものと精神的なものがあるが，それらの苦痛により，望ましくない行動の抑制を行うものである。

罰の程度は，軽度のものから重度のものまで幅があるが，罰は報酬よりも短期的には効果が大きいという研究もある。しかし，罰には大きな副作用がある。

罰を受けるかもしれないという不安感のもとでの行動は認知機能の低下を招

図表 13-1　強化理論の枠組み

	刺激を与える	刺激を取り去る
快適な刺激	正の強化	消去
不快な刺激	罰	負の強化

出所：Martin, J., Organizational Behavior, p.110 より。

き，作業効率に悪影響を及ぼすことが知られている。また，処罰される側からの抵抗や反発も考えられ，人間関係への悪影響は避けられない。

4)　強化スケジュール

報酬の与え方には，大きく 2 つの方法がある（Champoux, pp.183-184）。

(1)　連続強化（continuos reinforcement）

1 つ目は，連続強化である。

これは望ましい行動に対して，毎回，それ相応の報酬を与える方法である。連続強化は，報酬に対して素早い反応行動がみられるが，報酬がなくなるとすぐに行動もなくなる。動物に芸を仕込む場合に，通常用いられている方法である。

(2)　部分強化（partial reinforcement）

2 つ目は，部分強化である。

これは，望ましい行動に対して，① 固定された頻度や期間で報酬を与える方法と，② 割合や期間を変動させてランダムに報酬を与える方法がある。

部分強化は，学習速度は遅いが，一旦学習した行動は，報酬がなくても持続する傾向がある。動物の訓練などでは，連続強化が用いられるのに対して，人間については常に一定の報酬が予想される連続強化よりも部分強化が有効な場合が多い。

5)　賞罰理論

強化理論にもとづくモチベーション理論は，アメとムチの学習理論である。

アメに相当する報酬によって好ましい行動が強化され，ムチ（罰）を避けるべく好ましくない行動は抑制されると考える。

アメ（報酬）とムチ（罰）で人は操作できるとする強化理論の考え方は，古典的管理論では主要なモチベーション理論として採用されてきた。この強化理論の応用としての賞罰理論というものがある。

賞罰のやり方に関するこの研究によれば，高業績の場合に正の強化としての報酬や承認が与えられた場合，部下は高い業績を維持し，同時に高い満足度を示したという。また，業績悪化の場合に，公式的叱責と不承認の態度を取っても，業績および満足度に明確な変化があらわれなかった。しかし，状況と無関係に処罰が行われた場合には，従業員の士気と業績は低下し，恣意的な専制的処罰に対しては従業員は強く反発し不満感を示したという。ちなみに，状況と無関係に報酬が与えられた場合には，業績と満足度には明確な変化が現れなかった。

3　衡平理論

1)　分配原理

分配原理は社会や文化により差異が見られ，分配のやり方の変更は少なからず集団の秩序に混乱をもたらし，また人々のモチベーションにも影響を与える。

報酬を配分する分配原理には，以下のようないくつかのやり方がある（山岸, p.139）。

(1)　衡平原理

貢献度に応じて分配する。

(2)　平等原理

全員に平等に分配する。

(3)　必要原理

必要としている程度に応じて分配する。

(4)　独占原理

最も高い業績を挙げた者にすべてを与える。

2) 衡平理論の前提

ここで紹介するアダムス（J. Adames, 1963）の「衡平理論（Equity Theory）」は，「公平理論」とも訳されている。

衡平は単純に主観的に「釣り合っている状態」に言及するものであり，必ずしも社会的な「公平」（偏りなく，全てを同等に扱う）を意味しないことに注意する必要がある。

衡平理論とは，他者との比較で，自己のインプットとアウトプットが「釣り合っていない」と主観的に感じられるとき，人は「釣り合いをとる」方向で行動を修正するというものである。

アダムズの衡平理論には，以下の２つの理論が採用されている。

⑴　相対的剥奪理論

１つは，スタウファー（Samuel Stouffer, 1949）の相対的剥奪理論（relative deprivation theory）である。

この理論によれば，人間は状況を他者との比較で判断するため，自己の報酬が相対的に低い場合には，その差額分は本来受け取れるはずのものが不当に奪われたものであると知覚する。

⑵　認知的不協和理論

他の１つは，フェスティンガー（Leon Festinger, 1957, 1964）の認知的不協和理論（cognitive dissonance theory）である。

フェスティンガーによれば，人は自らの行動に一貫性をもちたいと願う存在であり，自分の行動と状況が一致しなくなると，心理的な不協和を感じる。不協和状態に置かれた人間は，その状態をそのままにして置くことに耐えられず，その不協和を緩和する方向に動機づけられるとする。

ただし，現実の障害があまりに大きすぎて，状況そのものを変えることが困難な場合には，人は不協和を軽減するために事実の解釈を自分に都合の良いように変えてしまう「合理化」を行うという。

例えば，喫煙習慣と肺がんの関係が問題にされると，喫煙者は「煙草を吸っている人でも長生きをしている人がいる」などと自分に都合の良い「事実」を強弁し，喫煙と肺がんとの因果関係を示す医学データを無視するといった「合理化」をやりがちである。

〈コラム〉認知的不協和と「合理化」

不幸な結婚生活の末に精神を病み，精神病院に入院しているある婦人の話をフェスティンガーは紹介している。この婦人は，「自分は理想的な夫との生活の中で，毎日，赤ちゃんを産んでいる」と楽しげに医師に語るのである。彼女は狂気によって「幸せな結婚生活」を手に入れたのだが，そうした「合理化」の中でしか現実の結婚生活での「不協和」を解消することができなかったのである。

またフェスティンガー（Festinger et al., 1956）は，アメリカのカルト集団の起こした騒動の例も挙げている。このカルト集団は，洪水によって「地球最後の日」が訪れるとの「地球外生命体からのメッセージ」を受け取ったと言い出した。運命の日は，1954年12月21日とされ，信者たちは財産などを処分し，友人に別れを告げ，その瞬間を待った。しかし，何も起こらなかった。

カルト集団は自分たちの過ちを認め，カルト的信仰を捨てたのだろうか。答えはNoである。彼らは予言が間違っていたと認めるどころか，「自分たちの献身的行為のゆえに世界が救われた」との「新たなメッセージ」を受け取ったと主張し始めたのである。

3)　衡平理論の基本仮説

アダムス（J. Adames, 1963）の衡平理論の基本的な仮説は，以下である。

①個人が不協和を認知するとそれを解消しようと行動する。

②不協和が大きいほどそれを解消しようとする力は強い。

要するに，人が不衡平を認知すると，不満・失望などの形で不協和を感じ，人はその不協和を解消する方向で行動しようとする。そしてその人が感じる不協和の強さが行動へのモチベーションの強さである。

たとえば，自分が同僚と比較して相対的に高い賃金を得ている場合，我々はその不衡平に心理的不協和を感じる。その場合，賃金を多くもらっている方は，仕事量と質を増加させることで，自分の高い賃金は働きに見合った当然の報酬であると考えられる方向へと行動を修正するのである。

逆に，相対的に安い賃金で働いている方は，「安い賃金でそんなに頑張ることもないだろう」と賃金額に見合った仕事量と質となるまで仕事での手抜きをするようになる。

4)　衡平理論の構成要素

衡平理論の構成要素は，次の3つである。

(1)　インプット（input）とアウトプット（output）の比率

これは，自分の努力と結果との比率である。

例えば，職場で言えば，インプットは作業時間・作業能力・作業経験・仕事に対する努力や学習など多岐にわたり，アウトプットは給与・昇進・称賛などとなる。

(2)　準拠者（referent）

準拠者は比較対象となる者である。

一般的に準拠者は身近な対象であり，境遇が近似的な者が選ばれる。ただし，「どのような対象を選びだすか」，「誰と比較するか」はあくまで主観的な判断となる。

(3)　衡平性（equity）

どのような状態が「釣り合っているか」の判断基準である。

衡平性はその人のおかれた状況から出てくる認知であり，準拠者との比較によってもたらされる当事者の主観的な判断である。

5)　不衡平への人の対応

プリチャード（Prichard et al., 1972）は，工場の従業員募集における報酬の事前提示額と実際の報酬額を変化させるという実験を行なっている。

実験は，①提示額どおりの報酬，②提示額を上回る報酬額，③提示額に満たない報酬額という3条件で行われた。

実験結果で，満足度が一番高くなったのは，提示額を上回る報酬額ではなく，提示額どおりの金額であり，衡平理論の仮説が検証された。

さらにグリーンバーグ（Greenberg, 1988, 1990）の調査によると，過少評価されていると感じている労働者は仕事量を減らし，よい待遇を受けていると感じている場合には仕事量を増やすといった行動が確認されたという。

また，賃金が不衡平だと感じている場合などでは，職場の備品を盗むなどの望ましくない行動も観察されたという。

一般的に，人は不衡平を感じると，以下のような対応をとると考えられる。

①実際にインプットを変える。

②実際にアウトプットを変える。

③インプットとアウトプットを認知的に歪めることで合理化する。

④退場する（会社を辞めるなど)。

⑤他者に働きかけて，他者のインプットとアウトプットを変化させる。

⑥比較対象を変える。

4　組織における公正

衡平理論の延長線上の研究として，組織における公正（organizational justice）を問題とする研究がある。

1)　公正の次元

公正の次元には，以下の４つがある（Colquitt, et al., pp.208-211。

⑴　分配的公正（distributive justice）

分配が公正に行われているかどうかに関わる公正感である。

⑵　手続的公正（procedural justice）

手続きが公正に行われているかどうかに関する公正感である。

⑶　対人関係的公正（interpersonal justice）

上位者の下位者の扱い方の違いに関する公正感である。

⑷　情報的公正（informational justice）

上位者から発信される情報の質と量に関しての公正感である。

「組織における公正」は，従業員のモチベーションに大きな作用を及ぼすことが知られるようになっている。いずれの公正次元においてであれ，人は不公正が行われたと感じると，意気消沈したり疲労感を覚えたりするという。

「所属する組織が公正であると感じることで，従業員は組織の方針と手続きにコミットし，それらを支援しようとする。一方，不公正だと感じると，通常，数多くの非生産的な行動につながる」（Latham, 訳342頁）と指摘されている。すなわち従業員が不公正を知覚した場合には，「怖れ，怒り，絶望，悲しみ，興奮，感情の減少」などの情緒的反応を示すとされ，不当に扱われたと感じた従業員は「不活性と黙諾」という面従腹背の状態に移行するという（Latham, 訳334頁）。

2)　心理的契約

組織的公正に関連する概念として，「心理的契約」（psychological contract）という概念も非常に説得的である。これは，アージリス（Argyris, 1960）が最初に使った用語だと言われているが，「心理的契約は従業員と組織の間にある暗黙の期待」と定義されている。

従業員側の期待には，仕事を通して得られる学習機会や成長する機会，あるいは従業員の尊厳や価値を尊重する会社の姿勢などが含まれる（Latham, 訳337頁）。逆に，雇用者側の期待には，従業員からの忠誠心や積極的コミットメントが含まれている。

「心理的契約」は，経営側と労働者側の双方の結びつきの本質であり，組織に暗黙のうちに成立している組織規範や行動準則に関わる合意であるとも考えられる。

この「心理的契約」が一方的に破棄されたと従業員が感じ取った場合，会社側への心理的反発は必至であり，職場のモチベーションの低下は避けられないものとなる。従業員は，「不信感，恨み，憤り」などの感情を持つことになり，組織へのコミットメント意識を低下させ，結果的に，業績の低下や組織を辞めたいという思いにまでいたる（Latham, 訳337-338頁）。

組織における信頼（trust）の存在が仕事上のパーフォーマンスとコミット

メントに影響することは疑いえない。信頼のおけない組織は，すべての従業員が相互不信の状態にあり，人間関係がギクシャクし，不正を監視のためのコストも高く，活動のスピードが低下することは避けられない。組織における信頼の存在は“パンにおける酵母菌”のように働き，すべての物事のレベルを引き上げる効果があることが知られるようになっている（Covey, 2006）。

5　期待理論

1）　ブルームの期待理論

ブルーム（Victor H. Vroom, 1964）は，人間行動の原理を「快を最大化し，苦痛を最小化する」ものとした上で，モチベーションを自発的な活動についての意識的かつ合理的な選択プロセスとして定義した。

ブルームは，努力→成果→結果（報酬）の一連の結びつきについての主観的判断により，人は特定の行動を選択すると考えた。すなわち，① 自分の努力が成果に結びつくと期待でき，② さらに，その成果が何らかの望ましい結果をもたらすと期待でき，③ しかもその結果がとても魅力的であるとき，人のモチベーションは高まるとする。

⑴　期待

期待理論（Expectancy Theory）の名前の由来ともなっている第1の要素である「期待（Expectancy）」は，「特定の行為が特定の結果を伴う確率についての瞬時の信念」（Vroom, 訳19頁）と定義されている。

この期待は，特定の活動を選択した場合に，自己の「努力（Effort）」が何らかの「成果（Performance）」に結びつくという「努力と成果の関連性」についての主観的な確率である。

ここで言及されている「成果」は，「第1の結果」（first level outcome）とも表現されているものである。努力しても無駄だと感じていれば，期待値Eは0であり，努力すれば成果に確実に結びつくと確信していれば，期待値Eは+1となる。成果に結びつくかどうかの判断が半々であれば，期待値は0.5である。それゆえ，努力が成果と結びつくかに関する期待値Eは，$0 \leqq E \leqq +1$の範囲にある。

期待値に影響する要因としては，① 目標を成し遂げる自分の能力に対する自信である自己効力感（self-efficacy）② 目標の困難性（goal difficulty）③ 結果に対すコントロール感（perceived control）がある。

⑵　手段性

第2の要素である「手段性（Instrumentality）」は，「成果（Performance）」（第1の結果：first level outcome）が「何らかの報酬」（第2の結果：second level outcome）をもたらす手段と捉えられ，どのような報酬にどの程度結びつくのかについての主観確率である。要するに，成果をあげると何らかの望ましい報酬に結びつくとの予測である。

報酬（第2の結果）として想定するものは多岐にわたり，例えば，仕事での成果（第1の結果）によってもたらされる報酬（第2の結果）を考えた場合には，ボーナス・昇給・昇進・称賛・特別休暇などが思い浮かぶ。逆に仕事で失敗した場合には，ボーナスは減らされ，減給・降格・叱責や処罰などの望まぬ結果をもたらしかねない。

それゆえ，手段性は，第1の結果が望まぬ第2の結果となる−1から，第1の結果が望ましい第2の結果につながる+1との間に存在することになる。手段性Iは，数式としては，$-1 \leqq I \leqq +1$ の範囲となる（Vroom, 訳 p.19）。

手段性を左右する要素としては，① 報酬を決定する権限をもつ上司への信頼（trust），② その意思決定への影響力の度合い（control），③ 業績と報酬に関する組織の政策（policies）などが指摘されている。

⑶　誘意性

「誘意性（Valence）」は報酬（Reward）としての「第2の結果」に対する個人的な価値づけであり，その結果の「望ましさ」についての主観的判断である。

誘意性は諸個人のもつ価値・欲求・目標などの選好により当然異なったものとなる。

誘意性は諸個人が感じる「結果の魅力度」であり，本人の価値づけであるので，その強さを判断し，数字の範囲をどのように決めるかについては恣意的なものとならざるを得ない。ブルームは「誘意性は，正から負までの広範囲の値をとりうると仮定されている」(Vroom, 訳 16 頁) と述べている。

以上の理論モデルをブルームは，F（モチベーションの強さ）＝E（期待）×I（道具性）×V（誘意性）と定式化している。これは，成果（第 1 の結果）が 1 つの報酬（第 2 の結果）につながる場合の基本型である。

現実には，第 1 の結果は複数の第 2 の結果をもたらす可能性があり，それぞれの誘意性が考慮される必要がある。それゆえ，複数の第 2 の結果を考慮した場合のモチベーションの強さを表す式は，F（モチベーションの強さ）＝E（期待）×Σ〔(I（道具性）×V（誘意性)）として定式化される。

2 人の営業マンを例に，ブルームの定式を当てはめて，それぞれのモチベーションの強さを比較してみよう。

A は営業で努力すれば，営業目標をほぼ達成できると考えている。目標達成すれば，昇進と昇給とに結びつく可能性があるが，営業力をテコ入れする必要のある別の営業所への望まぬ配置転換の可能性もある。

この場合，A のモチベーションは以下のように計算される。仕事で努力した場合に 80％程度の確率で営業成績が上がると考えていれば，E＝0.8 である。次に成績が上がった場合の結果の可能性とそれぞれの誘意性（魅力度）を掛け合わせて判断してみると，昇進の期待値は半々の I＝0.5 その魅力度は V＝1，昇給の期待値は I＝0.8 で魅力度は V＝1，転勤の可能性である期待値は五分五

図表 13-2　ヴルームの期待理論モデル

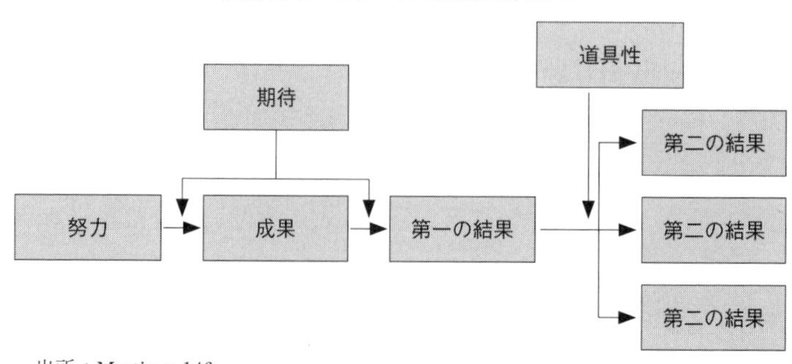

出所：Martin, p.146.

分の I＝0.5 で，本人は転勤を望んでおらず V＝－1 である。計算式に当てはめると，F＝0.8×(0.5×1+0.8×1+0.5×－1)＝0.64 となる。

B は営業努力すれば 60% 程度の確率で成績は上がると考えている（E＝0.6)。しかし，昇進には興味がなく，昇給と別の営業所への転勤を希望している。昇進の期待値は半々の I＝0.5 であるが，それへの興味は V＝0，昇給の期待値は I＝0.8 で魅力度は V＝1, 転勤の期待値は I＝0.5 で転勤を希望しているのでその魅力度は V＝1 と判定する。これを計算式に当てはめてみると，F＝0.6×(0.5×0+0.8×1+0.5×1)＝0.78 となる。

A と B とを比較した場合，A は 0.64 で B は 0.78 となり，B の方のモチベーションが少し高くなると判断できる。

ブルームの理論については，いくつかの批判がある。まず，① 期待，② 手段性，③ 誘意性という 3 つの主観的要素の組み合わせについて，3 つの要素を客観的に判定し数値化することの難しさが指摘されている。また，努力と成果とを単純に結びつけており，従業員の能力や環境状況などの変数の影響を無視している点も批判されている。

2)　ローラーとポーターの期待理論

ローラーとポーター（Lawler and Porter, 1967）は，期待を主観確率として再定式化し，従業員の能力や資質あるいは役割知覚などの要素を加味し，実証科学の体裁を与える方向で研究を発展させた。

彼らはブルームの用語法を修正し，モチベーションを以下の 3 つの変数の組み合わせとして定式化している。

⑴　(E → P）期待

努力（Effort）すれば成果（Performance）につながるという主観確率である。

⑵　(P → O）期待

その成果が結果（Outcome）としての報酬に結びつく主観確率である。

⑶　誘意性（Valence）

その結果（報酬）が本人にとってどれほど魅力的かという判断である。

ローラーとポーターは，上記の3つの変数の積がモチベーション（やる気）であると考える。すなわち，モチベーションの強さ（M）=（E→P）期待×Σ〔（P→O）期待×誘意性（V）〕である（Steers et al., pp.226-228）。

(4)　新たな4つの要素

彼らは，ブルームの期待理論をさらに拡充し，モチベーションのみが仕事上の成果に関係するのではなく，ブルームでは考慮されなかった要素が成果に関わるとする。

それらの要素は，以下のようなものである。

①　労働者の能力や資質

②　職務内容の明確さなどの役割知覚

③　報酬の性格（外的報酬か内的報酬か）

④　知覚された報酬の衡平性

ローラーとポーターのモデルでは，これまで単に「報酬」として一括して論じられていたものを昇給や昇進などの「外的報酬」と，他者からの承認や仕事上の達成感などの「内的報酬」に区別している。また「知覚された報酬の衡平

図表 13-3　ポーターとローラーの期待理論モデル

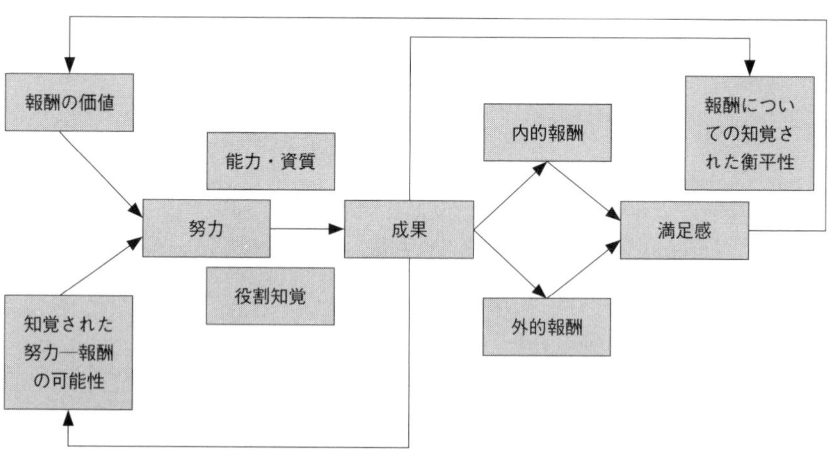

出所：Porter, L. W. and E. E. Lawler（1968, p.165）

性（equity)」という観点は，恣意的報酬のもつ否定面を指摘するものであり，業績に対する報酬がより公平・公正な報酬であるとき，人はより満足するという点を理論に反映させたものである。

ローラーとポーターのモデルでは，「モチベーション」と「成果」と「満足感」を一体のものとするのではなく，それぞれが独立した変数であると仮定している。

「成果」には，個人の「努力」だけではなく，個人の「能力や資質」，そして仕事で何が要請されているかに関する「役割知覚」などの要因が影響する。

「努力」は最終的に「満足感」に結びつくのであるが，人間関係論で考えられていたような満足感（満足している従業員）が成果（高業績）をもたらすというモデルではなく，逆に，「成果」が「報酬」と結びつくことで「満足感」につながるとするモデルである。

ただし，ここでいう報酬には達成感や承認欲求に関わる「内的報酬」と，給与や職場環境の改善などの「外的報酬」がともに含まれている。そして内的報酬が成果との相関関係が強いとの指摘があるが，どのような報酬の組み合わせが最適かということは特定化されていない（Steers et al., 1979, p.500)。

ローラーとポーターのモデルは，多数の変数が関係するため，理論としては精緻化されたものとなっているが，それぞれの変数を数値化することはあまりに複雑である点が批判されている。

6　目標設定理論

1)　基本仮説

目標設定理論（Goal-setting Theory）は，目標管理の理論的基礎であり，明確な目標設定と適切なフィードバックを行うことでモチベーションが高まるという理論である。

提唱者であるロック（(Locke, E. A., et al., 1981）は，1969年から1980年の間に発表された目標設定に関する文献研究を行い，重要な発見をしている。その発見とは，ほぼ9割の研究で，「単にがんばれとハッパをかける」とか，「目標設定がない」場合よりも，特定化された挑戦的な目標設定が行われている場合に，高い業績が実現されているというものであった。

なぜ目標設定が高い業績と結びつくかのメカニズムについては，次の３点に要約されている。

(1)　注意の方向づけ

目標は注意を方向付け，目標達成に関連する活動に努力を向けさせる。

(2)　努力の誘導

挑戦的目標は低い目標より多くの努力を導く。

(3)　努力の持続性

目標は遂行努力の持続性にプラスに作用する。

2)　目標設定の要点

目標設定を行う場合の基本的な考え方としては，部下にとっての「挑戦的な目標」を設定するということであるが，その場合，部下に十分な遂行能力が備わっているかどうかを見極める必要がある。また仮に，その能力があるとしても，部下がその割り当てられた目標を積極的に受容しているかどうかも重要である。さらに，目標を達成した場合の報酬についても事前に説明しておくことが望ましい。また目標達成の進捗度のフィードバックや管理者による支援も不可欠となる。

目標設定を行う場合に，重要となるポイントとしては以下の項目が指摘されている。

①　明確な目標（Clarity）
②　達成感や人間的成長を得られる挑戦的な目標（Challenge）
③　目標形成への参画（Commitment）
④　測定可能な結果のフィードバック（Feedback）
⑤　個人がコントロールできる範囲で複雑な仕事内容（Task complexity）

3)　実務界における SMART 理論

実務界における目標設定理論の応用例としては，SMART という名称で目標設定理論が展開されている。

これは，目標設定に関する重要ポイントを以下の英語の頭文字から取ったものである（Kinicki, 2012, p.190）。

① Specific（明確なもの）

② Measurable（測定可能なもの）

③ Achievable（達成可能なもの），

④ Result oriented（結果志向関連），

⑤ Time-bound（期限付きのもの）

以上の5つのポイントを押さえて目標を設定することで，従業員のモチベーションが上がり，成功率が高くなると考えられている。

第 14 章

モチベーションの内発的動機づけ理論

ロシアの動物芸の調教法はムチによる強制的手法であったが，現代の動物調教法の主流は，元サーカスのピエロだったウラジミール・ドゥーロフ（Vladimir Durov）が開発したドゥーロフ式調教法である。

この調教法は，動物の行動観察を行い，動物心理についての研究を通して開発された独自の調教法である。ムチとスティック（こん棒）による調教法から，動物に声をかけて心を通わし，動物に愛情を注いで芸を仕込む「褒めて育てる調教法」への変換であった。動物は「感じ，理解することのできる生き物」であり，「残酷さは恥ずべきことであり，優しさのみが美しい」という信念に基づいてドゥーロフ法は考案された。

現在，伝統的なアメとムチの動機づけ理論に疑問を投げかける多数の研究が発表されており，内発的動機づけ理論と呼ばれる新しいモチベーションの考え方が一般に受け入れられつつある。動物の調教法にすら劇的な変化が見られるのであるから，知識労働の比率が高まった現代社会においては，人間に関する動機づけ理論において新しい考え方が出現してくるのは当然である。

以下では，内発的動機づけの考え方を核に据える理論として，① 職務特性理論，② 内発的動機づけ理論，③ アンダーマイニング効果，④ 自己効力理論，⑤ 自己決定理論，⑥ フロー理論を取り上げる。

1　職務特性モデル

1)　職務特性モデルの問題意識

1960 年代に入ると，単純な繰り返し作業が職場のモチベーションの低下や労働疎外につながるとの認識が一般化することで，様々な職務再設計の試みが産業界で行われた。

職務ローテーション（job rotation）・職務拡大（job enlargement）・職務充実（job enrichment）などの仕事のやり方を改善する動きが見られた。労働者を人間として扱い，働く意欲を刺激しようとする職場改善の動きは，「労働生活の質（Quality of Working Life）」を問題とし，「労働の人間化」を求め，さらには「産業の民主化」という労働運動に繋がってゆく。

ここに紹介する職務特性モデル（job characteristic model）は，上で述べた 1960 年代の問題意識を根底にすえた理論である。職務特性が従業員のモチベーションを高めたり低めたりするという観点は，1950 年代のハーズバーグの「動機づけ－衛生理論」を検証する研究の一環として注目されるようになったものである。

職務特性モデルは職務を過度に単純化するとモチベーションが低下するという発見事実から，職務単位をどのようにすれば，労働者のモチベーションを下げずに済むか，さらには労働者のやる気を高められるかを問題とした。

2)　職務特性の 5 つの次元

ハックマンとオールダム（Hackman, J. R. and Oldham, G. R., 1980）は，あらゆる仕事は次の 5 つの次元で記述できるとする。そして，これら 5 つの次元は，内発的なやる気を刺激する職務特性の要素であると主張した。

①　技能の多様性（skill variety）

異なるスキルや能力を使うことを仕事において求められる程度である。

②　仕事の完結性（task identification）

仕事において，初めから終わりまでその仕事に携わるかどうか，あるいは部分的に仕事に関わる場合には，その仕事の意味をどの程度まで確認できているかである。

③　仕事の重要性（task significance）

組織の内外の人々の生活にどの程度までの影響を与えているかで判断される。

④　自律性（autonomy）

図表 14-1　職務設計理論のモデル

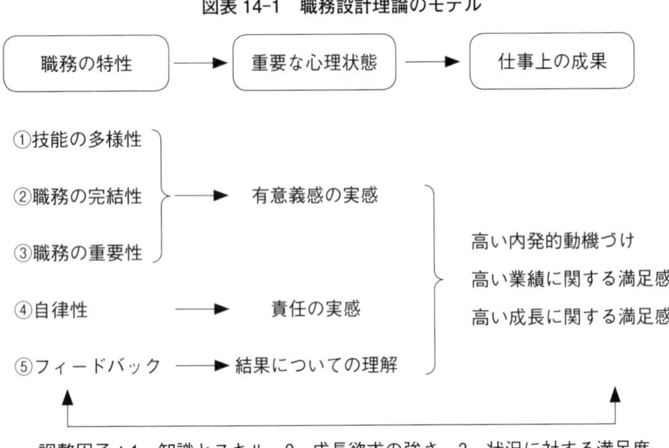

出所：McShane et al., 2010, p.178.

仕事を遂行する上での計画や実践で，自由や独立性や裁量がどの程度まで許されているかである。

⑤　職務上のフィードバック（job feedback）

自分が仕事において効果的であったかどうかについて，直接的で明確な情報をどの程度まで受け取るかということである。

職務特性モデルは，従業員の内発的モチベーションを左右する5つの核となる職務次元を特定し，それらが仕事での「有意義感」や「責任感」や「結果についての理解」をもたらすと指摘している。

5つの職務特性を備えている仕事に従事する従業員は，その仕事自体の性格からより高いモチベーションを持って働くことができ，高い満足感を感じつつ，仕事上での成果を上げる傾向のあることが主張されている。

「技能の多様性」,「仕事の完結性」,「仕事の重要性」の組み合わせは，有意義感のある仕事を作り出す要素となるものである。この3つの次元が高いレベルで揃えば，その仕事に従事する従業員はその仕事が重要であり，価値があると感じることができる。しかも，その仕事に「自律性」が加われば，結果に対する「責任感」も生まれることになる。さらに，ここに「フィードバック」という要素が加われば，「結果についての知識」を生み出し，自分たちが効果的に仕事をしているかどうかをその都度確認できることになる。そして従業員は自らが達成した「仕事上の成果」により，「高い内発的動機づけ」，「高い業績に関して満足感」，「高い成長に関する満足感」を得ることができるという。

しかし，職務設計があるゆる状況で有効かというとそうでない状況も考えられる。挑戦的な仕事や責任を伴う仕事を負担だと感じ，ストレスを抱える従業員もいる。技能・知識が不十分であったり，現在の職場環境に対して不満を抱いていたり，成長欲求の程度が低いなどの個人特性を持つ従業員に対しては，それほどの成果を期待できないという指摘もある。

ただし，職務特性モデルが示唆するところによれば，自尊感情や自己実現欲求といった個人の成長欲求は，従業員の個人差が認められるが，内発的動機づけを高める職務特性はほとんどの従業員に好意的に受け止められているという。すなわち，核となる5つの職務特性を仕事に与えることにより，仕事そのものをより面白いものに変化させることは可能であり，それらが仕事上で高い次元で備わるほどに，モチベーションと満足感と業績が高まるのであり，逆に低くなると欠勤率や離職率が高まる傾向があることは確認されている。

2　内発的動機づけ理論

1)　内発的動機づけとは何か

ハロー（Harlow, 1950: 1953）は，アカゲザルにパズルを解かせる実験を行なった。そこでは報酬なしでもパズルに興味を示し，飽きずにパズルに取り組むアカゲザルの姿が観察された。この実験を通して，活動自体が目的とされ，報酬を必要としない動機づけの存在が明らかとなった。ハローはこのようなモチベーションを「内発的動機づけ（intrinsic motivation）」と呼んだ。

内発的動機づけは，物事をそれ自体として探究することに内在する喜びを原動力とするものであり，外部から与えられる報酬がなくても，課題を自発的に遂行しようとする内的な衝動である。

内発的動機づけの説明として，ホワイト（White, 1959）は，サルや人間といった脳が発達した動物には，基本的な欲求として「有能さ（competence）」への欲求が備わっており，その欲求を満たした場合に感じられる効力感（feeling of efficacy）を求めて行動するのだという説明を行なっている。

ホワイトは，「有能さ」を「周囲の環境と効果的に相互作用をする能力」と定義づけている。そして「有能さ」には，以下の３つの要素が含まれるとしている（Harlow, 1978：1981）。

①挑戦（challenge）

②好奇心（curiosity）

③熟達（mastery）

また「有能さ」の基準とされているものは，以下の３つの基準である。

①課題の達成度

②過去と比較した自己能力の向上

③他者との比較

2)　内発的動機づけに関わる３つの欲求

ピンク（Pink, 訳 124-207 頁）は，内発的動機づけには，以下の３つの欲求が関わると主張している。

(1)　自律性

自分自身の判断で自由に好きなように活動をしたいという欲求である。

(2)　熟達

なにか価値あることを上達させたいという欲求である。

(3)　目的

自分以外のより大きな目的のために貢献したいという欲求である。

ピンクは，内発的動機づけについて，「自らの人生を管理したい，自分能力を広げて伸ばしたい，目的をもって人生を送りたい」（Pink, 訳 207 頁）などという人間に本来的に備わる願望を満たそうとする欲求を基礎にすると説明する。

3　アンダーマイニング効果

伝統的な管理におけるアメに相当するのは「金銭的報酬」であり，長らくこの金銭的報酬の重要性が固く信じられてきた。しかし，近年では，金銭に限らず報酬そのものが内発的動機づけに対して逆効果となる「アンダーマイニング効果（undermining effect）」があると主張する研究結果が発表されている。

1）「報酬とやる気」の関係

ハリー・ハロー（Harry Harlow）は 1949 年にアカゲザルを使って 1 つの実験をした（Pink, 訳 7-11 頁）。

パズルを置くと，アカゲザルはパズルに興味を示し，好奇心から飽きることなく何度も挑戦し，次第に短時間で解けるようになる。ところが餌で釣って，このパズルをやらせるように仕向けると，パズルを解くまでの時間が長くかかることが観察された。

この実験を契機として，「報酬はモチベーションを高める」という半ば常識化した仮説に対しての懐疑が生まれた。

デビット・グリーンとマーク・レッパー（Greene, D. & Lepper, M. R., 1974）は，外的報酬がもたらす内的動機づけへの影響を調べるため，幼稚園児を対象に調査を行なっている。

子供たちを 3 つのグループに分けた。

グループ 1　絵を描くと，賞がもらえると告げて絵を描かせる。

グループ 2　事前に何も知らせず，絵を描いた後に賞を与える。

グループ 3　事前になにも伝えず，賞も与えない。

数週間後に，また子供たちに紙とペンを渡し，その行動を観察した。

思いがけなく賞がもらえたグループ 2 と賞など関係なしにお絵描きしたグ

図表 14-2　ハーロウの考案した仕掛け。解決前（左）と解決後（右）

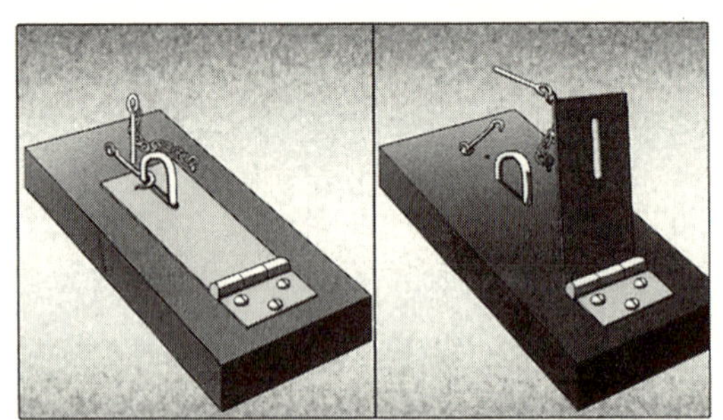

注：フックはピンを外さないと回せない位置にある。
出所：Pink, 訳 8 頁より転載。

ループ3の園児は実験前と変わらずに絵を描いた。しかし，報酬のために絵を描くという発想を持つようになったグループ1の園児は，「賞がもらえないなら，絵を描かない」という態度を見せ，絵を描くことに対する興味を大幅に失っていた。

その後の研究を通して，レッパーは内発的動機づけの要素としては以下の5つが重要であると指摘し，これらの頭文字をとって5Cと称している。

①挑戦感　　　　（Challenge）
②有能感　　　　（Competence）
③統制感　　　　（Control）
④好奇心　　　　（Curiosity）
⑤コンテクスト（Context）

レッパーは，これらは「遊び」に含まれる感情であり，遊びに没頭した状態が内発的動機づけの要素であると説明している。

2)　金銭的報酬による「アンダーマイニング効果」

伝統的な管理論は，報酬（アメ）と罰（ムチ）で人はコントロール可能であると考えてきた。

特に，金銭的な報酬の有効性については，誰もがその有効性を疑うことをせず，金銭的報酬が労働者のモチベーションの源泉であると固く信じられてきた。それゆえ，本当に金銭的報酬が有効であるのかどうかを検証しようとする研究は長らく現れなかった。

しかしながら，研究者の中に，少数ではあるが，金銭的な報酬の有効性に対して疑問の声をあげ，報酬そのものがもたらす負の側面があることを指摘する者が登場し始めた。

(1)　ソーマキューブの実験

デシ（Deci, 1969）はソーマキューブ（異なる形のブロックを組み合わせて色々な形を作ることができる玩具）を使った実験を行い，「金銭的報酬とやる気の関係」を明らかにしようとした（Pink, 訳 11-16 頁）。

大学生の男女を A と B の 2 つの実験グループに分けて，1 日 1 時間の実験を 3 日間にわたり行なった。実験内容は，ソーマキューブのブロックを使って指示された形状を 1 時間で 7 つ完成させるというものであった。

実験グループ A については，1 日目は「金銭的報酬なし」，2 日目は 1 つの形を完成されると「報酬（1 個 1 ドル）」を与える，3 日目は予算がなくなったと説明し「報酬なし」とした。

実験グループ B については，3 日間とも「金銭的報酬なし」であった。

実験のポイントは，1 時間の実験途中に，実験主催者が「適切な図案の選定のため」などと適当な理由をつけて，「ほんの数分したら戻ります。その間は，何でも好きなことをしていてかまいません。」と意図的に 8 分間の自由時間を

図表 14-3　組み立て前のソーマキューブの 7 つのブロック（左），数百万通りもの組み合わせのなかの一例（右）

出所：Pink, 訳 12 頁より転載。

作り，被験者がその時間をどう過ごすか，つまり被験者がソーマキューブをやり続けるかどうかを観察するというものであった。

Aグループは，金銭的報酬が約束された2日目の休憩時間には，平均して5分以上も熱心にソーマキューブに取り組んでおり，報酬の効果が明らかに見てとれた。ここでは報酬がモチベーションを高めるという結果が見事に実証されたことになる。

ところが，3日目になり「予算の都合でもう報酬は支払われない」と実験主宰者から告げられた後では，これまで想定されなかった金銭的報酬の負の面が現われた。一旦，報酬の味をしめたAグループでは，報酬がないと聞かされると，ソーマキューブへの取り組み時間が前日に比べて2分，初日に比べても1分少なくなったのである。

これに対して，金銭的報酬が3日間とも与えられなかったBグループでは，休憩時間にソーマキューブに取り組む時間がほとんど変化することはなく，より熱心に取り組む姿すら観察されたという。

デシの実験は，金銭的報酬が動機づけを高めるのではなく，逆に弱める働きをすることがあることを証明した。デシは，「金銭は人の内発的モチベーションを無効にするおそれがある」と結論づけた。すなわち，報酬の魅力に気持ちが切り替わると，それ自体が面白くてやっていた行為が，報酬がなければやる気の起きないものに変化するというのである。このような報酬がやる気を高めるのではなく逆に失わせる方向で働くという現象が確認され，「アンダーマイニング効果（undermining effect）」または「減退効果」と命名された。

(2)　なぜアンダーマイニング効果が起こるか

なぜアンダーマイニング効果が起こるかについては，デチャームズ（deCharms, 1968）の「自己原因性（personal causation）」という概念を用いて説明される。

これは，自分を原因とする行為か他律的原因による行為かによりモチベーションの方向性が異なるとするものであり，前者は内発的に動機づけられ，後者は外発的に動機づけられるとする。

自分を原因とする行為は，自分が進んでそれに取り組んでいるものである。それに対して，金銭的報酬が与えられるような場合では，自分の行為が，「他者に統制され，やらされている」ものとして認知されるため，自己決定感が希薄となり「アンダーマイニング効果」が生じるとされる。

また認知的評価理論（cognitive evaluation theory）では，「圧迫感・緊張・不安を高める心理状況」と「有能感や満足を感じる心理状況」が区別されるが，金銭的報酬に付きものの監視・評価・期限の設定などの外的拘束が圧迫感・緊張・不安などの心理状態を生み出し，それがアンダーマイニング効果となって現れると説明する。

他方で，「褒め言葉」といった言語的報酬は，個人の内的な喜びと共鳴することはあっても，内発的なモチベーションそのものを打ち消す働きは少ないと考えられている。すなわち，「褒め言葉」には，金銭のようなものとは異質な働きがあるとされ，内発的動機づけの「増進作用（enhancing effect）」があるとされる。

子供に対して，「勉強したらお小遣いをあげる」とか，「ピアノを練習したら何かを買ってあげる」というような物言いは，勉強自体の面白さやピアノへの興味を失わせることにもなりかねないことに注意すべきである。それよりは子供に「褒め言葉」を投げかける方が子供のやる気を高める。

また，「自分の趣味を仕事にしてはならない」という話を聞くことがあるが，これなども仕事が金銭的な報酬と結びつくものであるため，「アンダーマイニング効果」が働き，結果的に対象自体への内発的動機づけが失われていく可能性があることを示唆しているのだろう。

3）「報酬と創造性」の関係

カール・ドゥンカー（Karl Dunker）は「ローソク問題」という実験を行い，報酬と創造性の関係についての新しい見方を提示している（Pink, 訳 73–75 頁）。

これは，図のような材料を使って，「ローがテーブルに垂れ落ちないように，ローソクを壁に立てる」という問題である。画鋲でローソクを壁に止めようとする者やローソクの端をマッチで溶かして壁にくっつけようとする者などがいるが，いずれもうまくいかない。しかし，5分から10分もすると，ほとんどの人が図のような正解を思いつく。

ここでの解決の糸口は画鋲の入れ物としての箱の活用である。画鋲の入れ物としてしか考えられないのは「機能的固着」という固定概念である。この固定概念を打ち破って新たな視点で箱の活用を考えられれば，すぐに正解にたどり着く。

図表 14-4

出所：Pink, 訳 73 頁より転載。

図表 14-5　ロウソクの問題の解決策

出所：Pink, 訳 74 頁より転載。

実験1では2つのグループに分け，1つは無報酬のグループ，他方は，迅速な解答には金銭的報酬を出すこととし，参加者の上位25%に入っている場合には5ドル，一番の者には20ドルの報酬を約束した。

当然，報酬を約束したグループが早く解答にたどり着くのではないかと予想されたが，結果は無報酬のグループに比べて，報酬を約束されたグループは平均して3分半も余計に時間がかかったのである。

実験2では実験1と同様にグループ分けし，画鋲と箱を分離して，はじめから「機能的固着」が生じにくくした簡易問題である。この場合には，柔軟な発想は必要ではなく，報酬のあるグループがすばやく解答にたどりついた。

実験結果から言えることは，金銭的報酬は解決が容易な問題解決には有効であるが，創造性を必要とする問題に対しては悪影響を及ぼす可能性があるとの示唆である。

アメリカ社会などでは，稼ぐお金の額がその人の「頭のよさ」を表すとの考え方があり，金銭的報酬で人は動機づけられるという考え方を常識としてきた。しかし，ここにきて，多くの実証研究により金銭的報酬が有効に働かない場合や逆にモチベーションを下げる働きをする場合などがあることが確認されている。

仕事に対する報酬としての給与の重要性は否定しがたいものがある。しかし，仕事の成果を金銭的報酬のみに結び付けてしまうと，これまで見てきたように，仕事自体にまつわる面白さややりがいを喪失することにもなりかねない。労働の目的が単に金銭を稼ぐことだという話となると，仕事を通じて感じる自己能力に対する有能感や運命を自分が決定しているという自己決定感，あるいは同僚との協働のなかで感じられる連帯感や仲間意識というような人間にとって意味のある感覚が見失われる危険性がある。

4)　金銭以外の動機づけの活用

金銭以外で重要なことがらを成し遂げられるかという疑問に対しては，すでに答えが出ている。

現実にわれわれは金銭的動機づけに基づかない経済活動の事例を確認するこ

とができ，そのような方向への社会の動きは確実に広がっている。

ピンク（Pink, 訳 36–39 頁）は，1995 年時点で動いていた 2 つの百科事典の事業を例に挙げている。

1 つは，マイクロソフトの百科事典の事業であり，これには当然給料が支払われた。他の 1 つは，ボランティアによるオンライン百科事典である。

結果はどうであったか。マイクロソフトは 2009.10 サービスを終了し，この事業から撤退したのに対して，ボランティアの事業は無料でネット検索できるウィキペディア（Wikipedia）として，われわれの生活を豊かなものにし，世界的規模で日々更新しつづけられている。

非営利活動ということであれば，ボランティア活動，非営利組織（NPO：Non Profit Organization）・非政府系組織（NGO：Non Government Organization）などの活動が活発化しており，社会での影響力の拡大が見て取れる。

また社会起業家（Social Entrepreneur）の登場も注目すべき現象である。

社会起業家は，営利企業の手法を用いて，社会的利益を目的として社会・文化・環境などの問題を解決すべく活動する個人である。そのような社会起業家の 1 人であるムハンマド・ユヌス（Muhammad Yunus）はグラミン銀行を設立し，バングラデッシュの貧しい農家の女性への小額資金の貸付を行うマイクロ・ファイナンスをビジネスとして成功させ，弱者の自立の手助けを行なったことが評価されて 2006 年度のノーベル平和賞を贈られている。

企業は利潤の極大化を求めるというのがこれまでの常識であった。しかし，社会的利益の追求を会社の目的とし，低い収益性を公然と掲げる営利企業が 2008 年にアメリカのバーモント州で初めて認可された。L3C（Low-profit Limited Liability Corporation）と呼ばれる低収益有限会社である。

また，B Corporation と呼ばれる認証機関も登場している。B は Benefit の頭文字をとったもので，社会的利益の追求を意味する。この認証を得るためには，法人格を持つことが加入条件となるが，会社は，その定款に，社会的目的を掲げ，社会のための事業を展開することになる。この認証を得れば，会社が社会的利益のために永続的に事業を営む会社であるとの社会的証明を得られ，信用力が高まることにもなる。また，B Corporation の認証を得ている企業間の取引での相互優遇が受けられるというメリットもある。

4　自己効力理論

1)　自己効力感

自己効力感（Self-Efficacy）は，社会的学習理論（Social Learning Theory）ないし社会的認知理論（Social Cognitive Theory）における中心概念である。自己効力感は，仕事をやり遂げる能力があるとの信念であり，これが内発的な動機づけの源泉となると考えられている。

この理論の仮説は，「人は自己の潜在能力を開花させたいという欲求をもっている」というものであり，自分の能力を発揮していると感じられるときに，人は高いモチベーションを持って物事に取り組むことができ，同時に，満足感を感じることができると考えられている。

バンデューラ（Bandura, A., 1977）は，人の学習行動というのは，他者を観察することによる学習と考えた。すなわち，「行動モデル（behavior modeling)」の観察を行い，そこから褒められたり叱られたりしている「行動の結果（behavior consequences)」を学習して，自分が設定した目標が達成できた場合の「自分へのご褒美（self-reinforcement)」を考えて，自らの行動を選択しているとする（McShane, 2010, pp.85-86）。

2)　結果予期と効力予期

バンデューラは人の行動を予測する時，人は「行動予期」というものを行なっているとする。

「行動予期」には，「結果予期」と「効力予期」の2つ予期概念の区別がある。「結果予期」は，行動がある結果をもたらすであろうという予想であり，「効力予期」はその結果をもたらす適切な行動を自分はできるかどうかという予想である。

「効力予期」に関して，自己効力感が関わる。これは「想定される状況を乗り切るに必要な一連の行動を組織化し実施する能力があるとの信念」と定義づけられている。簡単に言えば，「自分になら，これはできるという確信」である。自己効力感が高ければ，効力予期は肯定的な方向で高まり，その結果として内発的動機づけが高まるとされる。

3)　自己効力感の源泉

バンデューラは自己効力感の源泉について，以下の4つを挙げる。

①自分の過去の成功体験

②代理経験と呼ばれる他者の成功体験の観察

③「私はできる」との自己暗示や「君ならできる」といった他者評価

④生理的・情緒的高揚感

〈コラム〉学習性無力感

自己効力感とは真逆の心理状態のあることも知られている。自分の無力さを学習した場合には，自ら行動しようとするモチベーションが全く働かない「学習性無力感」（Learned Helplessness）という状態に陥るというものである。

セリグマン（Seligman, 1967）は犬に電気ショックを与える実験を行っている。

実験では，①柵を飛び越えれば電気ショックを逃れられる条件下の犬と，②何をしても電気ショックからは逃れられない条件下の犬を比較している。

前者の犬は電気ショックがあればすぐに柵を飛び越えた。しかし後者の犬は，柵を飛び越えれば電気ショックから逃れられるように実験条件を変えた後も，その場にうずくまって電気ショックに耐え続けたという。

学習性無力感が身についてしまうと，自分はどうあがいても無力であるという認知が先行し，行動をする意欲をなくした「絶望状態」ないし「虚無的状態」に陥ることになる。

5　自己決定理論

1)　自己決定理論の仮説

自己決定理論（Self-Determination Theory）も内発的動機づけによるモチベーション理論の1つである。1980年代半ばから経験科学として認められるようになり，2000年以降は研究も本格化している。

デシとライアン（Deci and Ryan, 1985）は，自分自身が自らの行動の原因でありたいという欲求を中心にすえた「自己決定理論」を提起している。

自己決定理論は，自分で決めたことであれば，それを最後までやり遂げようとする人間の傾向に注目し，自らの行動の原因が自律的なものか，他者により強制されたものであるかの違いが動機づけの鍵となると指摘する。

モチベーションに関して，デシが考える正し問いは，「他者をどのように動機づけるか」というものではなく，「どのようにすれば他者が自らを動機づける条件を生み出せるか」である（Deci et al., 1995, 訳12頁）。

デシは，自分自身の内部から湧き上がるものによって自分を動機づけるほうが創造性や責任感や努力の持続性といった点で優れていると主張している。

2)　3つの欲求

自己決定論では以下の3つの欲求が人間の普遍的願望であると仮定している。

(1)　有能さへの欲求（need for competence）

自己の潜在能力を発揮し，自分が有能であると感じたいという欲求である。

(2)　自律性への欲求（need for autonomy）

人から指示されてやるのではなく，自分の裁量で物事を処理したいという欲求である。

(3)　関係への欲求（need for psychological relatedness）

1人で孤立して生きるのではなく，他の人々と心の通い合った良好な関係を保ちたいという欲求である。

自己決定理論では，人間的成長に向けての生得的な傾向性としてこれら3つの欲求が考えられており，これら3つの欲求が同時に満たされる条件下で人々のモチベーションは高まり，人間的にもバランスよく成長できると主張する。

これら3つの欲求が叶うとき，人は自らの人生を自らがコントロールしていると感じることができ，出来事を肯定的にとらえることができ，溢れ出るやる気を持って，生産的に活動することができ，しかも幸福感を感じることができるという。

6　フロー理論

1)　フロー体験

クチセントミハイ（Csikszentmihalyi, 1990）の提唱するフロー理論は，「遊びにおけるフロー体験」を究極の内発的動機づけの状態であると考えるものである。

彼の研究は，成人が面白さや楽しみを得るためだけに没頭する多くの活動，つまり「遊び体験」には共通項があるという発見を出発点とする。

「遊び」は，それ自体の楽しみのために行われ，楽しく，ワクワクするものであり，有意義な体験としての性格をもつ。「遊び」は，「自発的に行い，その行為自体のほかに成果はなく，それが生み出す感覚のゆえに行うなにか」

図表 14-6　日常体験の図

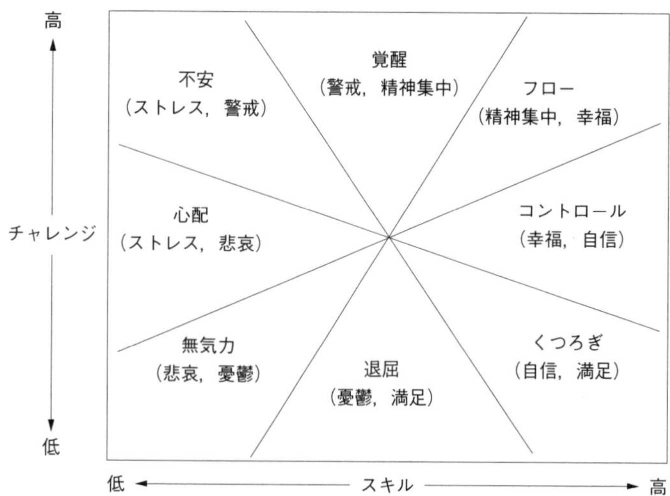

出所：Cskszentmihalyi, 2003, 訳 90 頁より転載。

（Csikszentmihalyi, 1997, 訳i頁）である。「遊び」に没頭しているとき，稀に出現する特別な状態が「フロー体験」である。これは，「淀みなく自然に流れる水に譬えられる」感覚であると説明される。

「フロー状態」にあるとき，われわれは「ゾーンに入った」と呼ばれる経験をし，ベストな状態でその活動に集中している。

2） フロー体験の条件

フロー体験の条件としては，以下の4つが指摘されている（Csikszentmihalyi, 2003, 訳52-60頁）。

① 明瞭な目標
② 自分の能力を伸ばす挑戦的な機会
③ 自分の技能の最高レベルの使用
④ 進行中の事柄についての即座のフィードバック

フロー体験は挑戦レベルと技能レベルが釣り合う最高点でのみ体験することができる心理状態である。チクセントミハイは，スキーで急斜面を滑るような状況を例に挙げて，挑戦度と技量がハイレベルでバランスしているような時に感じられる感覚としてフロー体験を説明している。

すなわち，難しすぎず，やさし過ぎない適切なレベルの挑戦をするとき，われわれは達成感を感じつつ，その活動を楽しむことができるのである。

3） フロー体験の状態

フロー体験している時，人は以下のような状態にあるという（Csikszentmihalyi, 2003, 訳61-70頁）。

① 強い集中
② 行為と意識の融合
③ 自意識の喪失・忘我
④ 自己の行為と状況に対する統制感覚
⑤ 経過時間を短く感じる時間感覚

フロー体験は挑戦レベルと技能レベルの最高点で体験可能な心理状態であり，仕事の場においても，フロー体験は可能である。すなわち，仕事に明確な目標があり，それが従業員の技能に見合った挑戦機会であり，仕事をコントロールしつつ集中している感覚の中で，結果に関しての迅速なフィードバックを得ている，などの条件が揃う時，仕事がもたらす感覚は，スポーツや芸術活動をしている時に体験する感覚とそれほど変わらないものになるという（Csikszentmihalyi, 1997, 訳 52–53 頁）。

仕事をする場合にも，「苦労がなければ，何も手に入らない」（no pain, no gain）という現状を我慢する発想に変えて，今というこの瞬間を楽しみ，「今を手に入れることが，未来を手に入れること」（present gain, future gain）という考え方への転換が行われる場合，職場においても内発的動機づけに基づくフロー体験は可能となる。

あとがき
—終わりなき「学びの時代」—

20世紀の社会科学の巨人ヴェーバーは「人生に倦んで死ねる時代は終わった」といい，すべてが急速に変化し，あらゆるものが陳腐化する時代の到来を預言した。現代人の宿命は「新しいこと」を学び続けて生きてゆくことであると言ってヴェーバーは死んでいった。彼は，「真摯に学ぶ」という姿勢を大切にし，時代の変化に右往左往することなく，眼前の「自分の仕事」に真摯に向き合い，「今なすべきこと」に全力で取り組むことの必要性を熱く語った。

ヴェーバーの予言通り，われわれは，変化が常態のイノベーション志向の社会に生きている。社会変化は目まぐるしく，学んだことはすぐにも陳腐化する。学んでも学んでもこれで終わりということはない。常に新しいことを学び続けることを求められる時代になっており，ヴェーバーが予言したように，「人生に倦んで死ねる時代」ではもはやなくなっている。

産業構造の変化は急激であり，かつての花形産業は衰退し，これまで存在しなかった産業が立ち現われ，職業も，仕事のやり方も激変しており，われわれはあらゆる局面で陳腐化の危機にさらされている。

世界的ベストセラー作家である歴史家ハラリ（Harari, 2015 : 2017 : 2018）は21世紀の人類がAI（人工知能）とバイオテクノロジーの活用によって，現代人が想像することのできない新しい社会に突入する可能性を示唆している。彼は，ほとんどの現存する職業がAIやロボットに取って代わられる未来を描き出し，労働力として無用化した人々が出現する社会が登場する可能性があることに警告を発し，その対策を考えておくことの必要性を力説している。

ハラリは，21世紀以降の未来を見据えて，学校教育に関しても，現在の学校で学ぶことは，数十年後の労働現場では陳腐化している可能性が極めて高いという。そして「何度も何度も自分を作り変えることが必要」となる世界において,「あらゆることの中で最も大切なのは,変化を処理し,新しいことを学び,なじみのない状況でも心のバランスを保つ能力を身につけることである」という（Harari, 2018, p.262）。

では,「今,学校で学ぶ価値のあるものは何か」と問われて,ハラリは次のように答えている。

AI に欠けていて,人類に備わっている能力こそが重要である。それは,人類の持つ「情緒的知性（Emotional Intelligence）」と「心の安定性（mental stability）」であり,それらを鍛える教育こそが必要であると。

本書が対象としているのは「組織の中の人間行動」であり,この領域の学習はまさに「情緒的知性」と「心の安定性」を鍛えることにつながるものである。

未来がどのようになるにしても,学ぶべき価値のある領域と思われるものを本書は扱っているのであり,本書の存在意義もそこにある。

参考文献

(アルファベット順)

Alderfer, C. P.（1972）*Existence, Relatedness and Growth*, Free Press, New York.

Allport, F. H.（1924）*Social Psychology*, Houghton Mifflin.

Arendt, H.,（1965）*Eichmann in Jerusalem: A Report on the Banality of Evil*. New York: Viking Press.（大久保和郎　訳　『イエルサレムのアイヒマン――悪の陳腐さについての報告』　みすず書房　新装版 1994 年）

Argyris, C.（1957）*Personality and Organization: The Conflict Between System and the Individual, Harper & Row.*（伊吹山太郎・中村実　訳　『組織とパーソナリティー』　日本能率協会　1970 年）

Argyris, C.（1960）*Understanding Organizational Behavior*, Homewood, IL: Dorsey Press.

Argyris, C.（1992）*On Organizational Learning*, Blackwell Publishers.

Argyris, C.（2004）*Reasons and Rationalizations*, Oxford University Press.

Asch, E.（1955）Opinion and Social Pressure, *Scientific American*, Vol.193, No.5.

Axelrod, R.（1984）*The Evolution of Cooperation,* Basic Book.（松田裕之　訳　『つき合いの科学』　ミネルヴァ書房　1998 年）

Bandura, A.（1977）Self-efficacy: Toward a Unifying Theory of Behavioral Change, *Psychological Review*, 84（2）: 191-215.

Bandura, A.（2008）*Self-efficacy in changing societies*, Cambridge University Press.

Bales, R. F.（1950）*Interaction Process Analysis: A Method for the Study of Small Groups*, Addison-Wesley.

Barnard, C. I.（1936）*The function of Executives*, Harvard University Press.（山本安次郎　訳　『経営者の役割』　ダイヤモンド社　1968 年）

Bass, B. M.（1990）From Transactional to Transformational Leadership: Learning to Share the Vision, *Organizational Dynamics*, Winter, p.22.

Bayer, E.（1929）Beitrage zur Zweikomponententheorie des Hungers, *Zeitschr. f. Psychol*. 113, S. 31-54.

Bickman, L.（1974）The social power of a uniform, *Journal of Applied Social Psychology*, 4, 47-61.

Burns, T. and Stalker, G.M.（1961）, *The Management of Innovation*, Tavistock Publications.

Carnegie, D.（1936）*How to Win Friends and Influence People,* Simon & Schuster Audio.（山口博　訳　『人を動かす』　創元社　1998 年）

Champoux, J. E.（2011）*Organizational Behavior: Integrating Individuals, Groups, and Organizations*（4th ed）, Routledge.

Chatman, C. A. O. and Caldwell, D. F.（1991）People and Organizational Culture: A Profile Comparison Approach to Assessing Person-Organization Fit, *Academy of Management Journal,* 34, no.3, pp.487-518.

中條秀治（1998）『組織の概念』　文眞堂

中條秀治（2005）『株式会社新論』　文眞堂

Cialdini, R. B.（2013）*Influence: Science and Practice*, Pearson Education Limited.（社会行動研究会　訳　『影響力の武器　第三版』　誠信書房　2014 年）

Colquitt, J. A., Lepine, J. A. and Wesson, M. J.（2013）*Organizational Behavior: Improving Performance and Commitment in the Workplace*, Third edition, McGraw-Hill International Edition.

Conger, J. A. and Kanungo, R. N.（1988）*Charismatic Leadership in Organizations*, SAGE Publications.

Covey, S. M. R.（2006）, *The Speed of Trust*, The Free Press.

Csikszentmihalyi, M.（1990）*Flow: The Psychology of Optimal Experience,* Harper & Row.（今村浩明　訳『フロー体験—喜びの現象学—』 世界思想社　1996年）

Csikszentmihalyi, M.（1997）*Finding Flow: The psychology of engagement with everyday life*, Basic Books.（大森弘　監訳 『フロー体験入門—楽しみと創造の心理学—』 世界思想社　2010年）

Csikszentmihalyi, M.（2003）*Good Business: Leadership, Flow, and the Making of Meaning,* Penguin Books.（大森弘　監訳 『フロー体験とグッドビジネス—仕事と生きがい—』 世界思想社　2008年）

Davis, J. H.（1969）*Group Performance*, Addison-Wesley Publishing.（永田良昭　訳 『現代社会心理学の動向8　集団行動の心理学』 誠信書房　1982年）

Deci, E. L. and Ryan, R. M.（1985）*Intrinsic Motivation and Self-determination in Human Behavior*, New York: Plenum.

Deci, E. L. and Richard, F.（1995）*Why We Do What We Do*, G.P. Putnam's Sons.（桜井茂男　監訳 『人を伸ばす力』 新曜社　1999年）

Deal, T. E. and Kennedy, A. A.（1983）*Corporate Cultures: The rites and rituals of corporate life,* MA: Addison-Wesley.（城山三郎　訳 『シンボリック・マネジャー』 新潮社　1983年）

DK（2012）*The Psychology Book*, Dorling Kindersley Limited.

DK（2011）*The Philosophy Book*, Dorling Kindersley Limited.

Doob, A. N. and Gross, A. E.（1968）Status of frustrator as an inhibitor of horn-honking response, Journal of Social Psychology, 76, 213-218.

Drucker, P. F.（1954）*The Practice of Management*, Harper Business.（上田惇生　訳 『新訳　現代の経営〔上〕』 ダイヤモンド社　2006年）

Drucker, P. F.（1967）*The Effective Executive*, Harper Collins.（上田惇生　訳 『経営者の条件』 ダイヤモンド社　2006年）

Drucker, P. F.（1974）*Management: Tasks, Responsibility, Practices,* Harper & Rows.（野田和夫・村上恒夫　監訳 『マネジメント（下）』 ダイヤモンド社　1974年）

Dweck, C. D.（2007）*Mindset : The New Psychology of Success,* Ballantine Books.（今西康子　訳 『マインドセット「やればできる！」の研究』 草思社　2016年）

Goleman, D.（1995）*Emotional Intelligence*, Bantam Books.（土屋京子　訳 『EQ こころの知能指数』 講談社　1982年）

Dweck, C.（2017）*Mindset: Changing The Way You think To Fulfil Your Potential*, Robinson.（今井康子　訳『マインドセット—「やればできる！」の研究—』 草思社　2016年）

Festinger, L.（1957）*A Theory of Cognitive Dissonance*, Stanford University Press.（末永俊朗　監訳 『認知的不協和の理論』 誠信書房　1965年）

Festinger, L., Riecken, H. W. and Schachter, S.（1956）*When Prophecy Fails: A Social and Psychological Study of a Modern Group that Predicted the End of the World*, University of Minnesota Press.（水野博介　訳『予言がはずれるとき』 勁草書房　1995年）

Follett, M. P.（1949）*Freedom & Coordination: Lectures in Business Organization*, edited and with an introduction by Lionel Urwick, London : Management Publications Trust.

Follett, M. P.（1940）Dynamic Administration: The Collected Papers of Mary Parker Follett, Harper & Row.（米田清貴・三戸公　訳 『組織行動の原理』 未来社　1972年）

船井幸雄・渡辺昇一（2007）『国家の経営・企業の経営』 祥伝社

Freedman, J.L., and Fraser, S. C.（1966）Compliance without pressure: The foot -in-the door technique, Journal of Personality and Social Psychology, 4, 195-203.

French, J.R.P., and Raven, B. (1959), The bases of social power, In D. Cartwright (ed.), *Studies in social power*, Ann Arbor, Michigan: Institute for Social Research.

Furnham, A. (1997) *The Psychology of Behavior at Work: The Individual in the Organization*, Psychology Press. (古川久敬 (2011) 『組織心理学』 培風館

Golman, D. (1995) *Emotional Intelligence: Why It Can Matter More Than IQ,* Bantam Books. (土屋京子 訳 『EQ こころの知能指数』 講談社 1998 年)

Greenleaf, R. K. (1977) *Servant Leadership*, Paulist Press. (金井壽宏・金井真弓 訳 『サーバント・リーダーシップ』 英治出版 2008 年)

Greenberg, J. (1988) Equity and workplace status: A field experiment, *Journal of Applied Psychology*, 73, 606-613.

Greenberg, J. (1990) Employee theft as a reaction to underpayment inequity: The hidden cost cuts, *Journal of Applied Psychology*, 75, 561-568.

Greene, D. and Lepper, M. R. (1974) Effects of extrinsic rewards on children's subsequent intrinsic interest, *Child Development*, 45, 1141-1145.

Grossman, G. (1996) *On Killing: The Psychological Cost of Learning to Kill in War and Society,* Back Bay Book. (安原和見 訳 『人殺しの心理学』 原書房 1998 年)

羽入辰郎 (2009) 『支配と服従の倫理学』 ミネルヴァ書房

Harari, Y. N. (2015) *Sapiens: A Brief History of Humankind*, Harper. (柴田裕之 訳 『サピエンス全史 (上・下):文明の構造と人類の幸福』 河出書房新社 2016 年)

Harari, Y. N. (2017) *Homo Deus: A Brief History of Tomorrow,* Harper. (柴田裕之 訳 『ホモ・デウス (上・下):テクノロジーとサピエンスの未来』 河出書房新社 2018 年)

Harari, Y. N. (2018) *21 Lessons for the 21st Century,* Vintage.

Hersey, P. H., Blanchard, K. H. and Johnson, D. E. (2014) *Management of Organizational Behavior* (10th edition), PHI.

Hastorf, A. H., Schneider, D. J. and Polefka, J. (1970) *Person Perception*, Addison-Wesley Publishing Co. (高橋雅春 訳 『現代社会心理学の動向 2 対人知覚の心理学』 誠信書房 1978 年)

Herzberg, F. (1966) *Work and the Nature of Man,* John Wiley & Sons, Inc. (北野利信 訳 『仕事と人間性』 東洋経済新報社 1973 年)

本間道子 (2011) 『集団行動の心理学―ダイナミックな社会関係のなかで―』 サイエンス出版

House, R, J. (1971) A Path – Goal Theory of Leader Effectiveness, Administrative Science Quarterly, September, pp.321-338.

Hughes, R. L., Ginnett, R. C. and Curphy, G. J. (2006) *Leadership*, 5th edition, McGraw Hill.

池田謙一・唐沢穣・工藤恵理子・村本由紀子 (2010) 『社会心理学』 有斐閣

池田守男・金井壽宏 (2007) 『サーバント・リーダーシップ入門』 かんき出版

Janis, I. L. (1982) *Groupthink*, 2nd edition, Boston: Houghton Mifflin.

金井壽宏 (2005) 『リーダーシップ入門』 日本経済新聞社

金井壽宏・高橋潔 (2004) 『組織行動の考え方』 東洋経済新報社

唐沢穣・村本由紀子 編 (2011) 『社会と個人のダイナミクス』 誠信書房

河合雅雄 (1969) 『ニホンザルの生態』 河出書房新社

Kelman, H. (1958) Compliance, identification, and internalization: Three processes of attitude change, *Journal of Conflict Resolution*, 1, 51-60.

Kinicki, A. and Fugate, M. (2012) *Organizational Behavior*, 5th edition, McGraw-Hill International Edition.

Kipnis, D. (1972) Does power corrupt?, *Journal of Personality and Social Psychology,* 24, 33-41.

倉田致知 (2011) 「資料 Management and the Worker の概要―ホーソン実験について―」 『京都学園

大学経営学部論集』 第21巻1号

Kuhn, T.（1962）*The Structure of Scientific Revolutions*. Chicago and London: University of Chicago Press.（中山茂　訳 『科学革命の構造』 みすず書房　1971年）

Latane, B. and Darley, J. M.（1968）Bystander intervention in emergencies: Diffusion of responsibility, *Journal of Personality and Social Psychology*, 8, 377-383.

Latham, G.（2007）*Work Motivation: History, Theory, Research, and Practice*, Sage Publications, Inc.（金井壽宏　監訳・依田卓巳　訳 『ワーク・モチベーション』 NTT出版　2009年）

Lawrence, P. R. and Nohria, N.（2002）*Driven: How Human Nature Shapes Our Choices*, Jossey-Bass.

Leeper, R.（1935）The role of motivation in learning: a study of the phenomenon of differential motivation control of the utilization of habits, Journal of Psychology, 46, 3-40.

Lewin, K., Lippitt, R. and White, R. K.（1939）Patterns of aggressive behavior in experimentally created "social climates", *Journal of social psychology*, 10, pp.271-301.

Locke, E. A.（1968）Towards a theory of task motivation and incentives, *Organizational Behavior and Human Performance,* 3, 157-189.

Locke, E. A. et al.（1981）Goal Setting and Task Performance: 1969-1980, *Psychological Bulletin*, Vol.90, No.1, p.125.

Locke, E. A., Latham, G. P., Smith, K. J. and Wood, R. E.（1990）*A Theory of Goal Setting and Task Performance*, Pearson College.

Lorenz, K.（1970）The King Solomon's Ring, Routledge.（日高敏隆　訳 『ソロモンの指輪』 早川書房　1983年）

Martin, J.（1998）*Organizational Behavior*, Thomson business Press.

Maslow, A. H.（1943）A Theory of Human Motivation, *Psychological Review*, 50, 370-396.

Maslow, A. H.（1971）*The Farther Reaches of Human Nature,* New York: The Viking Press.

McGregor, D.（1960）*The Human Side of Enterprise*, McGraw-Hill Inc.（高橋達男　訳 『企業の人間的側面』 能率産業大学　1966年）

McShane, S. L. and Glinow, M. A. V.（2003）*Organizational Behavior: Emerging Realities for the Workplace Revolution*, 2ed edition, McGraw -Hill Irwin.

McShane, S. L. and Glinow, M. A. V.（2010）*Organizational Behavior: Emerging Knowledge and Practice for the Real World*, 5th edition, McGraw-Hill Irwin.

Milgram, S.（1974）*Obedience to Authority: An experimental view*, Harper & Row Publishers, Inc.（岸田秀　訳 『服従の心理―アイヒマン実験』 河出書房　1980年）

南伸坊（1985）『哲学的』 角川文庫

三隅二不二（1966）『新しいリーダーシップ集団指導の行動科学』 ダイヤモンド社

Montaigne, M.（1580）*Essais de Michel de Montaigne,* A Bourdeaus, par S. Millanges.（松浪信三郎　訳 『モンテーニュ　随想録（エセー）下』 河出書房新社　1974年）

Myers, D. G.（1975）Discussion-induced attitude polarization, *Human Relations*, 28（8）: 699-714.

中村元（2005）『〈東洋〉の倫理』 春秋社

中野不二男（1984）『カウラの突撃ラッパ―ゼロ戦パイロットはなぜ死んだか―』 文藝春秋

Nettle D, Nott K, Bateson M（2012）'Cycle Thieves, We Are Watching You': Impact of a Simple Signage Intervention against Bicycle Theft. PLoS ONE 7（12）: e51738. https://doi.org/10.1371/journal.pone.0051738

二宮克美・子安増生　編（2011）『社会心理学』 新曜社

Nye, J. S. Jr.（2010）*The Power to Lead,* Oxford University Press.

O'Boyle, T. F.（1988）*Jack Welch and the Pursuit of Profit*, Alfred A Knopf, Inc.（栗原百代　訳 『悪の経営

力』 徳間書店　1983 年）

岡本浩一（1986）『社会心理学ショート・ショート』 新曜社

大橋昭一・竹林浩志（2008）『ホーソン実験の研究』 同文館出版

大月博司（2018）『経営のロジック』 同文舘出版

大山正編（2007）『実験心理学―こころと行動の科学の基礎―』 サイエンス社

Osland, J. S., Kolb, D. A., Rubin, I. M. and Turner, M. E. (2007) *Organizational Behavior*, 8th edition, Person Prentice Hall.

Peters, T. and R. H. Waterman (1982) *In Search of Excellence*, Harvard Business.（大前研一　訳　『エクセレント・カンパニー』 講談社　1983 年）

Pink, D. H. (2009) *Drive: The Surprising Truth about What Motivates Us*, Penguin Group.（大前研一　訳　『モチベーション 3.0』 講談社　2010 年）

Porter, L. W. and Lawler, E. E. (1968) *Managerial Attitudes and Performance*, R.D. Irwin, Homewood.

Pritchard, R. D., Dunnett, M. D. and Jorgenson, D. O. (1972) Effects of perceptions of equity and inequity of worker performance and satisfaction, *Journal of Applied Psychology*, 56, 75–94.

Robbins, S. P. (2005) *Essentials of Organizational Behavior*, 8th edition, Prentice Hall.（高木晴夫　訳　『組織行動のマネジメント』 ダイヤモンド社　2009 年）

Robbins, S. P. and Judge, T. A. (2007) *Organizational Behavior*, 12th edition, Pearson International Edition.

Robbins, S. P. and Judge, T. A. (2010) *Essentials of Organizational Behavior*, 10th edition, Pearson.

Rubin, E. (1915) Synsoplevede figurer. *Studier i psykologisk Analyse. Første Del*. Copenhagen and Christiania: Gyldendalske Boghandel, Nordisk Forlag.

Salovey, P. and Mayer, J. D. (1990) Emotional Intelligence, *Imagination, Cognition, and Personality*, 9 (3) : 185–211.

佐々木土師二　編（1996）『産業心理学への招待』 有斐閣ブックス

Schein, E. H. (1996) Culture: The Missing Concept in Organization Studies, *Administrative Science Quarterly*, June, p.236.

関本浩矢　編（2014）『組織行動論（第 2 版）』 中央経済社

Seligman, M.E.P.; Maier, S.F. (1967). Failure to escape traumatic shock, *Journal of Experimental Psychology* 74: 1–9.

Senge, P. M. (1990) *The Fifth Discipline: The Art & Practice of the Learning Organization*, Random House Business.（守部信之　訳　『最強組織の法則』 徳間書店　1995 年）

Sherif, M., Harvey, O. J., White, B.J., Hood, W. R. and Sherif, C. W. (1954/1961) Intergroup Conflict and Cooperation: The Robbers Cave Experiment, *Classics in the History of Psychology*.

Sherif, M. (1966) *In common predicament: Social psychology of intergroup conflict and cooperation*, Boston: Houghton–Mifflin.

鹿毛雅治　編（2012）『モチベーションを学ぶ 12 の理論』 金鋼出版

清水龍栄（1994）『ソファで読む経営哲学』 慶応通信

Simon, H. A. (1957) *Administrative Behavior* (second edition), Free Press.（松田武彦・二村敏子・高柳暁　訳　『経営行動―経営組織における意思決定プロセスの研究―』 ダイヤモンド社　1965 年）

Simon, S. (2009) *Start With Why: How Great Leaders Inspire Everyone to Take Action*.

Skinner, B. F. (1953) *Science and Human Behavior*, New York: Macmillan.

Slater, L. (2004) *Opening Skinner's Box: Great Psychological Experiment of the Twentieth Century.*（岩崎彰訳　『心は実験できるか― 20 世紀心理学実験物語―』 紀伊國屋書店　2005 年）

十川廣國　編（2013）『経営組織論（第 2 版）』 中央経済社

Spears, L, C. (1998) *Insight on Leadership*, John Wiley & Sons.

Steers, R. M. and Porter, L. W.（1979）*Motivation and Work Behavior*（2nd edition）, McGraw-Hill.

Stogdill, R. M. and Bass, B. M.（1974）*Handbook of leadership: A Survey of Theory and Research*, Free Press.

Stoner, J. A. F.（1961）*A comparison of individual and group decisions involving risk*, Unpublished master's thesis, Massachusetts Institute of Technology, Cambridge.

Szilagyi, Jr., A. D. and Wallace, Jr., M. J.（1987）*Organizational Behavior and Performance*（4th edition）, Scott, Foresman and Company.

末松俊郎 編（1987）『社会心理学入門』 東京大学出版会

田中堅一郎（2011）『産業・組織・心理学　エッセンシャルズ（改訂三版）』 ナカニシヤ出版

田尾雅夫（1998）『モチベーション入門』 日経文庫

戸田修一（1996）『動物行動に学ぶ人間学』 日本実業出版社

Tosi, H. L., Mero, N. P. and Rizzo, J. R.（2000）*Managing Organizational Behavior*（4th edition）, Blackwell.

Thaler, R. H. and Sunstein, C. R.（2008）*Nudge: Improving Decisions about Health, Wealth, and Happiness*, Yale University Press.（遠藤真美　訳 『実践行動経済学社会心理学入門』 日経 BP 社　2009 年）

Thorndike, E. L.（1911）*Animal Intelligence: Experimental Studies,* New York: Macmillan.

Travis, L. E.（1925）The Effect of a small audience upon eye-hand coordination, *Journal of Abnormal and Social Psychology*, 20, pp.142-146.

Triplett, N.（1989）The Dynamogenic Factors in Pacemaking and Competition, *American Journal of Psychology*, 9, pp.507-533.

上淵寿　編（2004）『動機づけの最前線』 北大路書房

Vroom, V. H.（1964）*Work and Motivation,* John Wiley & Sons, Inc.（坂下昭宣・榊原清則・小松陽一・城戸康彰　訳 『仕事とモチベーション』 千倉書房　1982 年）

Wapner, S. and Alper, T. G.（1952）The effect of an audience on behavior in a choice situation, *Journal of Abnormal Social Psychology*, 47, 222-229.

Weber, M.（1920-21）Gesammelte Aufsatze zur Religionssoziologie, 3 Bde.（大塚久雄・生松敬三　訳 『宗教社会学選』 みすず書房　1972 年）

Weber, M.（1956a）Wirtschaft und Gesellschaft, Grundriss der verstehenden Soziologie, vierte, neu herausgegebene Auflage, besorgt von Johannes Winckelmann, Kapital Ⅸ. Soziologie der Herrschaft (S.122-180).（世良晃志郎　訳 『支配の諸類型』 創文社　1970 年）

Weber, M.（1956b）Wirtschaft und Gesellschaft, Grundriss der verstehenden Soziologie, vierte, neu herausgegebene Auflage, besorgt von Johannes Winckelmann, Kapital Ⅸ. Soziologie der Herrschaft (S.541-632).（世良晃志郎　訳 『支配の社会学　Ⅰ』 創文社　1962 年）

Weber, M.（1956c）Wirtschaft und Gesellschaft, Grundriss der verstehenden Soziologie, vierte, neu herausgegebene Auflage, besorgt von Johannes Winckelmann, Kapital Ⅸ. Soziologie der Herrschaft (S.633-734).（世良晃志郎　訳 『支配の社会学　Ⅱ』 創文社　1962 年）

Weber, M.（1956d）Wirtschaft und Gesellschaft, Grundriss der verstehenden Soziologie, vierte, neu herausgegebene Auflage, besorgt von Johannes Winckelmann, Anhang, Die rationale und soziologischen Grundlagen der Musik.（安藤英治・池宮英才・角倉一朗　訳 『音楽社会学』 創文社　1967 年）

Weiner, B.（1980）, *Human Motivation*, *Holt,* Rinehart and Winston.（林保・宮本美沙子　監訳 『ヒューマン・モチベーション』 金子書房　1989 年）

Whyte, W. F.（1943）, *Street Corner Society*, Chicago: University of Chicago Press.（奥田道大・有里典三　訳 『ストリート・コーナー・ソサエティ』 有斐閣　2000 年）

Wood, J., Wallace, D. J. and Zeffane, R. M.（2001）*Organizational Behavior: A Global Perspective*, John Wiley & Sons Australia, Ltd.

山岸俊男　監修（2015）『社会心理学』 新星出版社

Yukl, G. A.（1981）*Leadership in Organization*, Prentice-Hall.

Zimbardo, P. G.（1972a）*Stanford Prison Experiment: A Simulation Study of the Psychology of Imprisonment*, Philip G. Zimbardo, Inc.

Zimbardo, P. G.（1972b）*The Psychology of Imprisonment: Privation, Power and Pathology,* Stanford University.

Zajonc, R.,（1965）Social facilitation, *Science*, 149, 269–274.

索　引

【数字・欧文】

1.1 型　156
1.9 型　157
1 回きりの囚人ゲーム　94
2 要因理論　191
3 という数字　22
4 動因理論　197
5.5 型　157
5C　222
9.1 型　157
9.9 型　157
B Corporation　228
EI（情感指数）　143-144
（E → P）期待　211-212
ERG 理論　184
IQ（知能指数）　143
L3C　228
LPC スケール　161
MBTI 性格判断指標　140
M 型　158-159
PDS サイクル　107
pm 型　159
PM 型　159
（P → O）期待　211-212
P 型　158-159
SECI モデル　69
SL 理論　169-170
SMART 理論　214
X 理論　188
　——・Y 理論　188
Y 理論　189

【ア行】

アージリス　69, 104, 190-191, 207
アーレント　40
愛嬌　133
相手の関心　113
相手の言葉　113
相手の理解　113
アイヒマン　40
曖昧性　98, 102
あいまいな状況　100
　——での意思決定論　100
アインシュタイン　182
アカゲザル　219, 221
アクセルロッド　94-95
浅間山リンチ殺人事件　76
アジアの病気問題　60
遊び　222, 232-233
　——体験　232
　——におけるフロー体験　232
アダムス　182, 204
新しい規範　146
アッシュ　16, 25-26
後付けによる「結果の合理化」　101
アノミー　75
アベグレン　66
アメ（報酬）とムチ（罰）　179, 202
アルダーファ　184-185
安全欲求　182
アンダーマイニング効果　221-222, 224-225
暗黙知　69
暗黙の諒解　77
アンラーニング　68
イエスマン　116
池田守男　176
意見の不一致の効用　118-119
意思決定　91
　——における「一貫性」　27
　——のバリエーション　92
　——モデル　91
いじめ　77
　——のタイプ　84
偉人論　138
一円観・一円融合　136

一罰百戒　76
一枚の地図　100
一貫性　29, 45
　——へのこだわり　30
一歩踏み出すこと　100
意味の構造化　54
癒し　176
員数主義　116
インセンティブ　181
インプット（input）とアウトプット（output）の比率　205
ヴェーバー　23, 41-42, 73-74, 102-103, 145, 235
上杉鷹山　129
ウェルチ　132
受身的な例外管理　172
後ろ姿　133
内からの統制　75, 77, 129
裏切り戦略　94-95
運の強さ　133
雲母剥ぎ作業実験　80
衛生要因　192-193
エンパシー　146
オーソリティー　47, 112
　——の受容説　111
オートキネティク効果　24
オハイオ州立大学研究　150
オペラント条件付け　198
オルポート　19
温情的権威型　152

【カ行】

カーネギー　116
解　99
快応性　142
外向性　142
解釈された現実　53
外集団　8
　——拒否　8
外的報酬　213
概念化　176
外発的動機づけ　179
回避欲求　187
外部グループ　165
開放的社会関係　74
科学観　57
科学的管理法　82
学際的アプローチ　ii-iii
確実性の下での意思決定　92
学習　198
　——準備性　170-171
　——準備度　169
　——する組織　69
　——性無力感　230
　——プロセス　68
　——欲求　197
獲得欲求　197
陰口　77
貸し借りの論理　116
課題志向リーダー　156
課題達成　158
肩書き　48
価値合理性　102-103
価値前提　95, 104
価値判断　104
　——の問題　104
学級崩壊　73
過程理論　179, 196
株式会社　74
神々の戦い　103
　——としての合理性　101
神は見ている　18
カラス型　84
カリスマ　41, 145
　——支配　41, 145
　——とは何か　145
　——・リーダー　145-146
　——・リーダーの特性　145
ガリレオ裁判　57
過労死　77
観客効果　19
関係　73
　——志向型リーダー　161-162
　——志向リーダー　156
　——的側面　109
　——への欲求　231
　——欲求　184-185
観察可能な人工物　62
看守役　87-89

感情的側面　109
感情統制力　144
完全合理性　91, 96, 101-102, 104
　——モデルの意思決定　91
完全なコミュニケーション　115
カントリー・クラブ型　157
カンニング実験　22
韓非　110
管理システムの高度化　18
官僚制の逆機能　67
希少性　45
擬制的な社会的構築物　74
期待　208, 210-211
　——値　208-209
　——理論　208
几帳面さ　141
気づき　176
キティ・ジェノビーズ事件　10
機能的固着　226-227
技能の多様性　217-218
規範　75, 77, 128
　——による秩序維持　78
　——の内面化　77
キプニス　46
疑問の中での服従行為　39
逆ピラミッドの発想　177
客観主義　57
強化スケジュール　201
強化理論　198-199
　——の手法　199
共感　175
　——能力　144
　——力　144
強制力　44
共通目的　106, 111, 128
協働　i
共同化　69
共有経験　115
共有されている基本仮説　62
協力関係　111
虚構的観念　106
虚無的状態　230
規律　75-76, 128
義理人情　116
金銭以外の動機づけ　227
金銭的報酬　181, 221-224, 227
近代官僚制組織の本質　42
近代組織論におけるコミュニケーション　111
空気　13
偶然性　99, 101-102
クーン　56
クーンツとオドンネル　49
クチセントミハイ　232
国別の文化価値　64
国別の文化比較　63
グラミン銀行　228
グリーンとレッパー　221
グリーンバーグ　206
グリーンリーフ　174
経営学の面白さ　58
経営学は科学かアートか　57, 59
経営者に必要とされる基本的能力　131
経営者の役割　111
経営人　96
経営は人なり　58
経過時間を短く感じる時間感覚　233
経験への開放性　141
経済人　96
　——仮説　82, 104
形式合理性　102
形式主義　116
形式知　69
形態　54
傾聴　175
継電器組立作業実験　79
ゲーム理論　92
ゲシュタルト　54
　——心理学　52-55, 148
結果についての知識　219
結果についての理解　218
結果の合理化　101
結果の魅力度　209
結果予期　229
結果をだすという発想　132
結束欲求　197
欠乏欲求　183
煙の実験　11
ケルマン　28

権威　45, 47, 49-50
　――主義的態度　47
　――のシンボル　48
　――への服従　47
権限　47, 49
　――の根拠　49
言語的側面　108
建設的コンフリクト　117-118
減退効果　224
現代コミュニケーションの基本原則　112
限定された合理性　95-96, 102, 104
権力　43, 47
　――格差　64
　――堕落実験　46
　――の堕落　46
　――欲求　186-187
好意　45
行為　73
　――と意識の融合　233
　――の可能性　74
効果的なリーダーの行動特性　154
効果的にコミュニケーション　109
効果の法則　199
好奇心　222
好業績組織の組織原則　154
貢献意欲　106, 111, 128
光源実験　16, 24
孔子　77
公式組織　82
公正　206
　――の次元　206
構造作り　150-151
構想力　134
「行動経済学」の意思決定論　97
行動主義心理学　181
行動の結果　229
行動モデル　229
行動予期　229
行動力　134
行動理論　148
衡平原理　202
衡平性　205
公平理論　203
衡平理論　202, 205
　――の基本仮説　204
　――の構成要素　205
　――の前提　203
合法支配　42, 145
合理　103
　――化　203-204
　――性　101-102
　――的経済人　92
効力感　220
効力予期　229
コーシャス・シフト　12
ゴールデン・サークル　136
ゴールマン　143-144
ゴーレム効果　90
顧客・部下に仕えるリーダー像　174
ここだけの話　116
子殺し　125
心のあり方　195
心の安定性　236
個人規範　24-25
個人主義　64
答えのわからない時代　177
国家論　138
コップの中の半分の水　58
古典的条件付け　198
古典的組織論におけるコミュニケーション　110
個別的配慮　173
コミットメント　45
ゴミ箱モデル　98
　――の意思決定論　98
コミュニケーション　106-108, 111-112, 114, 128
　――とは何か　108
　――能力　106-107
　――の効果　109
　――の前提　109
コミュニティづくり　176
コンガーとカヌンゴ　145
コンティンジェンシー理論　57, 161
コンテクスト　52, 148, 222
コンフリクト　117-118, 121

【サ行】

サーバント・リーダーシップ　176-177
　——論　174
サーバント・リーダーの属性　175
サービス残業　77
ザイアンス　20
最大化基準　96
最適基準　91
サイモン　95-96, 104
先送り　101
搾取的権威型　152
ザッツ・ノット・オールテクニック　30
差別出来高賃金　104
サル学　125
サロベイとメイヤー　143
参加型リーダー　168
参加機会　99
参加メンバー　99
産業の民主化　217
三本の矢　22
自意識の喪失・忘我　233
ジェラード　26-27
シェリフ　3, 16, 24-25
支援型リーダー　168
支援的関係の原則　154
自己アイデンティティー　6
思考の枠組み　57
自己決定感　227
自己決定理論　230-231
　——の仮説　230
自己原因性　224
自己検閲　14
自己効力感　229
　——の源泉　230
自己効力理論　229
自己実現欲求　182-183
自己成就的予言　90
自己責任　191
自己投影テスト法　186
自己統制　191
仕事志向　150
　——型リーダー　161-162, 164
仕事それ自体　193
仕事中心型　157
仕事の完結性　217-218
仕事の重要性　217-218
自己認識力　144
自己マスタリー　70
指示型リーダー　168
支持されている諸価値　62
事実　53, 58
　——前提　95, 104
　——は1つ　53-54, 58
資質理論　138
資質論への批判　146
システム1　152
システム2　152
システム3　152
システム4　152
システム思考　70
資生堂の事例　176
視線の効果　17-18
自然発生的リーダー　155
思想矯正　43
しつけ　76
実質合理性　102
執事役　176
しっぺ返し戦略　95
自動制御のメカニズム　85
シネック　136
支配と服従　31
支配の3類型　41, 145
支配の正当性　41-42
渋沢栄一　137
自分の無力さ　230
自分へのご褒美　229
使命感　133
シャイン　61-62
社会　23
　——化　1
　——カテゴリー化　8
　——化プロセス　61
　——起業家　228
　——人仮説　82
　——人への道　iv
　——的アイデンティティー　7
　——的意味　23

——的インパクト理論　21
——的学習理論　229
——的カテゴリー化　7
——的関係　23, 73
——的権力　43
——的行為　23, 73
——的事実　23
——的証明　45
——的スキル　144
——的促進　19-20
——的手抜き　9-10
——的動物　1
——的認知理論　229
——的抑制　19-20
——的欲求　182
——なるもの　23
ジャニス　13-14
従業員志向　151
集合的合理化　13
囚人のジレンマ　92-94
囚人役　87-89
集団　3
——アイデンティティー　6-7
——維持　158
——概念　74
——葛藤の解消　3, 5
——間差別行動　8
——間の葛藤　3-4, 6
——規範　25, 73, 78, 82
——凝集性　4, 8
——形成　5
——参加型　152
——参画型　153
——思考　13
——思考の典型的症状　13
——主義　64
——斉一性　8
——浅慮　9
——的管理　154
——特性　8
——の形成　3
——パワー　22
——分極化（極性化）　12
——分極化（極性化）現象　11
重要感　117
主観主義　57
熟達　220
手段性　209, 211
受容説　50, 112
準拠者　205
準拠集団　7
準拠力　44
消去　200
状況対応理論　169
状況適応理論　171
状況で異なるリーダーシップ・スタイル　168
状況に対するコントロール度　163
状況に対する統制感覚　233
状況の法則　121
状況理論　160-161
条件適用理論　161
上司と部下との関係　162-165
上司・部下の交換理論　164, 166
情緒安定性　142
情緒的エンパシー　144
情緒的知性　236
聖徳太子　129
情熱　134
賞罰のやり方　202
賞罰理論　201
情報　115
——的公正　206
——力　44
照明実験　78
職業人への道　iv
職能説　50-51
職務拡大　189, 191, 217
職務権限　50
職務再設計　191
職務充実　191, 217
職務上のフィードバック　218
職務特性　217
——の５つの次元　217
——モデル　216-219
職務ローテーション　217
女性優位　64
所属集団　7
ジョブズ　135

序列意識　83, 85-86
序列階層　83, 85-86
序列順位　85
自律性　217, 220
――への欲求　231
人格変容　86, 90
シングル・ループ　104
――学習　69
真摯さ　131-132
心情倫理　103
信じる力　135
ジンバルド　86, 89
審美的欲求　183
信頼関係の構築　115
信頼のおけない組織　208
心理勘定　97
心理的契約　207
心理的抵抗感の中での服従行為　39
心理的不協和　204
心理的防衛　14
親和欲求　186-187
垂直的二者関連理論　164
水道の哲学　134, 137
スキナー　181, 198
スタウファー　203
スタンフォード模擬刑務所実験　86, 89
ステレオタイプ化　14
ストーナー　12
ストックディル　139, 147
スピアズ　175
スマート・パワー　129-130
スローガン　14
スローン　119
性悪説　76, 188
成果　208
――報酬による管理　172
正義　13-43
生産志向　151
成熟度　131, 169-170
――に見合った管理スタイル　190
成熟・未成熟理論　190
精神的に成長し自己実現を求める欲求　191-192
精神分析学　181
性善説　77, 189
生存欲求　184-185
成長欲求　183-185
正当性　41-42, 44
正統性　42
正の強化　199
セイラー　97
生理的欲求　182
責任感　218-219
責任の所在　40
責任倫理　103
積極的な例外管理　172
積極的満足感　192-193
説得　176
絶望状態　230
セリグマン　230
ゼロ・トレランス運動　22
センゲ　69
先見力　176
専制型　149
全体　54
全体像　148
先入観　52
専門力　44
操作（オペラント）　199
装飾品　49
増進作用　225
創造性　227
相対主義　57
相対的剥奪理論　203
相談型　152
造反有理　43
ソーマキューブの実験　223
ソーンダイク　199
ゾーンに入った　233
組織　i, iii, 31, 74, 90, 106
――学習　68
――化された無秩序　98
――が作られる理由　111
――行動論　i
――行動論の対象　iii
――行動論の定義　i
――行動論の到達目標　i
――行動論の目的　i

——行動論を学ぶ目的　iii
——コンフリクト　106-107, 117, 119-120
——社会　i
——人格　31
——人格と個人人格の葛藤　31
——人としての基礎的教養　iii
——的廃棄　68
——という概念　74
——という協働システム　106
——における公正　206
——における信頼　207
——の維持　128
——の慣性　52, 67
——の基本　111
——の３要素　106, 111, 128
——の３要素の１つとしてのコミュニケーション　111
——の囚人　119
——の成功体験　67
——ヒューマニズム　189
——プロセス　71
——文化　52, 61-62
——文化という概念　62
——文化の次元　63
率先垂範　129
外からの統制　75-76, 129
ソフト・パワー　129-130
尊敬欲求　182
孫子　50-51
——の兵法　50

【タ行】

ターナー　193
第１の結果　208
第２の結果　209
第３の方法　121
——の発見　121
大局観　131
大衆のための規格化された車　135
対人関係的公正　206
対人距離　109
態度変容　86, 89
高い業績目標の設定　154
タカ戦略　95
妥協　120
武田信玄　129, 179
他者の視線　16
他者の存在　20
——の影響度　19-21
——の重み　16
他者の目　20
他者への同調　22
他者への配慮　129, 150-151
タスク構造　162
達成志向型リーダー　168
達成欲求　185, 187
ダブル・ループ学習　69
段階的要請法　29
短期志向　64
男性優位　64
ダンセロー　164
団体という概念　74
団体目的の達成　128
胆力　131
地位に関わる権力　163
チーム学習　70
チーム型　157
知覚の構造化　56
秩序　73-75
——が揺らぎ　73
——の崩壊　75
知的刺激　173
地動説　57
知能指数　143
チャルデーニ　44-45, 48
注意すべき集団行動　9
注意の方向づけ　214
中庸型　157
超越的欲求　183
長期志向　64
長期信頼取引　116
挑戦感　222
直接的圧力　14
直感に基づく影響力　173
チンパンジー　125
追従　28
強い集中　233
帝王学　131-132, 138

——のトップの条件　131
定向進化　67
低収益有限会社　228
テイラー　57, 82
——システム　104
定律による統制　76
デシ　223, 231
——とライアン　231
デチャームズ　224
手続的公正　206
テュープスとクリスタル　141
デュルケム　23, 75
天職　18, 137
転轍手　145
伝統支配　41, 145
天動説　57
天賦の才　145
ドアー・イン・ザ・フェイス　29
同一視　28
動因　196
——低減理論　196
——理論　196
ドゥーロフ　216
——式調教法　216
動機づけ　144
——一衛生理論　191
——要因　192-193
——理論　179
道具性　210
凍結　68
統合　120-121
——型　158
——モデル　120
統制感　222
統制手段　77
同調　26
——圧力　26
——行動　22, 27-28
——実験　24
道徳　77
——経済合一説　137
——心の妄信　13
ドゥンカー　225
特性理論　138
独占原理　202
特別な関係　166
トップの条件　132
ドラッカー　58, 68, 112-113, 118-119, 131-132
トラビス　20
鶏の食餌実験　21
取引型リーダーシップ　171-172
トリプレット　19
努力　208
——の持続性　214
——の誘導　214

【ナ行】

ナイ　129
内集団　8
——偏好　8
内的報酬　213
内発的動機づけ　179, 219, 221, 230, 234
——理論　216, 219
内部グループ　165-166
内面化　28, 69
内容理論　179, 181
長さ判定　25
——の実験　16
ナッシュ　94
——均衡　94
縄張り争い　85
二宮尊徳　136
日本型組織のコミュニケーション　115
ニホンザル　125-126
日本資本主義の父　137
ニュートロン（中性子爆弾）・ジャック　133
ニワトリ型　84
人間関係コンフリクト　117-118
人間関係志向　150
——型リーダー　164
人間関係論　82
——の主要命題　82
人間行動への理解　iii
人間の成長段階　190
人間の普遍的願望　231
認知　52
——的エンパシー　144
——的評価理論　225

——的不協和　204
——的不協和理論　203
——的欲求　183
——の枠組み　52, 54, 56, 148
ネガティブ・スィンキング　59-60
根回し　116
ネルソン精神　123
ノブレス・オブリッジ　123
飲ミュニケーション　116

【ハ行】

ハーシーとブランチャード　169
ハーズバーグ　191-193
ハード・パワー　129-130
バーナード　50, 106, 111-112, 114, 128
配慮と率先垂範　129
ハウス　167
バス　171
パス・ゴール理論　167
パズル　219, 221
罰　181, 200
ハックマンとオールダム　217
パッション　146
ハト戦略　95
パノプティコン（監視型監獄）　17
場の理論　53, 148
パブロフ　198
——の犬　198
パラダイム　56
——論　57
ハラリ　106, 235-236
ハル　196
——の理論モデル　196
パレート最適　95
ハロー　219, 221
バンク巻取作業観察実験　81
ハングリーであれ，愚か者であれ（stay hungry, stay foolish）　135
反射　198
バンデューラ　229
反論や疑念を表明する役割を担う者　15
非営利組織　228
非協力ゲーム　94
非協力モデル　92
ピグマリオン効果　90
ピグミーチンパンジー　125
非言語的局面　109
非公式集団　78, 81-82
——の規範　81
非公式なコミュニケーション・チャネル　116
非合理　103
——性　101
——的な意思決定　99
弥子瑕のエピソード　110
非指示的面接　80
ビジョン　146
——の共有　70
非政府系組織　228
ビッグ 5 性格要因モデル　141
ビッグ 5 の性格特性指標　142
必要原理　202
否定的に提示するやり方　60
一押し　97
人が操作される要因　45
人々の成長への関与　176
非難　77
批判的な評価者　15
評価懸念　20
表出化　69
平等原理　202
ピンク　220, 228
フィードバック　219
フィードラー　161, 163-164
フーコー　17
フェスティンガー　203
フォード　135
フォレット　50, 120-121
不快を回避する欲求　191-192
不確実性の下での意思決定　92-93
不確実性の回避性向　64
不活性と黙諾　207
不協和　203-204
服従行為　39
服従行動　37
服従の心理　31
服従率　37-38
複数回の囚人ゲーム　95
服装　48

――の魔術　48
福禄寿　131
不公正　207
不衡平　204, 206
――への人の対応　205
フット・イン・ザ・ドアー　29
負の強化　200
不敗神話　13
部分強化　201
普遍理論　161
プラトン　138
フリードマンとフレーザー　29
フリーライダー効果　10
プリチャード　205
ブルーム　208, 210-211
ブレイクとムートン　156, 158
フレンチとレイベン　43-44
フロイト　181
フロー状態　233
フロー体験　232-234
――の条件　233
――の状態　233
フロー理論　232
プロテスタント　18
――の教義　137
文化価値の差　64
分配原理　202
分配的公正　206
文脈　52
閉鎖的社会関係　74
ベイヤー　21
ベールズ　155
ペッキング　84
――・オーダー　83
――のパターン　84
ペットの凶暴化　73
変化　68
変革型リーダー　173
――シップ　171, 173
ベンサム　17
ベンチマーキング　68
返報性　45
傍観者効果　10-11
防御欲求　197
奉仕するリーダー　175
報酬　199
――（アメ）と罰（ムチ）　222
――の衡平性　212
――力　44
法人格　74
法人団体　74
法定説　49
報徳思想　136
放任型　149
ホウレンソウ（報告・連絡・相談）　116
ホーソン効果　83
ホーソン実験　78-79, 82
ポジティブ・スィンキング　59-60
ボス猿の活動　126
ボス猿の条件　127
ボス猿の役割　126
ポスト・イットの誕生秘話　99
ボスの行動　126
ボスの役割　125
ボディランゲージ　109
ボノボ　125
ホフステッド　63-64
ホメオスタシス　196
褒め言葉　225
褒めて育てる調教法　216
褒めて伸ばすという方式　195
保有効果　97
ボランティア　228
ホワイト　86, 220

【マ行】

マーチとオルセン　98
マートン　90
マイクロ・ファイナンス　228
マイヤー　12
マインドセット　195
マクシマクス原理　92-93
マクシミン原理　92-93
マグレガー　188-189
マクレランド　185-187
マズロー　181-184
松下幸之助　133-134, 137
学び直すこと　68

マネジェリアル・グリッド　156
マレーとモーガン　186
満場一致の幻想　14
満足基準　96
ミシガン大学研究　151
三隅二不二　158-159
見せしめ　76
ミッドグレー　61
ミニマックス・リグレット原理　92-93
見逃し　101
ミラーリング効果　28
ミルグラム　31, 39
見る前に，飛べ　100
民主型　149
ムード一致効果　109
無関心圏　50, 112, 114
無視　77
無秩序　99
無謬性の錯覚　13
村八分　77
メイヨー　79
面従腹背　116
面接実験　80
メンタルモデル　70
面子　116-117
孟子　77
模擬発作実験　10
目的　220
　——合理性　102-103
目標設定の要点　214
目標設定理論　213-214
目標に至る道筋　167
目標による管理　189
モチベーションの強さ　210, 212
モチベーション理論　179
物事を肯定的に提示するやり方　60
ものの見方　57
紋切型行動　14
問題　99
モンテーニュ　102

【ヤ行】

役割　89-90
　——期待　73, 86
　——期待による態度変容　89
　——知覚　212
　——の体系　90
山本五十六　129
やる気　179
唯一最善の方法　57
唯一最善のやり方　161
友愛のサル　125
有意義感　218
誘意性　209-212
誘因・貢献理論　128
優秀なリーダー　171
　——の特性　171
有能感　222, 227
有能さ　220
　——への欲求　231
茹で蛙　67
ユヌス　228
溶解　68
抑圧　120
欲求階層理論　181
欲求内容　181
欲求理論　181

【ラ行】

ラタネ　9-10, 21
　——とダーリー　10-11
ランダム戦略　94
リーダー　107, 130-131, 135, 138-139, 165
　——シップ　166
　——シップ・スタイル　151, 163, 167-168
　——シップを発揮する前提　166
　——待望論　138
　——とは何か　125
　——に必要な能力　107, 129
　——の資質論　139
　——の条件　125, 132
　——の信念　134
　——のスタイル　149
　——の性格特性　140
　——の本質　125
　——の役割　125, 127, 174
リーパー　55
リカート　151, 153-155

利潤極大化　91, 96
リスキー・シフト　12
リスクの下での意思決定　92
理想に基づく影響力　173
諒解による統制　77
リンゲルマン　9
——効果　9
倫理　77
——観　131
ルールがあるかの如く　77
ルビン　55
——の壺　55
レヴィン　53, 61, 68, 148-149
レスリスバーガー　79
レッパー　222
連結化　69
連結ピン　155
——機能　155
連続強化　201
労働生活の質　217
労働の人間化　217
ローゼンタール　90
——効果　90
ローソク問題　225
ロー・ボールテクニック　30
ローラーとポーター　211, 213
ローレンス　193
——とノリア　197
ローレンツ　84-85
ロック　213

【ワ行】

ワイク　100-101
若い女と老婆　55
ワップナーとアルパー　20
和の精神　129
われわれ感情　8

著者略歴

中條秀治（ちゅうじょう　ひではる）

1977年　早稲田大学商学部卒業
1979年　早稲田大学大学院商学研究科博士課程前期修了
1984年　早稲田大学大学院商学研究科博士課程後期単位取得退学
　　　　中京大学商学部専任講師
現在　　中京大学経営学部教授，博士（商学）早稲田大学
専攻　　経営組織論・経営管理論
著書　　『株式会社新論』（単著），文眞堂，2005年
　　　　『組織の概念』（単著），文眞堂，1998年（「組織学会賞」受賞）
　　　　『経営哲学の授業』（共著），PHP 研究所，2012年
　　　　『経営学の現在』（共著），文眞堂，2007年
　　　　『企業組織とグローバル化』（共著），世界思想社，2006年
　　　　『経営哲学とは何か』（共著），文眞堂，2003年
　　　　『戦略組織論の構想』（共著），同文館，1999年

オーガニゼーショナル・ビヘイビア
—組織の中の人間行動—

2019年5月15日　第1版第1刷発行　　検印省略

著　者　中　條　秀　治
発行者　前　野　　　隆
　　　　東京都新宿区早稲田鶴巻町 533
発行所　株式会社　文　眞　堂
　　　　電　話　03（3202）8480
　　　　FAX　03（3203）2638
　　　　http://www.bunshin-do.co.jp
　　　　郵便番号（162-0041）振替00120-2-96437

製作・モリモト印刷

定価はカバー裏に表示してあります
ISBN978-4-8309-5034-6 C3034